本书受重庆理工大学学术著作出版专项资助

Research on the Integrated Development of Rural

INDUSTRIES

from the Perspective of Division of Labor

分工视角下
农村产业融合发展研究

熊 磊 ◇著

中国财经出版传媒集团

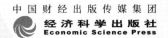

经济科学出版社
Economic Science Press

序 / PREFACE

作为党的"三农"理论和政策的重大创新和发展，推进农村产业融合发展是实现乡村产业振兴的根本途径，是促进农民持续增收的客观要求，是探索中国特色农业现代化道路的必然选择。分工是产业融合发展的前提和基础，产业融合发展的出现又必然导致原有的分工体系发生变化，形成新的分工，反过来进一步促进分工，分工和产业融合发展相互渗透。农村产业融合的实质就是农村产业间分工的内部化，通过缩短农业生产者与消费者之间的距离、实现组织对市场的大规模替代，最终降低交易成本、提升交易效率来使农民获益。深化分工、提升农村交易效率是促进农村产业融合发展的题中应有之义。

第一，本书系统回顾分工与农村产业融合发展的相关文献和理论，从分工视角梳理农村产业融合发展四种模式：农业产业化集群模式、农业功能拓展模式、农业产业链延伸模式和新型农业经营主体带动模式，来建立分工视角下农村产业融合发展理论分析框架。构建一个"斯密—杨格模型"，运用超边际分析方法证明，当交易效率很低时，交易成本会超过专业化经济的好处，农村产业之间不会出现融合发展状态；而当交易效率逐渐提高时，折中专业化经济和迂回生产效果的范围扩大，迂回生产的链条个数增加，农村产业融合发展得以充分实现。交易效率主要通过基础设施、公共服务等途径来影响农村产业融合发展，它们之间呈现复杂的非线性关系；交易效率是促进农村产业融合发展的核心变量。

第二，构建分工视角下的农村产业融合发展评价指标体系，利用熵值法测算中国农村产业融合发展水平。结果表明：2006～2018年中国农村产业融合发展的总体水平有了显著提升，分地区整体水平呈现明显的"东高西低"的区域格局，分地区增长速度呈现明显的"中西部高于东部"的区域格局；从农村产业融合发展水平类型时空演变来看，还未出现高水平融合发展省份，中高水平融合发展省份较少，中低水平融合发展省份数量稳步上升且占据多数，低水平融合发展省份逐渐减少；中国农村产业融合发展水平正从低水平起步阶段迈向加速发展阶段。通过全局莫兰指数分析可知，中国省域农村产业融合发展水平具有正向空间自相关性，呈现空间集聚特征，自相关性呈现"弱—强—弱"的走势特点；通过局部莫兰指数分析可知，各省域农村产业融合发展水平存在不均衡的现象，形成由东至西逐渐减弱的空间分布格局，局域空间格局以高—高、低—低类型为主，以不显著为辅，高—高集聚区域主要分布在环渤海地区、长三角地区等东部和东北地区省份，低—低集聚区域主要分布在西部地区省份。

第三，运用熵值法对中国农村交易效率进行测度。结果显示，中国农村交易效率总体发展水平有了一定提升，但改进空间较大。在农村产业融合发展水平和农村交易效率测度结果的基础上，使用Hansen门槛回归模型实证检验交易效率对农村产业融合发展水平影响，从回归结果来看，普通面板固定效应下农村交易效率显著提高了农村产业融合发展水平，农村交易效率每提高1单位，会引起农村产业融合发展水平增加0.1419单位。而门槛效应结果显示，当农村交易效率处于较低水平时（即小于等于0.5379），农村交易效率的提高对农村产业融合发展水平有抑制作用，当农村交易效率越过门槛值达到较高水平时（即大于0.5379），农村交易效率的提高对农村产业融合发展水平有显著促进作用；农村交易效率对中国农村产业融合发展水平具有"U"型的影响。进一步实证检验分工、农村产业融合发展对农民生活质量的影响。结果表明，农村交易效率和农村产业融合发展水平的提高，都会显著减少农村贫困人口，且农村产业融合发展的效用更大；同时提高农村交易效率和农村产业融合发展水平对农村贫困人口的减少作用，远远大于单独提高其中一项的作用；提升农村交易效率、推进农村产业融合发展对农村居民家庭恩格尔系数的下降具有相同作用，但两者的交乘项系数不显著；两者对于沿海地区和内陆地区的农民生活质量提升效果不尽相同。

第四，基于理论研究与实证检验结论，分析了湖南涟源与西洞庭管理区、重庆梁平与永川四个国家农村产业融合发展示范园案例。四个示范园的发展实践符合四种发展模式，可以得出以下经验与启示：坚持因地制宜和分类施策是促进农村产业融合发展的基本原则，建立多形式利益联结机制是促进农村产业融合发展的核心要义，培育多元化产业融合主体是促进农村产业融合发展的关键举措，完善多渠道产业融合服务是促进农村产业融合发展的有力保障。

第五，从"绿色引领，全面提升农村交易效率；突出特色，建设优势农业产业集群；丰富内涵，发展多种类型融合业态；以农为本，拓展农业产业链价值链；统筹兼顾，推进各类主体协同发展"等方面提出了促进中国农村产业融合发展的政策建议。

目录
CONTENTS

绪　论

1.1　选题背景与研究意义

1.1.1　选题背景

民族要复兴，乡村必振兴。习近平同志指出："产业兴旺，是解决农村一切问题的前提""要推动乡村产业振兴，紧紧围绕发展现代农业，围绕农村一二三产业融合发展，构建乡村产业体系"。作为党的"三农"理论和政策的重大创新和发展，推进农村一二三产业融合发展（以下简称"农村产业融合发展"），是实现乡村产业振兴的根本途径，是促进农民持续增收的客观要求，是探索中国特色农业现代化道路的必然选择。党中央、国务院高度重视农村产业融合发展。党的十九大报告明确提出，促进农村一二三产业融合发展，支持和鼓励农民就业创业，拓宽增收渠道。[①]

---

① 习近平：决胜全面建成小康社会　夺取新时代中国特色社会主义伟大胜利——在中国共产党第十九次全国代表大会上的报告［EB/OL］.（2017 – 10 – 27）［2018 – 09 – 01］. http：//www. gov. cn/zhuanti/2017 – 10/27/content_5234876. htm.

2021 年 6 月 1 日起施行的《中华人民共和国乡村振兴促进法》要求，各级人民政府应当坚持以农民为主体，以乡村优势特色资源为依托，支持、促进农村一二三产业融合发展，推动建立现代农业产业体系、生产体系和经营体系，推进数字乡村建设，培育新产业、新业态、新模式和新型农业经营主体，促进小农户和现代农业发展有机衔接。① 党的二十大报告明确提出"加快建设农业强国"。近年来，各地按照党中央、国务院决策部署，主动适应经济发展新常态，把农村产业融合发展作为农业农村经济转型升级的重要抓手，不断强化政策措施，持续加大工作力度，农村产业融合发展进程加快、模式增多、内容拓展、质量提升，在加快农业农村现代化方面的作用日益显现，为我国实现从农业大国向农业强国跨越奠定坚实产业基础。

在中国特色社会主义新时代，促进农村产业融合发展具有新内涵新要求。从我国农村发展新的历史方位来看，解决新时代社会主要矛盾要善抓根本，我国社会主要矛盾中，最大的发展不平衡是城乡发展不平衡，最大的发展不充分是农村发展不充分；促进农村产业融合发展，有助于打破城乡、产业、地方之间原有阻滞障碍，形成各种资源要素顺畅流动、融合发展的生动局面，农业农村发展不再局限于某一个区域、领域或地域，因此，新时代农村产业融合发展的空间更加广阔。② 从实施乡村振兴战略的新部署来看，只有产业兴旺，才谈得上乡村振兴；促进农村产业融合发展，有助于带动更多资源要素进入农业农村，促进农村产业集聚发展；有助于农业多元价值和多重功能有机整合，拓展农业多种功能和延伸农业产业链；有助于构建多形式利益联结机制，发挥新型农业经营主体带动作用，从而不断培育农业农村新动能，因此，新时代农村产业融合发展的路径更加丰富。从主动适应经济发展新常态来看，当前，我国经济已由高速

---

① 中华人民共和国乡村振兴促进法 [N]. 农民日报, 2021 - 04 - 30 (002).
② 大力促进农村一二三产业融合发展 [EB/OL]. (2018 - 04 - 16) [2018 - 09 - 01]. http://theory.people.com.cn/n1/2018/0416/c40531 - 29928607.html.

增长阶段转向高质量发展阶段，经济运行稳中有变、变中有忧，外部环境复杂严峻，风险和困难明显增多，对农业农村经济发展提出了新要求；促进农村产业融合发展，有助于守住"三农"战略后院，优化产业结构，落实农业高质量发展要求，更好地满足人民日益增长的美好生活需要，为全面建设社会主义现代化国家奠定坚实的基础，因此，新时代农村产业融合发展的作用更加突出。

分工是产业融合发展的前提和基础，产业融合发展的出现又必然导致原有的分工体系发生变化，形成新的分工，反过来进一步促进分工，分工和产业融合发展相互渗透。分工必然带来交易成本，随着分工的深化，交易成本不断加大，研究分工问题，就要到交易活动中寻求答案，交易成本也在研究分工的过程中变得明了（沈满洪和张兵兵，2013）。交易成本是一种源于分工的制度成本，以交易效率的形式表示，二者之间存在反向关系。农村产业融合的实质就是农村产业间分工的内部化，农村产业融合发展通过缩短农业生产者与消费者之间的距离、实现组织对市场的大规模替代，最终降低交易成本、提升交易效率来使农民获益（苏毅清等，2016）。由此可见，深化分工、提升农村交易效率是促进农村产业融合发展的题中应有之义。

从现实情况来看，中国农村产业融合发展还处于起步阶段，也面临许多突出问题，例如，有些地方"重数量、轻质量"，搞简单的"垒大户"；有些地方农业功能拓展、农业产业链延伸不充分；有些地方利益联结机制还不完善、新型农业经营主体带动能力不足，等等。但大多数学者的研究结论又告诉我们，中国农村产业融合发展的水平持续提升，取得积极成效并焕发勃勃生机，这就造成了理论的现实"悖论"。

因此，系统研究中国农村产业融合发展问题，需要对如下几个问题进行解释：第一，从理论层面看，如何准确界定农村产业融合发展内涵？如何阐释农村产业融合发展的形成与发展过程？第二，从应用层面看，如何依据农村产业融合发展内在机理，构建评价体系来测度中国农村产业融合发展的实际状况？分工、交易效率对农村产业融合发展究竟有何影响？这种影响在不同的农村交易效率下是否存在差异？第三，从政策层面看，如何构建合适的政策建议以有效推动农村产业融合发展水平提升，推进中国特色农业现代化？及时回应这些问题，对于以产业融合推动乡村全面振兴具有重要的理论与现实意义。为此，本书选择从新兴古典经济学分工理论视角来研究中国农村产业融合发展问题。

1.1.2　研究意义

中国经济发展进入了新时代，在农业农村发展质量变革、效率变革、动力变革的关键时期，研究分工视角下的农村产业融合发展问题具有重要意义。

1. 理论意义

第一，本书是对"农村产业融合发展""促进小农户和现代农业发展有机衔接""培育新型农业经营主体"等新时代乡村振兴战略在经济学理论层面的进一步学理阐释，有助于从理论高度深刻领会习近平同志关于"三农"工作重要论述的丰富内涵、精神实质、实践要求。

第二，本书依托新兴古典经济学丰富的理论成果和知识积淀，综合运用国民经济学、农业经济学、计量经济学等多个经济学学科的方法，开展分工视角下农村产业融合发展的机理揭示、综合评价、实证检验及案例分析等问题研究，开拓分工理论和"三农"问题新的研究视野，扩展不同类别经济学综合应用的研究范围，进一步深化经济学理论和跨学科工具方法在特定经济学问题上的研究内涵，为加强理论穿插、学科交叉的综合应用提供有价值的理论参考。

第三，本书构建了分工视角下农村产业融合发展评价体系，并对相关问题开展实证检验，是对理论界关于"农业生产经营方式与农业效率之间关系"讨论的进一步发展，可为统筹推进各类农业经营主体协同发展、推动农业高质量发展提供理论依据。

2. 实践意义

第一，有利于打造农村产业融合发展新高地。在研究过程中，坚定不移贯彻新发展理念，以改进农村交易效率、完善利益联结机制为关键，提出与新时代农业农村政策相结合的农村产业融合发展政策建议，力求为地方政府加快打造农村产业融合发展新高地、因地制宜作出实现乡村振兴的系统制度安排提供经验支持。

第二，有利于促进小农户和现代农业发展有机衔接。发展适度规模经营是农业现代化必由之路，而小农户家庭经营在未来很长一段时间都将是中国农业基本经营形态，立足"大国小农"客观实际，研究农村产业融合发展问题，有利于增强新型农业经营主体服务和带动小农户能力，实现把小农生产导入农业现代化，从而为实施乡村振兴战略汇聚起雄厚的群众力量。

第三，有利于加快构建立体式复合型现代农业经营体系。随着新型工业化、城镇化进程加快，农村劳动力大量转移，农业兼业化、农村空心化、农民老龄化的弊端日益凸显。研究分工视角下农村产业融合发展问题，有利于破解"未来谁来种地"问题，探索不同地区、不同产业融合模式，为加快构建农业与第二、第三产业交叉融合的现代农业经营体系提供可行路径。

1.2　研究思路与总体框架

1.2.1　研究思路

本书以习近平同志关于"三农"工作的重要论述精神为指引，紧扣核心问题，严格按照应用经济学"文献综述→机理揭示→综合评价→实证检验→案例分析→政策建议"的逻辑框架展开研究。第一，梳理分工、农村产业融合发展的相关文献和理论，构建一个分工视角下的农村产业融合发展理论分析框架，揭示农村产业融合发展形成与演化的内在机理；第二，依据机理构建分工视角下的农村产业融合发展评价指标体系，综合评价中国农村产业融合发展水平；第三，对分工与农村产业融合发展，以及分工、农村产业融合发展与农民生活质量的相关关系进行实证检验；第四，对湖南和重庆四个国家农村产业融合发展示范园的案例进行分析；第五，总结研究结论，提出政策建议与研究展望。

1.2.2 总体框架

根据上述研究思路，本书的章节结构安排如下：

第1章，绪论。本章首先从选题背景和研究意义两个层面对本书的选题依据进行阐述；其次依据研究问题，提出研究思路和总体框架；最后总结本书所用研究方法和可能存在的创新之处。

第2章，文献综述、国外经验考察与国内政策演进。本章首先从农业产业化、六次产业、乡村旅游三个方面梳理国外研究现状；其次从农村产业融合发展的本质内涵、水平评价、实证研究，以及分工与农村产业融合发展相结合的研究四个方面梳理国内研究现状；最后对国内外相关文献进行综合评述，并系统总结世界主要农业发达国家农村产业融合发展经验，以及中国的政策演进历程。

第3章，分工视角下农村产业融合发展理论分析框架。对基本概念进行界定，分别梳理分工思想理论渊源和农村产业融合发展的理论基础，进而运用新兴古典经济学，解构分工演化、经济学四个基本问题与农村产业融合发展模式三者之间关系，并基于"斯密—杨格定理"，构建分工促进农村产业融合发展的理论分析框架。

第4章，超边际分析下农村产业融合发展的形成与演化。比较新兴古典经济学与新古典经济学的分析框架，在此基础上，运用新兴古典经济学的分析框架建立一个"斯密—杨格模型"，运用超边际的分析方法，全面比较自给自足模式、一个迂回生产链条模式和多个迂回生产链条模式，解构农村产业融合发展的内在机理。

第5章，中国农村产业融合发展水平综合评价与时空演变。为全面认识和把握中国农村产业融合发展格局，本章在对农村产业融合发展整体成效进行分析的基础上，基于分工"四化"理论构建中国农村产业融合发展评价体系，运用熵值法综合测算中国农村产业融合发展水平，进而对中国农村产业融合发展水平的时空演变特征开展考察。

第6章，分工影响农村产业融合发展的实证检验——兼论对农民生活质量的影响。本章将设定农村交易效率的衡量指标体系，对中国农村交易效率进行测度，并结合农村产业融合发展综合评价结果，构建门槛模型，实证检验分工演化对农村产业融合发展水平的门槛效应，并以此为基础，拓展研究分工、农村产业融合发展对农民生活质量的影响。

第7章，分工视角下农村产业融合发展案例研究。本章将结合在湖南、重庆两省市国家农村产业融合发展示范园的调研情况，选取相关园区作为案例进行研究，通过定性研究方法对本书的量化研究结论进行进一步的拓展与深化、解释与验证。

第8章，研究结论、政策建议与研究展望。本章对研究的主要结论进行梳理、总结和讨论，系统提出促进中国农村产业融合发展的政策建议，最后指出本书的一些局限性与不足，提出后续研究的努力方向。

以上研究内容设计与架构安排形成本书的结构框架，如图1.1所示。

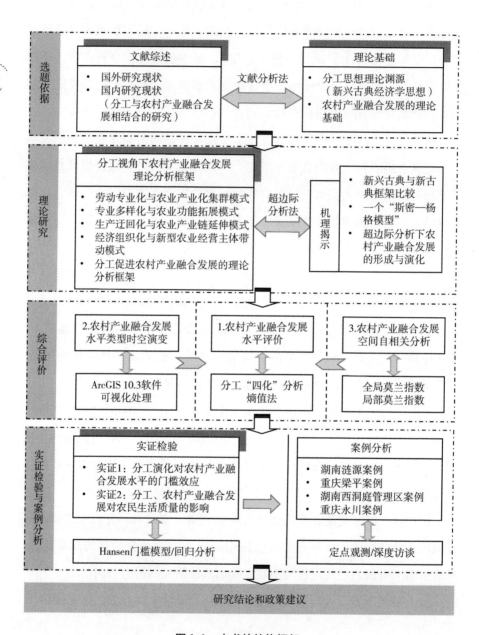

图1.1 本书的结构框架

1.3 研究方法与创新之处

1.3.1 研究方法

农村产业融合发展问题具有跨区域、跨领域、跨地域的特性，决定了本研究涉及不同类别经济学理论和跨学科工具方法应用。本书以具体问题和研究内容为导向，重点应用以下研究方法。

1. 文献分析与归纳演绎相结合

紧扣论题及相关文献展开理论分析，总结国内外研究现状、国外经验考察和国内政策演进历程，梳理分工思想理论渊源、农村产业融合发展的理论基础，为从新兴古典经济学的视角找寻农村产业融合发展的逻辑机理奠定理论基础。最后在农村产业融合发展综合评价、实证检验、案例分析的基础上，运用演绎分析法提出本研究的政策建议。

2. 理论研究与实证研究相结合

本书基于新兴古典经济学理论构建农村产业融合发展理论分析框架，运用超边际分析方法，构建普遍意义上的内生专业化一般均衡模型，揭示农村产业融合发展机理。在运用熵值法测算中国农村产业融合发展水平的基础上，借助 ArcGIS 10.3 软件，对 2006～2018 年的中国农村产业融合发展水平做可视化处理，并运用莫兰指数开展全局空间自相关分析和局部空间自相关分析。实证研究部分，运用 Hansen 门槛回归模型，实证检验分工演化对农村产业融合发展水平的影响效应；运用回归分析，研究分工、农村产业融合发展对农民生活质量的影响效应。

3. 分区域分析与典型案例相结合

通过实地调研、分阶段抽查方法，进行分省域（31 个省、区、市，不包括港澳台地区）和分地区（东部、中部、西部和东北四个地区；沿海和内陆两个地区）的统计分析；分别选取湖南省的涟源市和西洞庭管理区、重庆市的梁平区和永川区四地的国家农村产业融合发展示范园，通过定点观测和深度访谈，进行农业经营主体调查，采集典型信息。

1.3.2 创新之处

本书基于分工视角对农村产业融合发展问题开展理论与实证研究，在以下四个方面可能存在创新点。

1. 在理论研究方面的创新

本书尝试将新兴古典经济学中关于分工和专业化的精彩思想引入农村产业融合发展理论研究，运用超边际分析方法解构农业经营主体在农村产业融合发展过程中的行为选择，揭示了农村产业融合发展的形成与演化机理。构建一个"斯密—杨格模型"发现，交易效率是影响农村产业融合发展水平的关键变量，实证印证与理论推演一致。这是已有研究未涉及的，具有一定的理论创新性。

2. 在综合评价方面的创新

本书通过构建分工视角下的农村产业融合发展评价体系，分地区、分省域、分工领域，展现了农村产业融合发展水平的差异性，体现了分工驱动农村产业融合发展的逻辑机理。运用熵值法开展水平测度，借助 ArcGIS 10.3 软件分析其空间演化格局，运用空间自相关模型全面刻画了各个省份农村产业融合发展水平的集聚特征，呈现了农村产业融合发展在中国的演进状态变迁与演进过程特征，弥补了现阶段学术界关于农村产业融合发展评价研究止步于水平测度的不足。

3. 在实证检验方面的创新

研究分工问题，就要到交易活动中寻求答案，交易成本也在研究分工的过程中变得明了。本书率先将交易效率引入农村产业融合发展问题研究，运用 Hansen 门槛回归模型，实证检验交易效率对农村产业融合发展水平的影响效应，并对二者影响农民生活质量的效应开展了进一步研究，拓展了理论界有关"农业生产经营方式与农业效率之间关系"问题的讨论，弥补了因农业农村数据可得性问题导致的现阶段分工与农村产业融合发展相结合的研究中，定性研究居多、定量研究较为缺乏的缺陷。同时，采用了分区域分析与典型案例相结合的方法，对实证检验结果进行印证，确保了研究结论真实可靠。

4. 在学术观点方面的创新

本书首先从分工的视角定义农村产业融合发展，认为农村产业融合发展是分工不断演化的产物，以农业产业化集群、农业功能拓展、农业产业链延伸、新型农业经营主体带动为表征，以制度、技术和商业模式创新为动力，是实现农业现代化的必由之路。进一步指出，农村产业融合发展是发生在农村地区的第一、第二、第三产业间"你中有我，我中有你"式的有机融合，必须根据自然资源禀赋和经济社会发展水平，因地制宜作出系统制度安排。此外，本书认为，促进农村产业融合发展的关键不仅在于强化农业经营主体间的利益联结，还在于改进农村交易效率。

文献综述、国外经验考察
与国内政策演进

本章将根据"分工视角下农村产业融合发展研究"这一中心问题，对国内外相关文献进行归纳，对当前研究的进展进行总结，对现有研究的不足进行评价，提炼世界主要农业发达国家在农村产业融合发展方面的实践经验，梳理中国农村产业融合发展政策演进历程，为理论与实证研究提供借鉴。

2.1 文献综述

农村产业融合发展是具有中国特色的社会主义乡村振兴道路，国外理论研究对"农村产业融合发展"这一术语鲜有涉及，基于此，本研究选择从国外、国内两个视角进行文献综述①。

———————————

① "农村产业融合发展"是具有中国特色的术语和概念，国外的理论研究几乎不用这一名词，但这并不意味着国外未开展农村产业融合发展实践，2.2节将对国外农业发达国家经验进行考察。

2.1.1　国外的研究现状

国外有关农村产业融合发展的研究主要隐含于农业产业化、六次产业和乡村旅游三个方面。

1. 农业产业化的研究

农业产业化思想最早可追溯到 20 世纪 50 年代戴维斯和戈德堡（Davis & Goldberg，1957）关于"农业综合企业"的研究，他们认为，把农业生产整合、组织起来的企业是"农业综合企业"，并提出"农业一体化"概念，将其界定为农业的产前部门、生产部门与产后部门的有机结合。格拉默和詹森（Gramer & Jensen，1994）以美国农业经营方式为例，将"农业一体化"分为"垂直协作""农业纵向一体化""农民合作社""农业综合企业"等模式。达本斯特和米克尔（Drabenstott & Meeker，1997）认为，"农业一体化"得以迅速发展的主要原因在于消费者对农产品存在着多元化消费需求，市场上的农产品供给才得以不断创新发展，并逐步形成农业产业化经营的体系。国外学者的研究表明，推动农业产业化发展的主要动力在于农业技术进步、农村金融扶持、农业基础设施改善等因素。鲍尔等（Power et al.，2012）认为，农业产业化引领现代农业发展，发展农业产业化必须依靠农业科技水平的提升和推广使用。也有研究进一步提出：相比于资金、劳动力等资源要素，现代农业技术对于推动农业产业化的贡献更大，是推动农业产业化的核心力量（Dennis & Xiao，2013；Kansanga et al.，2019）。当然，农业产业化过程中必然产生巨大的资金需求，研究表明金融供给不足制约农业产业化发展，必须完善多层次金融支持政策（Woutersen & Khandker，2013；Saravanan，2016）。此外，崔等（Cui et al.，2012）还提出，完善各类农业基础设施是推动农业产业化快速发展的有效路径。从农业产业化的实践效果来看，学者运用各国的经验数据证实，农业产业化经营在提升农业生产效率、增加农民收入方面具有显著作用，是解决农业生产要素严重过剩问题和增强农村发展活力的关键（Falco et al.，2008；Dries et al.，2009；Kim et al.，2015；Carillo et al.，2017）。

2. 六次产业的研究[①]

六次产业，又称第六产业，相关研究最早可以追溯到 1974 年城岛国弘著写的《立体农业论》，具体概念与本质内涵由日本学者今村奈良臣于 20 世纪 90 年代提出（近藤博彦，2012）。今村奈良臣（2012）认为，六次产业是以地域单位为主导，通过整合一二三产业，发展农业综合加工、开发和销售，以及农村观光等复合型方式推动的产业，他提出，尽可能地将农业相关的生产或服务价值带回农业领域及留在农村，最终实现农业农村经济发展效益的增加。关于六次产业的本质内涵，在今村奈良臣早期的研究中，将其认为是农村地区一二三产业之和，即"1 + 2 + 3 = 6"，但在后来的研究中，他提出六次产业必须三个产业都有所参与，产业链上三个产业的任何一个环节的产值都不能为零，否则第六产业的经济效益将降为零，于是将本质内涵修正为农村地区一二三产业之积，即"1 × 2 × 3 = 6"（今村奈良臣，2010；路征，2016）。在六次产业的模式与路径研究方面，日本农林水产政策研究所（2015）将其划分为农业内部产业有机整合型、农业产业链延伸型、农业与其他产业交叉型等类型；大阪大学赤井伸郎研究室（2012）的有关研究将六次产业划分为两种模式：一种是"上游六次产业化"模式，以第一产业为主要驱动力来推动六次产业化，如农产品"自产自销"型经营模式；另一种是"下游六次产业化"模式，以二三产业作为主导力量来推动六次产业，如二三产业中的大型企业带动农产品实现高附加值和品牌化。日本农林水产省（2012）在《食品、农业、农村发展白皮书》中，将六次产业实现路径确定为"综合推进农林渔业等第一产业、制造业等第二产业和零售业等第三产业一体化，活用地区资源以创造新的附加价值"。六次产业理论

---

① 本节未在文末列出的参考文献主要来自日本农林水产省、日本农林水产政策研究所、大阪大学法学部等日文网站。

的发展，为日本六次产业政策创新提供了理论依据，并实现了六次产业人才培养体系制度化和普及化。

3. 乡村旅游的研究

20 世纪 90 年代以前，西方发达国家为了摆脱由于农业生产萎缩、农村村落衰败而带来的一系列社会系统性负面影响，纷纷选择将乡村旅游作为促进农民增收、实现农业多元化经营、推动农村经济持续发展的主要路径（Pearce，1990；Benjamin，1994；王素洁和刘海英，2007）。农业与旅游业融合发展是实现农业多种业态经营的一种重要方式，对于促进农业竞争力、农民收入双提升具有重要作用（Busby & Rendle，2000；Rosalina et al.，2021）。部分学者认为，乡村旅游业能够在促进农民就业方面发挥积极作用，能够使农民更加有效地工作（Oppermann，1996；Sharpley & Sharpley，1997；Fleischer，2000）；也有研究表明，农业与旅游业的融合发展能够带动更多的人加入农村创业的行列，而发展中国家面临农村产业发展资金短缺、农村基础设施落后、农村公共服务水平低等现实困难，应当给予更多的政策支持（Ajayi & Alarape，2016）。除了在农民就业创业方面具有积极效应，韦克等（Veeck et al.，2016）以美国密歇根州为例，研究发现农业与旅游业融合发展还可在税收、广告收入、职业培训等方面，促进农村经济发展。与此同时，农业与旅游业的融合发展涉及利益分享问题，随着乡村旅游人数的增长，旅游者与当地居民之间的利益冲突也会增加（Jackiewicz，2005）；旅游开发商、旅游者与当地社区之间存在着多方博弈（Knight，2006）。关于乡村旅游发展会对环境保护带来怎样影响的问题，戈弗雷（Godfrey，1998）认为，目前大多数的乡村旅游业，考虑的是短期经济利益，而没有将环境因素放在重要位置，这极不利于乡村旅游业的长远发展；加西亚（Garcia，1995）则持有不同意见，认为大多数的乡村旅游者会对乡村环境颇为关注，这在一定程度上反而会改善农村环境；方斯等（Fons et al.，2011）更进一步地指出，乡村旅游会使农村区域环境更加协调。

2.1.2 国内的研究现状

随着国外相关理论的引入和国内农业产业化实践的发展，国内学者主要围绕农村产业融合发展的本质内涵、水平评价、实证研究等方面进行了探讨，并与分工思想相结合，开展了探索性研究。

1. 农村产业融合发展的本质内涵

农村产业融合发展的本质内涵研究主要集中在融合模式、融合主体、利益联结三个方面。按照融合方式的不同，农村产业融合发展模式主要包括：农业产业链延伸型、农业内部重组型、农业功能拓展型、先进技术渗透型、农业产业集聚型五种类型，如图2.1所示。其中，农业产业链延伸型是指在降低交易费用的驱动下，农村一二三产业沿着农业产业链相互连接，逐步形成更加紧密的产业组织体系，包括以农产品加工、流通和销售为基础，向农产品种植环节前向延伸融合模式，和以农业生产为基础，向产后加工、流通、餐饮等环节后向延伸融合模式（姜长云，2016；蒋永穆和陈维操，2019）。农业内部重组型是以农业优势资源为基础，以若干涉农经营组织为主体，将种植业、养殖业连接在一起，形成农业内部紧密协作、循环发展的生产经营方式（国家发展改革委宏观院和农经司课题组，2016）；但也有学者鲜明指出，农村产业融合发展至少应有一二三产业中两个或两个以上"到场"且交叉重组或相互渗透，有别于农村第一、第二、第三产业各自分立发展（姜长云，2016）①。农业功能拓展型则是指以农业为基础，融合文化、旅游、教育、养老等产业，开发农业多种功能，

---

① 国内也有学者将"农业内部融合"或"种养重组的循环经济型融合"作为农村产业融合发展的模式。姜长云（2016）认为，农村产业融合发展至少应有农村第一、第二、第三产业中两个或两个以上"到场"且交叉重组或相互渗透。并举例，2016年中央一号文件《中共中央 国务院关于落实发展新理念加快农业现代化 实现全面小康目标的若干意见》第三部分"推进农村产业融合，促进农民收入持续较快增长"中，并未涉及种养重组的循环经济型融合。本书也认为，"农业内部融合"或"种养重组的循环经济型融合"实际上是农村第一产业内部不同行业之间的融合，不应列为农村产业融合发展的内容。

形成的交叉型融合模式（赵霞等，2017）。先进技术渗透型以信息技术为支撑，以电子交易平台为载体，通过发挥农业信息化特有的全产业链、全价值链、全生态链核心优势，使农业生产、加工、管理、运输、交易等各个环节无缝对接，推动农业发展（郭军等，2019）。农业产业集聚型则以特色小镇、农业产业园、田园综合体为平台载体，强化农业园区的要素集聚定位，重点培育加工储藏、生产销售、休闲参观、科普展会、养生度假等优势产业，助力农业产业融合（姜晶和崔雁冰，2018）。

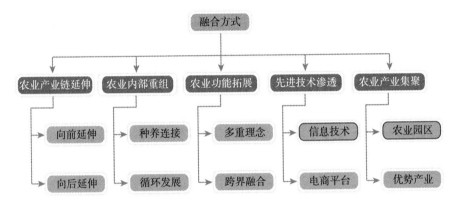

图2.1　融合方式视角下农村产业融合发展的五种模式

国内学者观察视角不同导致划分融合模式标准存在差异，但对于农村产业融合发展的主体主要包括农户以及各类新型农业经营主体，基本取得共识（郝立丽和张滨，2016）。也有学者认为，政府、中介组织、工商企业、国际组织等均为农村产业融合发展的重要组织载体（程莉，2019）。完善利益联结机制是农村产业融合发展的关键之处。肖卫东和杜志雄（2019）指出，农村产业融合发展利益联结机制呈现多样化，包括采用股份合作、订单合同、技术服务等紧密型利益联结机制，应当进一步鼓励和引导小农户参与"三产融合"，将小农户纳入现代农业发展轨道。姜长云（2016）认为，在农村产业融合发展过程中，完善利益联结机制的要义在于构建新型农业经营主体之间、新型农业经营主体与农户之间的激励相容机制，进而为农户参与农村产业融合搭建更广阔的平台，增强其参与融合的能力，分享融合的成果。

2. 农村产业融合发展的水平评价

基于对农村产业融合发展的本质内涵认识不同，国内学者在开展农村产业融合发展的水平评价时，亦各有侧重。总体来看，农村产业融合发展水平评价指标体系分为"融合行为—效果型"和"融合效果导向型"两种类型。"融合行为—效果型"强调从农村产业融合发展的行为和效果两方面来构建指标体系，以农业与关联产业的融合互动和融合发展的经济社会效应作为一级指标，细化为农业产业链延伸、农业多功能发挥、农业服务业融合发展、农民增收与就业、城乡一体化发展五个功能指标及多个具体指标（冯伟等，2016），如图 2.2 所示。这一评价方法由于充分考虑了中国农业农村数据的可得性，在李芸（2017）、李治等（2017）、姜峥（2018）、张林和温涛（2019）、田聪华等（2019）、陈国生（2019）、李晓龙和冉光和（2019）、王丽纳和李玉山（2019）等国内学者的研究中得到了拓展应用。

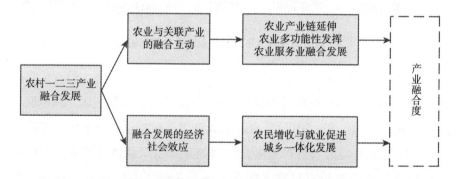

图 2.2 "融合行为—效果型"评价指标体系

注：引用自农业部规划设计研究院冯伟等（2016）的《农村一二三产业融合发展评价指标体系研究》一文，该文提出的"农村一二三产业融合发展评价指标体系设计的概念框架"，在国内学者的相关研究中得到了拓展应用。

"融合效果导向型"指标体系以新发展理念为引领，侧重于对融合效果的测度，分别将创新、协调、绿色、开放、共享的新发展理念设定为一级指标，并将制度、经营主体类型、产生新业态、资源环境、农药和化肥使用量和食品安全、国外和国内贸易、利益和资源共享等确定为二级指标

（关浩杰，2016）。国内学者构建的农村产业融合发展指标体系如表2.1所示。

表2.1 国内学者构建的农村产业融合发展指标体系汇总

类型	作者	一级指标	二级指标
"融合行为—效果型"	冯伟等（2016）	农业产业链延伸、农业多功能性发挥、农业服务业融合发展、农民增收与就业促进、城乡一体化发展	农产品加工业年主营收入、人均主要农产品产量、农林牧渔服务业产值、农民人均纯收入增速、城乡居民人均收入比，等等
	张林和温涛（2019）	农业产业链延伸、农业多功能发挥、农业服务业融合发展、农民增收与就业、城乡一体化发展	人均第一产业总产值、人均主要农产品产量、人均农林牧渔服务业产值、农民人均纯收入增长率、城乡居民人均收入比，等等
	李晓龙和冉光和（2019）	农业产业链延伸、农业多功能性拓展、农业新业态培育、农业服务业融合、利益联结机制完善	农产品加工业主营业务收入/第一产业总产值；设施农业总面积/耕地面积；农林牧渔服务业总产值/第一产业总产值；农村每万人拥有农民专业合作社数量，等等
	李治等（2019）	产出高效化、业态多样化、服务社会化、生态绿色化、城乡一体化	人均粮食产量、种业收入与农林牧渔业总产值的收入产值比、森林覆盖率增长率、加入新型农村合作医疗农民占比，等等
	王丽纳和李玉山（2019）	农业产业链延伸、农业多功能性发挥、农业服务业融合发展	农产品加工业比重、农民合作社规模、设施农业水平、农林牧渔服务业比重，等等
融合效果导向型	关浩杰（2016）	创新指标、协调指标、绿色指标、开放指标、共享指标	制度、经营主体类型、产生新业态、资源环境、农药和化肥使用量和食品安全、国外和国内贸易、利益和资源共享、农户收入水平，等等

农村产业融合发展是"三农"的系统工程，具有整体性特征，既涉及农业增效，又涉及城乡一体化发展，还涉及统筹兼顾培育新型农业经营主体和扶持小农户，极易掉入片面评价农村产业融合发展影响的认识陷阱。

对比上述两种类型指标体系，"融合行为—效果型"具有较强的现实性和可操作性，但忽视了新型农业经营主体在农村产业融合发展过程中的带动作用，相关评价鲜有涉及新型农业经营主体指标；而"融合效果导向型"虽然充分考虑到了农村经济系统整体性原则，并兼顾了对农业经营主体的测度，但由于其二级指标的可测度性、可比较性相对不足，导致在实际测度评价中的借鉴并不多见。

国内学者运用以上指标体系，通过利用熵值赋权法、层次分析法等方法确定指标权重，对中国农村产业融合发展水平开展了评价。从 CSSCI、CSCD 来源期刊（含扩展版）已发表的文献来看，相关研究大多集中在某一省域（如北京、上海、浙江、湖南、新疆等省、区、市），鲜有研究涉及全国范围。

3. 农村产业融合发展的实证研究

农村产业融合发展的实证研究主要集中在近五年，包括以下三个方面。第一，农村产业融合发展与农民增收。李云新等（2017）、王丽纳等（2019）实证分析结果表明，农村产业融合发展对农民收入增长具有显著的促进作用，这种作用主要通过促进家庭经营收入和工资性收入增长来实现。同时，农村产业融合发展可直接缩小城乡收入差距，也可通过促进农村经济增长和加速城镇化两个间接途径来缩小差距（李晓龙和冉光和，2019）。另外，农民收入增长积极反向促进农村产业融合发展，产业融合与农民收入发展间存在轻度不协调，具体表现为产业融合滞后（薛永基等，2021）。第二，农村产业融合发展与农村减贫。李晓龙和陆远权（2019）利用省际面板数据实证检验农村产业融合发展对农村贫困减缓的基准影响以及非线性效应，发现农村产业融合发展显著促进了农村贫困减缓。王瑜（2019）、肖开红和刘威（2021）的研究发现，电商扶贫达到了扶贫先扶智的效果，让贫困户逐步融入由扶贫政策构建的正式社会网络和产业链分工体系，电商参与对贫困户的横向现实经济获得感提升效应大。张林等（2020）提出，乡村振兴战略背景下，农村产业融合发展的支持政策出台，使贫困农户家庭的转移性收入实现稳步增长。杨歌谣等（2020）实证分析了农业与旅游业产业融合对农村贫困减缓的影响，发现二者融合与贫困水平呈现显著的负相关关系。第三，农村产业融合发展案例研究。欧阳胜（2017）基于武陵山片区的案例分析，总结出农旅一体化带动、纵向一体化延伸、基层党组织引领和电商平台助推四种典型融合模式。郭军等（2019）、蔡洁等（2020）分别通过对河南新野、西峡、鹤壁三地案例和六盘山集中连片区案例进行研究后得出，"不同的融合模式产生不同的作用机理，农村产业融合发展能够有效拓宽农民增收渠道"；"非农就业能力的提高能够强化农村产业融合发展对农户家庭人均收入的促进效应"等结论。庄晋财和黄曼（2020）通过对安徽巢湖、江苏句容、安徽凤阳三个典型村庄进行农村产业融合发展调研后提出，完善利益联结机制有利于提高乡村产业系统中产业融合的有效性。

4. 分工与农村产业融合发展相结合的研究

分工是农村产业融合发展的前提和基础，农村产业融合发展的出现又必然导致原有的分工体系发生了变化，如促进农业产业化、实现农民经济组织演化、推动农业产业链延伸，形成新的分工，反过来进一步促进了分工。现有分工与农村产业融合发展相结合的研究主要体现在以下三个方面。

第一，分工与农业产业化。农村产业融合发展涵盖了农业产业化的内容，农业产业化又对农村产业融合发展具有很强的促进作用（赵鹏，2020）。关于分工与农业产业化、现代农业产业体系三者之间的关系，张克俊（2011）认为，专业化分工是推动现代农业产业体系发展的根本动力，分工的深化导致农业内部不断分离出来由其他经营主体完成的环节和节点，进而形成庞大的节点网络体系，即现代农业产业体系，加快现代农业产业体系发展的着力点在于围绕优势特色农产品的产业化经营。国内学者对于专业化分工是农业产业化的前提，农业产业化是合作的一种形式，有着共同的认识。王栋（2007）的分析指出，我国农业产业化进程的主要问题是小农生产引起的短期行为和分散经营使小生产无法与大市场有效对接，而专业化水平分工和农业产业集聚是解决这一问题的有效路径。袁军宝和陶迎春（2008）认为，农业产业化的实质目的是节约合作成本。关于交易费用与农业产业化的关系，杨明洪（2002）认为，内生交易费用比外生交易费用对均衡分工网络大小和经济绩效的影响更大，通过对农业产业化经营中"公司＋农户"与"公司＋合作社（大户）＋农户"两种合作形式对比研究发现，由于组织中介合作社、大户的存在，"公司＋合作社（大户）＋农户"这种组织形式下，外生交易费用虽然会增加，但其在节省内生交易费用方面却具有明显的优势。农村产业融合发展是农业产业化的高级形态和升级版（马晓河，2016），进一步地，苏毅清等（2016）对分工与农业产业化、农村产业融合之间的演化过程进行了描述：通过"公司＋农户""公司＋合作社＋农户"等方式，农业产业内微观主体之间分工内部化，形成农业产业化组织，在此基础上，农业产业化组织的集聚进一步将产业化了的组织之间的分工内部化，形成特定的产业，类型不同的产业再进一步实现产业间分工的内部化，这个过程发生在"农村"这个特定区域，即农村产业融合。

第二，分工与农民经济组织。分工的深化，延伸出合作的可能性和必然性，由此拓展了农民经济组织的发展，农民经济组织不断演进是农村发生产业融合的组织基础。分工与农民经济组织演进的文献普遍认为二者紧密相连、相辅相成。受市场机制、风险机制、交易机制等作用，分工深化促进农业生产组织形式演进以适应专业化分工的发展；分工的另一面是协作，专业化分工必然要求组织协同，由此催生了各类农民经济组织的演化，各类农民经济组织的产生和发展反过来促进了专业化分工的深化（王留鑫和何炼成，2017）。向国成和韩绍凤（2007）基于间接定价理论模型的分析得出，改革开放促进了交易效率的提高，促进了分工演化，最终导致我国农业组织化沿着"集体经济→家庭经营→农业商业化→农业产业化→农民团队化"路线演进。可见，农民经济组织可以通过节约交易成本以促进农业的专业化分工深化。在家庭农场方面，何劲和祁春节（2018）分析了分工与家庭农场的关系，认为家庭农场链条的形成及延伸源于农村社会分工的细化与农产品市场交易的深化程度，外部经济内部化、交易频率最小化、适度规模经营等优势的存在，驱动家庭农场经营绩效提升。在农民合作社方面，江元和田军华（2018）认为农民合作社的分工实质是社员和合作社之间形成的商品契约，是依靠"地缘关系"形成的组织，核心社员对农业生产经营活动具有较大的话语权；相比于依靠"血缘关系"组织农业生产经营活动的家庭农场，农民合作社具有更高的组织成本。在农业社会化服务组织方面，罗必良（2020）则强调了分工对农业社会化服务组织的重要性，提出将农户家庭经营卷入分工经济，发展多样化的社会化服务模式，是现阶段农业现代化发展的重要方向。

第三，分工与农业产业链。分工促进农业产业链的形成与演化，农业产业链的延伸是农村产业融合发展的重要表现形态。李杰义（2009）指出，随着农业分工的深化，在需求、供给和技术等因素的相互作用下，农业产业链在城乡间不断延伸，打破城乡之间的分割状态，以城带乡，以工补农，发展农村经济。在农业农村实践中，现代农业的产业化和市场化促使了农业分工进一步细化，产业链条不断延伸，形成了农业生产产前、产中、产后紧密结合的广泛意义上的现代农业产业体系（董欢，2013）。在如何提高农业产业链效率方面，王亚飞和唐爽（2013）的研究发现，农业专业化分工的深化促进了农业产业链形成与发展，一方面增加了分工收益，另一方面也增加了农业产业链各环节的交易成本，面对"两难选择"，有效整合龙头企业和农户，对于提高农业产业链纵向分工效率具有重要意义。庄晋财和陈聪（2017）研究了分工视角下的农业产业链形态，随着分工演进，不同类型的技术促使农业产业链演化呈现三种不同形态：产品技术推动农业生产纵向型分工，农业产业链纵向延伸；辅助技术推动农业生产横向型分工，农业产业链横向拓展；模块化技术推动农业生产模块化分工和产业融合，农业产业链呈现网络状，农业与其他产业融合发展。胡石其和熊磊（2018）认为，农业产业链通过市场关系将农户、农民合作社、农业企业、批发商、零售商等主体纵向连接成为一个系统，各类主体发挥各自优势、参与分工协作、共同创造价值。根据农业产业链的分工，农业产业链的源头是农户，新型农业经营主体和经销商占据了产业链的中下游，位于产业链上游的小农户增值空间有限，其发展弱势导致其容易在农业产业链中被边缘化，应当引领小农户向农业产业链的中下游发展，促进小农户和现代农业发展有机衔接，使小农户获得产业链增值收益（熊磊，2019）。

2.1.3 国内外的研究述评

国外既有的研究成果，更多地隐含于农业产业化、六次产业和乡村旅游的研究中，为本研究提供了理论借鉴。中国地域辽阔，不同区域资源禀赋差异较大，农业发展具有多元化特征；在"人多地少"的国情农情下，农村产业融合发展具有鲜明中国特色，这决定了走中国特色社会主义乡村振兴之路，可以借鉴国外理论，但不能生搬硬套其他国家农业发展模式，应积极探索中国特色农业现代化道路。国内学者重点聚焦农村产业融合发展的本质内涵、水平评价、实证研究等方面开展了探讨，并结合分工思想开展了分工与农业产业化、农民经济组织、农业产业链等相结合的探索性研究，相关研究值得充分学习借鉴。

但也要看到，现有研究还存在以下不足。第一，在研究视角方面，大多数研究侧重于从以某一区域或某一方面来对中国农村产业融合发展问题进行探讨，难以全面反映中国农村产业融合发展的概况；而分工作为农村产业融合发展的前提和基础，分工和农村产业融合发展相互渗透，有关分工思想和农村产业融合发展相结合的、理论与实证相统一的系统性研究还不多见。第二，在研究方法方面，由于农业农村数据长期存在部分核心数据缺失、区域数据共享开放不足、宏观数据标准化处理复杂等问题，现有研究大多以定性研究为主，缺少多种方法相结合的定量研究；而从专业化与分工角度来求解规模经济才是正道（向国成和韩绍凤，2003），将超边际分析方法与计量经济学方法相结合来阐释农村产业融合发展问题的研究还十分缺乏。第三，在政策建议方面，基于研究视角和研究方法的局限，农村产业融合发展政策建议大多从某一局部或某一视角提出，少有学者提出一整套系统的政策建议体系。分工是迈向共同富裕的必由之路，实施乡村振兴战略背景下，构建分工与农村产业融合发展的理论分析框架体系势在必行。如何进一步完善分工视角下农村产业融合发展的评价体系、实证检验、政策建议等，都成为亟待解决的问题。这些问题的存在，也凸显出当前农村产业融合发展研究中存在基础理论研究不足的困境。

基于此，本书力图从以下三个方面弥补不足。

第一，按照"总→分"的模式，先对农村产业融合发展进行整体理论研究，然后从分工"四化"——劳动专业化、专业多样化、生产迂回化、经济组织化出发，开展中国农村产业融合发展的综合评价，以此为基础，进行实证检验和案例分析，系统性呈现中国农村产业融合发展的概况，使得"既见森林、又见树木"。

第二，选择超边际分析范式，揭示农村产业融合发展的内在规律，为实证检验、案例分析与政策建议提供理论逻辑，实现对农村经济系统总体结构及内在行为主体行为选择的全面刻画，这主要是基于超边际分析方法已被证明是一种将分工和专业化的思想变成决策和均衡模型的科学工具；并运用计量经济学模型实证检验分工演化对农村产业融合发展的影响效应，以及拓展研究二者对农民生活质量的影响效应。

第三，本书拟结合理论与实证研究结论，立足于农村产业融合发展的四种模式，即农业产业化集群模式、农业功能拓展模式、农业产业链延伸模式、新型农业经营主体带动模式，构建促进农村产业融合发展的政策建议体系，为地方政府因地制宜作出实现乡村振兴的系统制度安排提供可行路径。

2.2 国外经验考察

2.2.1 亚洲实践经验考察

1. 日本经验考察[①]

20 世纪 90 年代末期以来，日本开始逐步推行"六次产业"政策。日本农协积极倡导农产品"地产地销"政策，这一政策鼓励日本国内生产的农产品首先在其生产地消费，而当生产地供给无法满足消费时，应当消费国内其他产地的农产品，"地产地销"通过以农产品产地加工及直销、市民农园、观光农业等形式，有效促进了当地农民的就业，增加了日本农民收入（宗锦耀，2017）。日本"六次产业"政策的最大特征就是通过立法和金融的手段促进农、工、商之间的合作，把二三产业的工商业企业引入农村，共同开发农林渔业。日本于 2008 年制定《促进中小企业从业者与农林渔业从业者合作、推动实业发展法》《农工商合作促进法》等，鼓励第一产业从业者与中小企业联合，发挥各自的资源优势来提升农业综合价值，同时强调农工商之间的合作必须以农林渔业者为主体，充分保障日本农民的利益。2010 年，《六次产业化法》出台，首次以立法的形式将发展"六次产业"定位为日本农业政策的重要战略方向，对日本的农村产业融合发展产生了积极而深远的影响。《六次产业化法》力求构筑一个"通过赋予农林水产物等地域资源以景观、文化等附加价值，以满足消费者的需求，提高当地农民的收入，增加农山渔村的活力"的农村社会，该法明确农户在开展农产品本地加工、直销、流通等环节中，其资金的 50% 可享受国家财政补贴，农户在发展"六次产业"过程中，可以申请国家的无息或低息贷款（张佳书等，2016；何银春和薛婷婷，2020）。根据日本农林水

---

① 本节未列出的参考文献主要来自日本农林水产省等日文网站。

产省的综合调查，《六次产业化法》实施成效显著：2011 年日本六次产业
规模约为 1.2 万亿日元，至 2018 年，市场规模增长到 2.2 万亿日元左右
（日本农林水产省，2020）。其后，日本政府于 2012 年颁布《六次化基金
法》，设立"六次化基金"，成立农林渔业成长产业化援助机构，通过政策
补助金、贷款和股权投资等形式，建立起六次产业投融资援助体系（路征，
2016）。2015 年，又出台《食品·农业·农村基本计划（阁议决定）》，又
以法律的形式来保障六次产业，促进日本农民增收。

2. 韩国经验考察

在学习借鉴日本"六次产业"政策的基础上，韩国政府从自身国情出
发，注重创新，于 2013 年 10 月出台《农业农村及食品产业发展五年规划
（2013—2017 年）》，正式推进韩国六次产业化；2014 年 5 月，韩国政府又
出台《农村融合复合产业培育及支援法》，提出"农村融合和复合产业激
活支援事业"，主张以地方独特资源为中心，使生产、加工、流通、体验
等整个产业价值链联系起来，提高农产品附加值（王沛栋，2017）。韩国
的农村产业融合发展具有韩国特色。一是韩国突出发展本国优势特色产
业，农林畜产食品部分别针对本国特色优势行业，如泡菜、传统酒、饮食
服务业等，出台专门产业振兴法，系统支援六次产业化（金光春等，
2016）。二是韩国政府对六次产业化实行严格的认定和管理，农林畜产食
品部将认定程序分为申请、经营体认定、制订详细计划、实施四个阶段，
形成涵盖从中央到地方的农林畜产食品部、省级第六产业主管部门、市
（或县）级第六产业主管部门相互协同的管理机制（陈曦等，2018）。三是
韩国各地坚持市场导向，形成了社区共同体型、农工商连带型和连锁销售
型三种六次产业化发展模式，社区共同体型选择在老龄化严重、女性人口
比重较高的农村地区，引入农产品初加工业和农产品直销业，开辟更多就
业岗位，同时将农产品附加值留在本地；农工商连带型是通过农、工、商
联合实现，以税收、补贴等优惠政策为杠杆，撬动农户由单一农业生产向
加工、销售等二三产业领域扩展，或鼓励高技术的食品企业、零售企业向

第一产业延伸，共同开发新的农产品；连锁销售型是将城市专卖店的营销方式引入农业，农产品经销商与农户签订购销合同，提供农业生产资料和技术指导，并保障农产品以专卖形式销售出去的模式（宗锦耀，2017；崔鲜花，2019）。韩国政府有效的宏观调控促进了六次产业化，此外，韩国政府较早认识到化肥和农药的过量施用造成了生态危机，主张树立正确的自然观，推进"新村运动"，着力改善农村基础设施条件，大力发展保护环境、生产安全的"亲环境农业"，这也成了韩国六次产业化的内容之一（金钟范，2005；张红宇，2021）。

2.2.2 欧洲实践经验考察

1. 荷兰经验考察

荷兰国土面积仅415万公顷，属于典型的欧洲小国，却是世界农业发达国家。荷兰是继美国之后全球第二大农产品出口国，在农产品加工业、花卉产业、畜牧业等方面的农村产业融合发展经验，值得中国借鉴。荷兰突破资源瓶颈创造"农业奇迹"，不仅得益于完善的发展模式，也得益于高效率的知识创新系统和便捷的农业社会化服务组织体系。在发展模式方面，荷兰采取的是"家庭农场＋合作社＋公司"模式：家庭农场是荷兰农业最主要的经营主体，具备农产品生产高度专业化、劳动力家庭成员化、经营规模日益扩大化等特征，是该组织模式的基础；合作社是农民自发建立起来的抵御市场风险的互惠共赢合作组织，是该组织模式的核心，以保障社员家庭农场的经济利益为使命，在大多数农业领域，合作社的市场占有率都在80%以上；公司则主要在收购、加工和销售家庭农场所生产的农产品方面发挥作用；三者以股权为纽带，形成了产业链一体化利益共同体，相互支撑、相互成就（杜志雄和肖卫东，2014）。在发展动力方面，荷兰通过实施"OVO"三位一体模式①，构建高效运行的农业科技创新体

---

① "OVO"是研究、推广、教育三个荷兰单词的缩写。

系（倪景涛和李建军，2005），该模式通过政府的力量研发农业新技术，并通过提高农业从业人员和农民的受教育水平，将新技术推广应用于实践（赵霞和姜利娜，2016）。"OVO"模式为荷兰的农产品深加工提供了重要的技术支撑，在高效的农业产业链条基础上打造了产业集群，有力提升了荷兰农村产业融合发展效率。在发展保障方面，高效便捷的农业社会化服务组织和因势利导的农业补贴政策成了荷兰发展现代化农业的重要保障，荷兰的农业社会化服务组织为家庭农场、农户等农业经营主体提供农业生产资料购买和农产品的生产、加工、销售服务，以及农村信用服务等；荷兰执行欧盟共同农业政策（CAP），将农业补贴的对象锁定为家庭农场，政府明确只向那些产品符合食品安全标准、关注生态环境保护的家庭农场提供直接补贴（肖卫东和杜志雄，2015）。

2. 德国经验考察

德国农业发达，机械化程度高，是欧盟最大的农产品生产国之一，劳动生产率居欧盟先进水平。农产品加工业、休闲农业、数字化农业等的快速发展促进了德国农村产业融合，其实践经验值得中国参考。首先，在职业农民培育方面，德国建立并严格实施农业经营者准入制度，德国《联邦职教法》切实保障农民受教育权，并委托德国农业者联合会负责农民的教育工作。德国职业教育"双元制"模式下，从事农业职业必须"过两关"：一是知识关，接受三年中等农业职业教育，通过专业考试后取得"农业专业工人"资格；二是实习关，到非亲属的农场进行实习，完成实习获得"农业师傅证书"，顺利通过两关者才能拥有职业农民的准入资格，方可经营管理农场及招收学徒（梁成艾等，2019）。德国建立了职业教育、大学教育、职业培训"三位一体"的农业人才培养体系，为农业发展输送了大量理论和实践兼备的职业农民。统计数据表明，受过农业高等教育的德国农民占10%，约69%的农业企业管理者接受过职业教育。其次，在合作组织方面，德国是农民合作经济组织的发源地之一，德国农民合作社层级组织体系化，形成了"德国莱弗艾森合作社国家联盟（DGRV）——莱弗艾森农民合作社联盟（DRV）、消费合作社联盟（BDK）、工商业合作社联盟（ZGV）——区域性合作社协会——合作社"的层次分明、功能完备的组织架构体系，在改变农民处于市场的弱势地位、推动农业经济全面发展等方面扮演着重要角色（王玉斌等，2020）。最后，在农业科研方面，德国构建了由隶属联邦农业和食品部的研究机构、隶属莱布尼茨联合会（WLG）的农业研究机构、以农业为主体的涉农综合性大学共同组成的"三位一体"农业科研体系，德国农业协会（DLG）等组织在科技服务推广中发挥了重要作用，精准农业技术在德国农业企业已得到普遍应用，农业企业借助计算机、大数据等技术，把科学的精确性引进农业生产全过程（钟春艳和张斌，2019）。

2.2.3　北美洲实践经验考察

1. 美国经验考察

美国农业生产建立在高度的专业化基础上，"农业综合企业"在美国实践中发挥了重要作用。工商业与农业建立起稳定的契约关系，并将工业管理理念和方式引入农业，用工业理念发展农业，形成"农工商一体化模式"（宗锦耀，2017）。美国模式主要有五个方面特点。第一，一体化模式以农业综合企业为实体，将农产品生产、流通及农用物资的生产、供应等环节置于统一协调下，打造了农产品生产、加工、营销紧密相连的产业链，其中，农业综合企业又包括农工综合企业、农场主合作社、公司农场三种类型。第二，农业合作社是一体化模式的有力支撑，在美国，家庭经营同样是农业的主要经营方式，为了解决农户家庭经营许多办不了、办不好的难题，需要非营利合作社提供各种服务，美国农业合作社主要提供产销服务、供应服务、信贷服务，以及烘干、仓储、灌溉等专业服务，有力支撑了一体化模式发展。第三，因势利导的农业支持政策为农工商一体化模式提供了关键保障，2002年以来，美国政府通过建立"反周期补贴""农作物平均收入选择项目""土地休耕补贴"等多样化的农业补贴体系，对农产品价格、农民收入、休耕土地等进行补贴；同时，实行了高水平的农产品贸易保护和支持政策，例如，在进口方面，对牛肉等农产品征收较高的进口关税、对含糖制品等实行进口配额，在出口方面，对小麦等主要粮食实行出口提升计划、对奶制品等实行出口促进计划、对特定农产品实行出口援助计划等（中国农业银行赴美国培训班课题组，2016）。第四，在农工商一体化模式下，美国的农业与非农业交叉融合现象突出，智慧农业、分子农业、太空农业等新型业态的兴起，为推动现代农业发展提供了多种实现路径。第五，美国以立法形式，构建了农业教育、科研、推广"三位一体"的教育体系，农业部、州农学院、公共和私人的农业综合企业，三者高效协同、相互补充，促进了农业科技研发与推广（李金龙和修长柏，2016）。

2. 加拿大经验考察

加拿大的现代农业发展起步早、发展快，农业产业化发展水平较高，其农业产业化主要包括企业集团、合作社和专业协会三种模式。企业集团模式强调市场导向原则，企业通过与农户签订农产品购销合同，形成稳定购销关系，满足市场需求的多样化、优质化、动态化，是加拿大农业生产模式的主要趋势。合作社模式是通过生产者自愿联合的方式建立起来的，将农产品生产、销售、加工及其他相关服务一体化的模式，合作社注重契约管理，例如，农机合作社社员的融资份额、成本分摊和利益分配，按照社员使用农业机械的比例来确定（张梅等，2016）。专业协会模式主张以农业生产者为中心，专业协会是农民组成的社会生产集体，涉及农业技术、信息、金融、保险等服务，例如，加拿大是最早探索建立有机土壤协会的国家，加拿大有机土壤协会成立后，采取有效举措对有机农业种植户进行技术指导和资金扶持，促进了加拿大有机农业的快速发展，其总产值已超过农业总产值的10%（李翔等，2020）。农业组织化成为加拿大发展农业产业化的有效途径。考察加拿大合作组织历史发现，自1850年成立农民服务保险合作社、1909年成立第一个全国性的农民组织——加拿大农业协会以来，加拿大合作组织的发展已有 100 余年的历史，数量多、范围广、影响大，已成为国际合作运动中的一个典范（杨玲玲和辛小丽，2006）。加拿大合作组织呈现出自身的特色，一是将成员与组织通过现代契约关系紧密联系在一起，通过减少中间环节实现节约交易费用；二是合作运作过程日渐趋向于股份制，例如，新一代农民合作社，社员股金通常占合作社总投资额的 30%~50%，每个社员的股本金平均在 1 万加元以上（苑鹏，2004）；三是政府通过立法、财政、金融等渠道大力支持合作组织，将每年 9 月定为农业合作社月，先后颁布《合作社市场法》《联邦信用社法案》等法律，设立合作社发展基金，鼓励联邦土地银行、中介信贷银行及农场合作银行为合作社提供贷款支持等（刘玉洁，2017）。

2.2.4　农业发达国家的实践启示

日本、韩国、荷兰、德国、美国和加拿大等农业发达国家在农村产业融合发展方面已经取得了长足发展，借鉴它们发展过程中的经验，结合中国具体实际，得到以下启示①。

第一，始终把保障农民利益放在第一位。从上述农业发达国家发展现代化农业的经验来看，这些国家始终重视维护农民的利益，无论是以国家立法保障，还是通过政府财政支持、税收优惠、农村金融服务等举措，都充分体现了这一点。2020 年 6 月，习近平同志在宁夏考察调研时强调，"发展乡村产业，一定要突出农民主体地位，始终把保障农民利益放在第一位，不能剥夺或者削弱农民的发展能力"（杜尚泽等，2020）。广大农民是"中国饭碗"的直接贡献者，中国未来在促进农村产业融合发展的过程中，要以农民为中心，多措并举提升广大农民在产业体系中的地位、融入度和话语权，促进农民持续增收。

第二，充分发挥新型农业经营主体作用。日本和韩国的农业协会、荷

---

① 本节农业发达国家的实践启示是在上文国外经验考察的基础上，充分结合习近平同志围绕"三农"工作发表的一系列重要论述，总结得出。

兰的家庭农场、德国的农民合作社、美国的农业综合企业、加拿大的有机土壤协会等，在各国发展现代农业过程中发挥着重要作用，带动农户迈入农村产业融合发展实践。党的十八大以来，习近平同志在多个重要场合强调指出"要把加快培育新型农业经营主体作为一项重大战略任务"①。中国未来在促进农村产业融合发展的过程中，一方面要发挥家庭农场、农民合作社、农业产业化经营组织、农业社会化服务组织等新型农业经营主体对普通农户的辐射带动作用；另一方面也要发挥其在帮助农民、提高农民、富裕农民方面的引领作用。

第三，坚持把绿色发展理念植入全环节。农业发达国家普遍完成了粗放型传统农业向集约型现代农业的转型发展，在农村产业融合发展过程中，选择了发展资源节约型、环境友好型农业的道路，其中，高效运行的农业科技研发与推广机制起到了关键作用。习近平同志多次提出"既要金山银山，又要绿水青山""绿水青山就是金山银山"②。中国未来在促进农村产业融合发展的过程中，要将"两山"理念贯穿全环节，覆盖种养业、农产品加工业、休闲农业和乡村旅游等全领域，强化科技创新支撑，以绿色发展引领支撑乡村产业振兴。

2.3 中国农村产业融合发展的政策演进

农业经营主体的多样化，是农业向现代化演进过程中的必然现象（陈锡文，2013）。改革开放之初，实施家庭联产承包责任制使我国农业经营主体从农村集体回归到了农户，并有效地解决了我国农业生产中的监督和激励问题，促进了粮食产量和农业经济的快速增长（林毅夫，

---

① 农民日报评论员：新型主体挑大梁——四论深刻领会习近平总书记吉林考察关于粮食问题重要讲话精神［A/OL］.（2020－07－30）［2021－06－12］. http：//theory. people. com. cn/n1/2020/0730/c40531－31803895. html.
② 党的十八大以来，习近平反复强调"绿水青山"［A/OL］.（2017－06－05）［2021－06－12］. http：//www. xinhuanet. com/politics/2017－06/05/c_129624876. htm.

1992；钟真，2018）。这一制度极大地调动了亿万农民积极性，为农村产业融合发展奠定了基础。随着市场化深入发展，党和政府不断建立健全政策，为推进农村产业融合发展积累了宝贵的政策经验。系统梳理国内政策性脉络，对于开展农村产业融合发展的理论与实证研究具有重要参考意义。

2.3.1　20世纪80年代：促进乡镇企业发展政策

党的十一届三中全会开辟社会主义事业发展新时期，提出对农工商联合经营开展试点，1981年，国营农场和人民公社开展试办农工商联合企业，农工商联合经营可看作是当今农村产业融合发展的萌芽（万宝瑞，2019）。1984年中央一号文件《关于1984年农村工作的通知》提出，"国家设在农村的一切企事业单位，加强同附近农民的联系，按照互惠的原则，通过提供当地农民需要的各种服务，与农民共同建设农村的物质文明和精神文明"；将饲料工业、食品工业认定为"最为社会所急需而又能较快发展的几个产业部门"，"应有计划地优先发展"；并将社队企业认定是"农村经济的重要支柱"[1]。同年，中共中央、国务院转发农牧渔业部《关于开创社队企业新局面的报告》，将社队企业正式改名为乡镇企业，并指出"乡镇企业已成为国民经济的一支重要力量，是国营企业的重要补充"（王盛开和吴宇，2012）。社队企业、乡镇企业成了最早的农业与其他产业融合互动平台载体。早期的乡镇企业实行集体（乡镇、村）所有制，主要承担农业及农产品加工业，在促进乡镇企业发展政策和促进工农互动发展政策的驱动下，乡镇企业的异军突起，打破了计划经济时期农业生产环节在农村、加工和流通环节在城市的三产割裂发展局面。

---

[1] 1984年中央一号文件：关于1984年农村工作的通知 ［A/OL］. （2008 – 09 – 24）［2020 – 03 – 29］. http：//www. ce. cn/cysc/ztpd/08/ncgg/ngr/200809/24/t20080924_16903356_1. shtml.

2.3.2　20世纪90年代：鼓励产供销、贸工农一体化政策

20世纪80年代后期，农户尤其是小农户与市场有效对接的矛盾初显，农产品出现滞销导致农民利益受损，各地积极探索多种解决办法，最终在实践基础上选择了"产供销、贸工农一体化"的三次产业协调发展模式。20世纪90年代初，山东省率先提出"产供销、贸工农、经科教"紧密结合的"一条龙"经营体制，"产供销、贸工农一体化"思想在全国范围得到了广泛传播，并进入官方文件，政策重点支持贸工农一体化龙头企业，主要目的就是为了解决产销衔接等问题，推动产业链的纵向一体化（严瑞珍，1997）。党的十四届五中全会明确提出，要"大力发展贸工农一体化经营"。1997年7月，国家经贸委等部门在总结地方实践发展经验的基础上，正式发布《关于发展贸工农一体化的意见》，提出"建立稳定的农工商关系，形成种养、加工、销售一条龙的产业链条"，"实现对农产品逐级加工增值，带动农村经济发展"（宋冬林和谢文帅，2020）；这一时期重点发展了乡镇企业"贸工农"出口商品基地（覃诚和方向明，2021）。与此同时，党和政府也关注到"产供销、贸工农一体化"过程中的利益联结机制问题，倡导"要形成各环节'风险共担、利益共享'的机制"。"产供销、贸工农一体化"是农村产业融合发展的初级阶段，为21世纪以来农业产业化发展和新型农业经营主体发展奠定了基础。

2.3.3　21世纪初：支持农业产业化发展政策

进入21世纪以来，中国农业农村发展迈上新台阶，但小生产与大市场、国内外价格倒挂等矛盾亟待破解，作为"产供销、贸工农一体化"模式的升级版，农业产业化成为了推进农业现代化的重要途径，得到了更大力度的政策支持（牛若峰，2002）。2001年发布的《国民经济和社会发展

第十个五年计划纲要》，提出"鼓励采取'公司加农户''订单农业'等多种形式，大力推进农业产业化经营"①。各类农业产业化经营组织集成利用资本、技术、人才等生产要素，完善多形式利益联结机制，在构建现代农业产业体系过程中发挥了十分重要的作用。这一时期，市场经济发展和农业现代化快速推进，"公司＋农户"模式在部分地区暴露出契约约束力不强、订单履约率低等问题，小农户利益受到侵害的事件屡见不鲜。于是，组建农民合作组织、开展集体行动，成为各方共识。2006年，农业部启动"农业产业化和农产品加工推进行动"，重点发展壮大龙头企业和农民合作社；同年10月，《中华人民共和国农民专业合作社法》应运而生，该法将农民合作社纳入法制化轨道，赋予其法人地位，进一步规范了合作社内部运行机制，为合作社发展提供了坚强的法律保障。以农业企业为核心形成的"公司＋农民合作社（中介组织）＋农户"等订单式的经营模式得到了大范围推广。2004～2010年，中央一号文件都强调支持农业产业化经营和龙头企业发展（张义博，2015），"扶持农民专业合作社自办农产品加工企业"等内容也写入了中央一号文件。农业产业化作为一个较为综合包容的概念，成为农村产业融合发展的重要内容和发展源头（姜长云，2016）。

2.3.4 新时代：推进农村产业融合发展政策

党的十八大以来，以习近平同志为核心的党中央深入思考和把握中国农村经济社会发展的历史方位，深刻把握中国现代化建设规律和城乡关系变化特征，正式提出了农村一二三产业融合发展理念。2014年12月，中央农村工作会议首次提出"要把产业链、价值链等现代产业组织方式引入农业，促进一二三产业融合互动"（姜长云，2017）。以2015年12月，国务院办公厅印发《关于推进农村一二三产业融合发展的指导意见》，提出

---

① 中华人民共和国国民经济和社会发展第十个五年计划纲要 [A/OL]. (2001－03－15) [2020－03－29]. http://www.gov.cn/gongbao/content/2001/content_60699.htm.

"用工业理念发展农业，以市场需求为导向，以完善利益联结机制为核心，以制度、技术和商业模式创新为动力，以新型城镇化为依托，推进农业供给侧结构性改革，着力构建农业与二三产业交叉融合的现代产业体系，形成城乡一体化的农村发展新格局"为标志①，农村产业融合发展在中国正式进入了新阶段。推进农村产业融合发展成为实现乡村全面振兴的重要基础。2015～2020年，《关于加快构建政策体系培育新型农业经营主体的意见》《中共中央　国务院关于实施乡村振兴战略的意见》《关于促进小农户和现代农业发展有机衔接的意见》等文件中，都对构建农村产业融合发展体系提出了具体要求。此外，在《关于促进农村电子商务加快发展的指导意见》《关于支持返乡下乡人员创业创新促进农村一二三产业融合发展的意见》《关于进一步促进农产品加工业发展的意见》等相关文件中，农村产业融合发展的内容都得以充分体现。2021年6月1日起施行的《中华人民共和国乡村振兴促进法》，明确提出：各级人民政府应当坚持以农民为主体，以乡村优势特色资源为依托，支持、促进农村一二三产业融合发展②。在中国特色社会主义新时代，强农惠农富农法律、政策的持续出台，构建起促进农村产业融合发展的政策体系，中国农村产业融合发展迎来重要战略机遇期。

综上所述，改革开放以来，党和政府依次对乡镇企业，产供销、贸工农一体化，农业产业化发展，农村产业融合发展等四个方面开展了政策支持，农村产业融合发展格局已经由改革开放初期相对单一性的乡镇企业发展带动局面转变为新时代多类型经营主体协同推进局面。四十余年的实践充分证明，中国农村产业融合发展的过程不仅是因为市场化深入发展，也不单是源于党和政府的政策推动，而是在市场与政策的双重影响下，各类农业经营主体对农业经营方式自主选择的结果。

---

① 国务院办公厅关于推进农村一二三产业融合发展的指导意见 [A/OL]. (2016 - 01 - 04) [2020 - 03 - 29]. http：//www. gov. cn/zhengce/content/2016 - 01/04/content_10549. htm.

② 中华人民共和国乡村振兴促进法 [A/OL]. (2021 - 04 - 30) [2021 - 06 - 10]. http：//www. gov. cn/xinwen/2021 - 04/30/content_5604050. htm.

2.4 本章小结

本章首先从国外和国内两个视角，对与"分工视角下农村产业融合发展"这一中心问题相关的文献作了归纳整理与总结评述。农村产业融合发展研究在研究视角、研究方法、政策建议等方面还存在一些不足，分工和产业融合发展相互渗透，但现有理论研究始终未能揭示分工演进影响农村产业融合发展的内在机理，现有实证研究还未涉及分工、交易效率影响农村产业融合发展的实证检验，这也为本书提供了研究空间。本章系统总结了日本、韩国、荷兰、德国、美国和加拿大等世界主要农业发达国家在农村产业融合发展方面的实践及启示；并系统梳理了中国农村产业融合发展的政策性脉络。

为弥补现有研究不足，本书以习近平同志关于"三农"工作的重要论述为指引，借鉴既有研究成果，基于新兴古典经济学理论，系统构建分工视角下农村产业融合发展理论分析框架，并在机理研究层面、综合评价层面、实证检验层面、案例分析层面构建起较为科学的分工演化影响农村产业融合发展的经验证据支撑体系，以期在理论与实证双重层面深化分工与农村产业融合发展相结合的研究。

分工视角下农村产业融合
发展理论分析框架

为了全面系统地分析分工演化对农村产业融合发展的影响，首先需要构建相应的理论分析框架。因此，本章在界定相关概念和梳理相关理论的基础上，解构分工演化、经济学四个基本问题与农村产业融合发展模式之间的基本关系，进而基于"斯密—杨格定理"，建立一个分工视角下的农村产业融合发展理论分析框架，为后续研究提供指引。

3.1 概念界定

3.1.1 分工与分工水平

分工一词的英文形式是"division of labor"，根据马克思的分析，分工即"劳动的分化"，"在某种意义上说，分工无非是并存劳动"（马克思和恩格斯，1995）。分工可分为自然分工、社会分工与工厂内部分工。自然分工是产生于生理基础上，在家庭内部、氏族内部进行的一种自然劳动分工；社会分工是社会劳动分成不同的劳动部门，组织体以外全社会范围内部门与部门、产业与产业之间的分工；工厂内部分工是在生产某个商品时组织体内部发生的分工。有关分工的研究一般从劳动专业化的视角对其内涵进行界定："分工是各主体按照不同需求分别从事各不相同而又互相补充的工作""分工是将社会系统中的任务区分开来以便参与主体实现专业化""分工是各主体减少从事的专业数以促进专业化水平提高"，等等（王璐和李亚，2007；杨永华，2007）。本书参考新兴古典经济学学者的研究，认为分工具体表现为劳动专业化、专业多样化、生产迂回化和经济组织化的统一，是迈向共同富裕的必由之路（向国成等，2017）。

根据新兴古典经济学理论，分工水平是由生产所有产品的所有人的专业化水平和模式决定的。假定 M 是人口规模，D 为社会的分工水平，如果每个人都在每种活动上分配同样的工作时间份额，则这个生产结构就是自给自足，自给自足模式下，分工水平达到其最小值，$D=0$；如果每个人专业于生产不同于所有其他人生产的一种产品，则这个生产结构就是完全分工，完全分工模式下，分工水平达到其最大值，$D=M-1$；分工水平测度的一个特征就是在生产结构和 D 之间没有一一对应，一个特定的分工水平可能同多种生产结构相联系（杨小凯，2003）。新兴古典经济学的分析框架中，存在分工好处与分工产生的交易费用的两难冲突，分工水平取决于交易效率的高低；交易效率越高，折中这种两难冲突的空间就越大，分工的水平也就越高（杨小凯和张永生，2003；刘君，2011；邝劲松，2018）。

3.1.2 产业融合与农村产业融合发展

产业融合思想最早可追溯到 20 世纪 60 年代罗森博格（Rosenberg，1963）关于机械设备业技术变革的研究。国内外学者对产业融合认识的侧重点不同，描述亦不同。在融合起因方面，认为产业融合始于产业间技术关联（Sahal，1985），是技术在一系列产业中的广泛应用和扩散导致发生创新的活动（Rosenberg，1963）；也有认为产业融合是为了适应产业增长，因为技术进步和放松管制的存在，导致产业中组织之间竞争合作关系发生改变，产业界限模糊化甚至重画界限的行为（An，1997；马健，2006）；表现为从技术融合到业务融合，再到市场融合的一个实现的过程（Freeman，1997）；在融合范围方面，狭义层面的产业融合仅指数字融合基础上出现的产业边界模糊化，中观层面的产业融合包括运用信息技术重塑产业结构层面，而广义层面的产业融合拓展到信息产业以外所有的产业，是消除市场准入障碍和产业界限后，各自分离的市场的合并（Lind，2005；李美云，2005）。产业分工和产业融合是产业发展变化的两种状态，二者辩证统一。当产业之间的分工深化到一定程度，在技术进步和管制放松的驱动下，各经济主体为了节约交易费用，就会出现突破产业界限的现象，形成产业融合；产业融合的出现又必然导致原有的分工体系发生变化，形成新的产业分工，反过来进一步促进了产业分工。产业分工是产业融合的基础，产业融合又进一步促进了产业分工（李莉和景普秋，2019）。基于以上分析，本书从分工的视角另辟蹊径，认为分工的演化导致不同产业之间分工的内部化的过程和结果，即产业融合。

关于农村产业融合发展的定义，姜长云和杜志雄（2017）从农业供给侧结构性改革的视角做了解读，认为农村产业融合发展以产业链延伸、产业范围拓展和产业功能转型为表征，通过实现业态和商业模式的创新，从而促进农业强、农民富、农村美，是农业供给侧结构性改革的重要着力点。也有基于交易成本视角，把农村产业融合发展看作是以农业多功能综合开发为核心，实现农业内部、农业各部门分别与二三产业各部门之间以及农业与二三产业三者之间的交易成本内部化（李治等，2017）。还有基于产业链的理解，认为农村产业融合发展是以第一产业为依托，通过高新技术对农业产业的渗透、三次产业间的联动与延伸、体制机制的创新等多种方式，将农业生产、加工、销售、休闲农业及其他服务业有机整合，形成的较为完整产业链条，最终实现农村三次产业协同发展（赵霞等，2017）。基于分工的视角，本书对农村产业融合发展进行了如下界定：农村产业融合发展是分工不断演化的产物，以农业产业化集群、农业功能拓展、农业产业链延伸、新型农业经营主体带动为表征，以制度、技术和商业模式创新为动力，是实现农业现代化的必由之路。

3.2　理论基础

3.2.1　分工思想理论渊源

分工是人类社会发展的基础。"现代经济学之父"亚当·斯密把分工置于经济学之首要地位，马克思继承发展了斯密的分工思想，建立了分工的政治经济学分析体系；但在新古典经济学中，有关分工的问题就逐渐被忽视，并从主流经济学中淡出，这也造成了新古典经济学分析框架的缺陷；直至新兴古典经济学的出现，它采用超边际分析的方法来分析分工和专业化水平，又重新掀起了用现代分析工具复活古典经济学的思潮。

1. 古典经济学分工思想

在亚当·斯密之前，柏拉图早在公元前 380 年就论述了专业化、分工对增进社会福利的意义（Plato，1955）。色诺芬对于劳动分工和城市的形成之间的关系作出描述（李井奎，2015），他们都看到了分工在社会经济中的作用，但真正对分工进行系统经济分析的是亚当·斯密。他在《国富论》中，分别从"分工产生的缘由、分工之于生产力的推动作用、斯密命题以及斯密定理"等维度对分工理论进行了系统研究，由此奠定了自工业革命以来世界经济学的基石（刘辉煌和周琳，2004）。斯密强调，分工和专业化的发展是经济增长的源泉，是"富国裕民"的重要途径，分工发展的原因在于人类的交易倾向（亚当·斯密，2003；罗必良和李尚蒲，2018）。他认为分工在推动生产力发展方面有三大好处：分工有利于增进劳动者熟练程度，可以避免劳动者由一种工作转到另一种工作而损失的时间，还可以导致许多简化劳动和节省劳动的机械的发明（杨小凯和张永生，2003）。斯密的分工经济思想还体现在对斯密命题——"分工有利于促进社会普遍富裕"，以及斯密定理——"分工受市场范围限制"的揭示。斯密认为，在一个政治修明的社会里，造成普及到最下层人民的那种普遍富裕情况的，是各行各业的产量由于分工而大增；斯密还认为，分工受市场范围限制，市场范围主要取决于市场覆盖的人口规模与集中程度，以及交通运输的便利性与安全性（亚当·斯密，2003；苏红键，2012）。

斯密确立了分工在经济学中的地位，斯密之后又有一些古典经济学家从其他视角研究了分工和专业化问题。大卫·李嘉图关注到绝对优势与比较优势之间的区别，分析了分工与比较优势的关系，认为只要存在比较优势，即使没有绝对优势，仍可能存在贸易的好处（Ricardo，1973；姜伟，2010）。黑格尔强调分工和专业化简化了各个专业操作，因而机器得以应用和发明（Hegel，1962）。阿伦·杨格对斯密定理中的市场范围作了扩展性理解，用市场规模理解市场范围，并运用"迂回生产"概念，将分工效率放在了生产的迂回度提高基础之上，根据杨格的观点，市场规模的扩张意味着生产迂回度的提高或分工链的加长（朱富强，2004）。杨格（1928）在其经典论著《递增报酬与经济进步》中提出了"分工取决于市场规模，而市场规模又取决于分工"的精彩论断。

2. 马克思主义分工思想

马克思、恩格斯继承发展了斯密的分工思想，在生产、市场和社会的基础之上对分工展开了一系列论述。马克思、恩格斯认为分工是生产力发展的结果和需要，他们高度重视分工对提高劳动生产率的作用，并突破分工提高劳动熟练程度等一般分析，从分工经济提炼出"协作"范畴，更加强调分工组织产生的协作力，"分工许多优越性是由协作的一般性产生的"（马克思和恩格斯，1995；胡永亮，2006）。分工之效率源泉为协作创造的社会生产力，通过协作提高了个人生产力、创造了一种新的生产力，"这种生产力本身必然是集体力"（马克思，1975；杨玉华，2009；杨慧玲和张伟，2011）。马克思主义分工思想阐释了分工与国民经济运行的关系、分工对资本主义经济增长的重要意义，并主张用辩证统一的观点看待分工与就业的关系。马克思论述了分工的三大规律，即技术规律、资本循环规律、供求规律，并指出，分工的发展，使过去曾经在时间顺序上不断继起的生产过程，转变为在一个总机体中空间上可以并存的生产过程；延伸影响到产业资本的三种职能——货币资本、生产资本、商品资本，在时间上继起、在空间上并存，进而促进产业资本顺利循环；国民经济顺利运行的条件是社会分工所形成的发挥不同功能的部门、企业及个人在时间上继起，在空间上并存（马克思，2003）。马克思在诠释分工对于资本主义经济增长的重要意义时指出：分工不仅内生于经济增长，而且是一个服务于资本积累和现实竞争经济的自我演进过程；市场的资源配置功能为专业化和分工提供了相对价格的参考，而劳动分工也在不断提高社会生产力的过程中推动着现实经济的增长（王璐和李亚，2007）。马克思主张运用辩证统一的观点看待分工与就业的关系，机器的使用，专业化水平的提高，会对工人产生挤出效应；另外，机器的使用又会导致市场扩大，老部门得到发展、新部门应运而生，又能对就业产生促进效应（马克思，1975）。

列宁丰富发展了马克思主义分工思想，他着眼于世界资本主义分工市场，用社会分工来论证商品经济的产生，以及商品经济向资本主义经济发展的过程。列宁认为，"市场"这一概念与社会分工，即马克思所说"任何商品生产的共同基础"这一概念是完全分不开的，哪里有社会分工和商品生产，哪里就有"市场"，市场量和社会劳动专业化的程度有不可分割的联系（杨永华，2007；尹才祥，2016）。

3. 新兴古典经济学分工思想

新兴古典经济学是指 20 世纪 80 年代，以杨小凯、黄有光等为代表的经济学家，运用超边际分析的方法创立的经济学理论体系，新兴古典经济学以分工演化为主线，它的诞生标志着分工思想进入了一个新的历史阶段。新兴古典经济学比新古典经济学的思想"更古老"，因为它重新拾起了被新古典经济学遗弃的古典经济学中的分工和专业化的精彩思想；但它又比新古典经济学的身躯更年轻，因为它在一个新的分析框架下，用现代分析工具将现代经济理论进行重新组织，重点考虑各种交易费用的一般均衡意义（杨小凯和张永生，2003）。在新兴古典经济学中，专业化经济和分工网络效应的概念被用于描述经济活动，纯消费者与企业之间没有事前的绝对分离，交易成本对经济组织均衡的拓扑性质有重要含义，经济主体的最优决策总是角点解（黄建宏，2004；陈庆吉和潘忠志，2005；徐旭，2010；刘君，2011）。为了更加直观呈现新兴古典经济学与新古典经济学之间的区别，本书将在开展机理研究前，对新兴古典分析框架与新古典分析框架进行全面比较。在新兴古典经济学分工思想中，每个主体面临着两种类型的决策，超边际分析（非线性规划）将这两类决策结合起来，成为求解这两种决策的科学工具。第一类决策是"做"或是"不做"，即选择从事专业化的还是自给自足的，这类决策与角点解存在内在联系；第二类决策是在从事的所有经济活动中如何分配有限资源的问题，这类决策以一个角点解或内点解的边际分析为特征。两类决策中，需求和供给可以解释成分工的两个方面，其分析基于角点解，采用超边际分析方法对每一角点进行边际分析，然后在角点之间比较总效益费用。新兴古典经济学分工思想的以上特征决定了其框架可以解释各种交易费用对分工深化、生产力演进的意义，农村产业融合发展问题亦不例外。

国内新兴古典经济学学者认为，分工表现为劳动专业化、专业多样化、生产迂回化和经济组织化的统一，回答了经济学的四个基本问题——生产什么、生产多少、怎样生产、为谁生产。他们秉承古典经济学中亚当·斯密提出的"分工导致普遍富裕"思想，并在充分借鉴杨小凯、黄有光等经济学家的超边际分析研究成果基础之上，以分工演化为核心逻辑，构建了共同富裕经济理论框架，并提出了基于完全分工的均势经济等理论（向国成等，2017）。

综上所述，古典经济学中有关分工、普遍富裕、市场规模之间关系的研究成果奠定了本书分析框架的理论基石；马克思强调分工组织产生协作力，为研究分工与农村产业融合发展模式的关系提供了理论依据；新兴古典经济学中超边际分析方法则为解构农村产业融合发展的形成与演化机理贡献了理论武器。

3.2.2 农村产业融合发展的理论基础

除分工思想以外，产业集群理论、农业多功能性理论、产业链理论、交易成本理论等也成了本研究的理论基础。

1. 产业集群理论

马歇尔开创了产业集群研究之先河，马歇尔关注了大量专业化的、相互关联的、性质相似的小型企业在特定地区集聚的现象，将其命名为"产业区"，由此而获得的经济称为外部经济（Marshall，1890）。马歇尔认为，产业区得以发展的原因主要源于以下四个方面：一是自然条件，如气候、土壤、资源与交通便利等；二是民族的性格和当地的社会与政治制度；三是各种偶然事件；四是该地区必须要具有商业上的便利（李静，2015）。韦伯在其著作《工业区位论》的相关研究中，探讨了"工业区位"对于产业在一定的地理范围内集聚的作用，进一步指出，在一定区域内集聚了众多有密切联系的企业，有助于企业采用最新技术、更好地开展分工与协作，以及共同使用区域内的基础设施（Weber，1929）。韦伯把影响产业集聚发展的因素总结为技术设备发展、劳动力组织发展、市场化因素和经常性开支成本四个方面（Weber，1997）。马歇尔的外部经济理论和韦伯的工业区位论为产业集群理论的发展奠定了坚实基础。

20世纪90年代，迈克尔·波特在《国家竞争优势》一书中，首创性地提出产业集群概念，即一组在地理上邻近且相互联系的企业和机构，它们同处或相关于一个特定的产业领域，由于共性和互补性而联系在一起；

波特研究的产业集群主要特征是基于企业间长期稳定的竞争合作关系，带来的成本降低和持续创新能力提高；他从竞争力的角度对产业集群现象进行了分析和研究，并构建了著名的"钻石模型"，认为影响一个国家或一个产业国际竞争力的因素有六点：生产要素，需求状况，相关及支持产业，企业战略、结构和同业竞争，政府和机会（Porter，1990）。农村产业集群是产业集群理论在农业农村经济发展中的创新与应用。农村产业集群是在一定地域集聚而成的相互关联、协同发展，具有地域特色、比较优势的农业经济共同体（杨同卫和陈晓阳，2012）。作为在农业农村经济发展新的历史时期重要产物，农村产业集群的研究对象是农村一二三产业，现已成为构建现代农业产业体系的重要举措。农村产业集群可以实现涉农企业和农户共享公共设施、市场环境以及外部经济以降低生产成本，可以提高农村产业的组织化程度以降低农业市场风险，可以促进集群涉农企业之间的良性竞争以培育农产品品牌，可以延伸产业链、增加产品的附加值以提升农户收入（李晓龙，2019）。农村产业融合发展以农村产业集群为依托，以各类农村产业园区为平台，形成农业与二三产业交叉融合的现代产业形态，不仅可以降低交易成本，还能够带来规模经济效益，最终助推农村经济高质量发展。

2. 农业多功能性理论

多功能性是农业的客观属性。农业多功能性源于 20 世纪 80 年代末日本的"稻米文化"传承与保护运动。20 世纪 90 年代初，农业多功能性这一概念开始出现在联合国的重要文献之中。经济合作与发展组织（OECD）突破传统农业功能的思维，于 1996 年首次提出农业多功能性概念，强调农业生产对于环境与乡村就业等非经济因素的影响，并指出农业是具有社会、经济与环境多方面价值的初级产业（宗锦耀，2017）。1999 年，日本出台《粮食·农业·农村基本法》，提出农业除了具有基本的经济功能以外，还具有社会、政治、生态等多方面的功能。国外农业多功能性理论也涉及对农业多功能性单个因素进行量化分析，分别针对农业生态服务功能（祖田修，2003）、景观（Gomez & Gonzalez，2007）、生物多样性（Damania & Bulte，2007）等做了一定的定量评估。

结合中国实际情况来看，农业多功能性表现在：农业在现代社会中发挥食品保障、原料供给、市场、就业增收、劳动力输出等基础性功能的同时，随着经济社会发展和需求增加，源于农业的社会性等动力，农业还发挥着生态保护、生物质能源、观光休闲、文化传承等非基础性功能（尹成杰，2007）。从粮食生产与非粮食生产的角度来看，农业主要功能定位可分为粮食生产，以及非粮食生产的食品安全功能、要素贡献与区域贡献的经济功能、就业与社会保障的社会功能、文化与休闲的文化功能、资源与环境保护的生态功能五种基本类型（李俊岭，2009）。农业多功能性发展还与促进生态环境保护互为前提、相互促进，中国后发的优势、辽阔的地域、多样的景观、优良的农耕文明、丰富的农村文化、旺盛的需求、充足的人力资源等，共同构成了中国多功能农业发展的空间与潜力（林卿，2012）。拓展农业多种功能是发展多类型农村产业融合发展的一种重要方式，有学者提出将自然风景、风俗文化、农业生产与旅游、休闲娱乐、科教等融为一体，以农业农村功能拓展促进产业融合发展（芦千文和姜长云，2016）；也有学者提出以城市郊区或乡村文化资源富集区为载体，深挖地域特色、生态及历史文化资源，发展旅游农业、休闲农业、创意农业等新业态，通过农业经营主体拓展农业新功能带动产业融合发展（熊爱华和张涵，2019）。

3. 产业链理论

产业链是一个融合"产业分工、产业合作与空间产业构成"三维于一体的概念。产业链理论最早可以追溯到亚当·斯密的分工思想。在《国富论》中，亚当·斯密论述制针工厂的例子，就是对产业链功能的阐述，可以被认为是产业链理论的起源（亚当·斯密，1972）。西方学者早期普遍把产业链看作是制造企业内部的分工，即企业采购原材料，通过开展生产和销售，将产品传递给消费者的过程，这类似于现在有关产品链的描述，他们关注的焦点在于劳动分工与劳动专业化。当分工研究不再局限于一个企业内部的劳动分工，扩展到不同业主之间、企业与企业之间的分工合作时，这就成了产业链理论的萌芽。20世纪初，阿伦·杨格提出分工必须有生产迂回化，即用中间产品来生产最终产品，而生产迂回化就是生产链的发展。杨格的论述，可以看作是基于产业链迂回的视角提出"规模报酬取决于劳动分工"（Young，1928）。国外产业链理论侧重于对企业纵向整合、企业间资源组合等产业链条之间表现形式方面的研究，在研究中更多使用生产链、价值链和供应链等术语进行产业链式方面的分析。

049

产业链的理论起源于国外，但真正的发展是在中国。产业链被认为是一种产品从最初的自然资源形态到最终产品形态，并到达消费者手中这一过程中，生产加工各个环节所构成的整个生产链条（郁义鸿，2005）。随着技术的进步，生产迂回化程度的提高，理论界开始关注产业链形成与演化机理，并以此指导经济实践，分别从产业链的形成动力、演进路径、影响因素等视角开展了理论探讨。产业链的形成动力可以从内外两方面归纳，内部方面是降低交易费用、风险规避和创造利用社会资本，外部方面是区位优势、技术进步和政府产业政策（游振华和李艳军，2011）。产业链的整合及其演进路径呈现出"规模经济—专业经济—模块经济—网络经济"四个阶段，其演进效应体现在获取"熊彼特租金"、亚市场效应、知识溢出效应和资产专用性效应四个方面（赵红岩，2008）。产业链形成和演化受到交易费用、规模经济、市场垄断性及产业自身发展等因素的影响（刘汉进和陈俊芳，2003）。鉴于国内大多数学者将产业链置于"产业"和"企业"的夹缝之间，邵昶和李健（2007）形象地将产业链这一研究现象比喻为"波粒二象性"，构建了"玻尔原子"模型，并提出在产业链的演化过程中，须关注无形"隐性知识"在产业链中的"隐性传输"和有形"中间产品"在产业链间的"显性传输"。与农村产业融合发展密切相关的是农业产业链，根据农业产业链延伸的形态，可以分为产业链抬高和产业链攀升两种形式，深挖农业增收潜力能够促进农业产业链抬高，拓展农业增收空间能够促进农业产业链攀升，进而实现农业产业链升级；农村产业融合发展就是要不断延伸农业产业链，强化农业经营主体之间的利益联结，让农民更多地分享农业产业链的增值收益（胡石其和熊磊，2018）。

4. 交易成本理论

古希腊哲学家亚里士多德最先使用"交易"这一概念。马克思在《资本论》中提到，商业的专门化节约了用于商品买卖的资本，但却招致了流通费用，包括纯粹的流通费用、保管费用和运输费用等（马克思，2003）。马克思提到的流通费用实质上就是交易费用。直至1937年，科斯开辟了经济学有关交易费用分析的新思路，在其经典论文《企业的性质》中，科斯认为，使用价格机制是有代价的（Coase，1937）。科斯虽未明确使用"交易成本"这一名词，但在《社会成本问题》一文中又指出，为了进行一项市场交易，在契约的签订和执行过程中，诸如寻找交易人、明确交易条件、讨价还价、签订契约、保障契约实施等行为都需要成本，一些额外的支付是不可避免的（Coase，1960）。由此，将交易成本的思想具体化。

在交易与分工的问题上，诺斯将所有的经济活动划分为交易活动和转化活动，交易活动产生的费用即为交易成本（North，1990）。张五常认为，企业是劳动市场替代中间产品市场，而非市场组织之间的替代，企业与市场的边际替代关系取决于劳动力交易效率的比较（Cheung，1983）。杨小凯和张永生（2003）的观点是，假若一个人购买一单位（元）商品时，他实际只得到 k 部分（元）商品，那么这 $1-k$ 部分（元）便可称为交易成本或交易费用（transaction cost），而 k 部分（元）可称为该笔交易的交易效率；分工产生交易费用，交易费用对组织的拓扑性质有极其重要的意义，分工水平取决于交易效率的高低。盛洪（1994）也认为，分工程度揭示出生产活动和交易活动的经济特征以及两者之间的比例关系，生产方式和交易方式两者之间的交互关系和互动过程又决定了分工程度及其发展。

由此可见，一方面，交易源于分工，分工必然会带来交易成本，交易成本是一种源于分工的制度成本，随着分工的深化，交易成本不断加大；另一方面，参与市场交易的经济组织，其重要的经济作用在于把若干要素所有者组织成一个单位参与市场交换，以减少市场交易者的数量，降低信息不对称的程度，最终实现减少交易费用（杨荫，2007；沈满洪和张兵兵，2013）。这也是党和政府一直以来，坚持把新型农业经营主体看作带动农民进入市场的主体力量的根源。农村产业融合发展的实质为交易成本内部化，如何降低农村交易费用、提升农村交易效率成为提升农村产业融合发展水平的重要关注点。

产业集群理论、农业多功能性理论、产业链理论和交易成本理论，为本书将农村产业融合发展划分为农业产业化集群模式、农业功能拓展模式、农业产业链延伸模式、新型农业经营主体带动模式四种模式提供了充分的理论依据，也从不同视角为后面分工视角下农村产业融合发展的理论和实证研究提供了重要的理论基础。

3.3 分工与农村产业融合发展模式

在分工与经济学基本问题的关系方面，国内新兴古典经济学学者通过长期系统研究，形成了比较成熟的理论成果。他们认为，新兴古典经济学的分工理论之所以能够演化出一个经济学体系，核心在于分工作为劳动专业化、专业多样化、生产迂回化和经济组织化的统一，回应了生产什么、生产多少、怎样生产、为谁生产等经济学的四个基本问题（向国成等，2017）。其中，劳动专业化对应生产多少问题，专业多样化对应生产什么问题，生产迂回化和经济组织化对应怎样生产问题，分工不断演化促进社会普遍富裕，这对应为谁生产的问题。分工"四化"的理论成果在分工与特定经济学问题相结合的研究中得到有效应用。

在此基础上，本书将农村产业融合发展的四种模式——农业产业化集群模式、农业功能拓展模式、农业产业链延伸模式、新型农业经营主体带动模式，分别与分工"四化"、经济学四个基本问题相对应，它们之间的关系如图3.1所示。农业产业化集群模式对应劳动专业化与生产多少问题、农业功能拓展模式对应专业多样化与生产什么问题、农业产业链延伸模式对应生产迂回化与怎样生产问题、新型农业经营主体带动模式对应经济组织化与怎样生产问题，最终分工演化、农村产业融合发展水平提升回应了为谁生产的问题。当然，这种对应关系绝不是简单一一对应，而具有严密的内在逻辑。

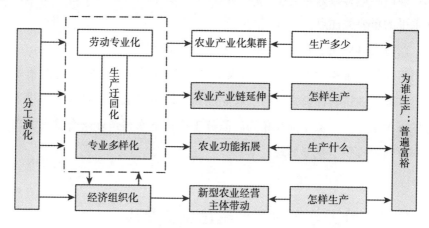

图3.1 分工演化与经济学问题、农村产业融合发展的关系

3.3.1 劳动专业化与农业产业化集群模式

劳动专业化表示一个主体所从事的专业数量的多少，回应的是经济学中"生产多少"的问题（这里的"多少"表示专业的数量）。一个主体在其资源能够得到充分利用的条件下，从事的专业数量越少，则专业化水平越高。劳动专业化可以带来规模经济效应、知识溢出效应、技术创新效应，进而提高主体的劳动生产率。一般认为，由于时间禀赋约束存在，当一个主体提高在一种产品生产上的专业化水平时，其生产其他产品的专业化水平一定会下降（熊磊和向国成，2021）。

053

农业产业化集群模式是指以农产品加工园、现代农业产业园、农业科技园区等为平台载体，以一个或几个农业产业化龙头企业为主导，在降低交易费用的驱动下，通过农业产业化集群带动，将农业生产资料供应，农产品生产、加工、储运、销售等环节链接成一个有机整体的融合发展模式。农业产业化集群模式下，园区专注于一种或少数几种农产品的规模化、集约化生产与经营，形成一村一品、一乡一业、一县一业的发展格局，各主体从事的专业数量较少，在集群内核心组织的带动下，各类有关产、供、销的涉农生产及服务企业集聚，以产业集群发展的方式壮大本地特色优势产业，培育提升区域农业品牌。相比于其他农业经营主体，农业产业化经营组织本身具备资本、科技、人才、信息等优势，通过对产业集群内部的其他农业经营主体施加影响，将社会分工内部化以提升专业化水平，获得规模经济效应。另外，集群发展的模式可以产生知识溢出效应，各主体由于业务联系相互合作、相互学习，有关生产经营的创新和成果会被迅速地共享和仿效（胡石其和熊磊，2018）；此外，农业产业化集群还可通过协同创新等方式，打破农村产业内部以及产业之间的技术壁垒，获得技术创新效应。劳动专业化与农业产业化集群模式的关系如图 3.2 所示。

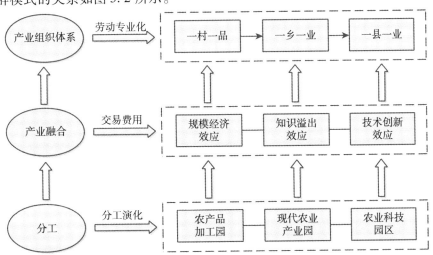

图 3.2　劳动专业化与农业产业化集群模式

3.3.2 专业多样化与农业功能拓展模式

专业多样化是指社会产业、行业、产品、工艺、技术、装备等方面的多样化，回应的是经济学中"生产什么"的问题（这里的"什么"表示专业的种类）。一个社会的专业多样化，既可以通过自力更生实现，也可以通过交换实现。如果是通过自力更生实现，在给定其他条件不变的情况下，一定时期内社会产业、行业、产品等专业的种类数越多，越有利于把游离在分工体系之外的自给自足者纳入分工体系，提高参与分工者的效用水平或真实收入水平，缩小全社会居民收入差距（韩绍凤等，2007）。如果是通过交换实现，交换扩展了市场范围，市场范围越大，越有利于扩大参与交易的总人口和市场需求总量，进而通过市场规模化降低单位产品的成本（Grossman & Helpman，1991）。专业多样化有利于增强经济增长的持续性与稳定性。

传统农业功能主要包括食品安全功能、经济功能、社会功能、文化功能和生态功能（李俊岭，2009）。随着城乡居民消费需求多元发展与消费结构不断升级，农业的多功能性逐渐被挖掘出来，发展了许多农业新型业态，如乡村旅游、农耕文化教育、农业农村文化开发、生态养老等，这些新模式有力地扩展了农业增值空间，拓宽了农民增收渠道。农业功能拓展模式即农业与旅游、教育、文化、健康养老等其他产业的交叉融合、创新发展，表现为农业产业链与相关产业链解构，重组成新产业链的过程。在一个农业经济系统内，农业功能拓展导致农村新型业态产生是专业多样化的体现，一方面，农业与其他产业之间充分利用彼此优势，实现资源优化配置，产生诸多传统农业未有之新型业态，促进不同产业协同发展；另一方面，农业功能多样化与业态丰富化把包括自给自足农户在内的更多农业经营主体纳入分工体系，提高参与农村产业融合发展的农业经营主体的效用水平或真实收入水平，从而增强农村经济增长的持续性与稳定性。专业多样化与农业功能拓展模式的关系如图3.3所示。

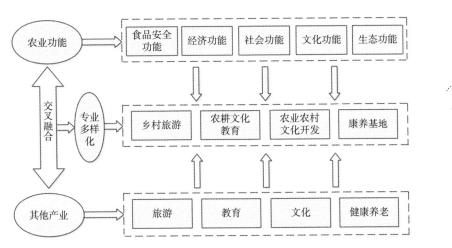

图 3.3　专业多样化与农业功能拓展模式

需要说明的是，劳动专业化和专业多样化是分工演化的两个基本方面，或是两个侧面。离开劳动专业化谈专业多样化，或离开专业多样化谈劳动专业化，都不存在分工，分工演进是二者的辩证统一。

3.3.3　生产迂回化与农业产业链延伸模式

迂回生产是分工的重要方面，生产迂回化表示投入中间产品来生产最终产品，即中间投入品和生产链的发展，是工业革命以来的主要分工经济形态（Young，1928），回应的是经济学中"怎样生产"的问题（这里的"怎样"表示生产的方式）。分工演进产生三种类型的迂回生产效果：一是下游产品的全要素生产率随着上游产品的数量增加而增加；二是下游产品的全要素生产力随着上游产品的种类数增加而增加；三是最终产品的全要素生产力随着迂回生产链条的个数增加而增加（杨小凯，2003）。迂回生产效果与专业化经济之间有一个两难冲突，因为每一个主体的专业化水平在其生产很多类型产品时会很低，如果他想保持较高的生产迂回程度和专业化水平，就必须与其他主体交易，这样在迂回生产效果、专业化经济和交易成本之间都存在两难冲突。如果没有迂回生产，最终产品的全要素生产力就会很低，每一个主体都无法生产出超过自己需要以外的剩余产品，也就无法开展产品的交换，因而不存在分工经济（向国成等，2016）。

农业产业链通过市场关系将农户、新型农业经营主体、经销商等纵向连接成为一个系统，农户是源头，新型农业经营主体、经销商分列于产业链的中下游。农业产业链延伸模式包括三种。一是顺向延伸模式，即第一产业主动向第二、第三产业融合，农业与工业融合形成农产品加工业，进而和第三产业连接形成农产品流通和销售部门；而当农业直接与第三产业融合时，就会形成农业生产性服务等新业态，农业社会化服务组织直接帮助农户完成或协助农户完成农业产前、产中、产后各环节作业（蒋永穆和陈维操，2019；熊磊，2020）。顺向延伸模式主要通过增加迂回生产链条的链条个数，促进了最终产品的全要素生产力提升。二是逆向延伸模式，即第二、第三产业主动向第一产业融合，农产品加工或流通企业，以及经销商和零售商，采取直接投资、参股经营等方式，建立"企业＋基地＋农户"等形式的利益联结机制，依托农户、家庭农场等建设标准化和规模化的原料生产基地，实现对原材料量和质的控制。逆向延伸模式增加了上游农产品的种类和数量，通过投入中间产品来生产最终产品，促进了下游农产品的全要素生产率增加。三是外向延伸模式，即农业机械技术、现代信息技术、生物技术等先进技术要素渗透于农业生产、经营、管理和服务。外向延伸模式增加了迂回生产链条的链条个数，进而实现全要素生产力提升。生产迂回化与农业产业链延伸模式的关系如图3.4所示。

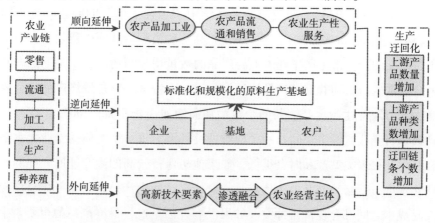

图 3.4　生产迂回化与农业产业链延伸模式的关系

3.3.4 经济组织化与新型农业经营主体带动模式

分工的演进还体现在经济组织化，经济组织化表示通过一定的社会经济组织形式和制度协调分工，使社会构成一个相互影响、相互作用和相互制约的有机整体的发展过程，回应了经济学中"怎样生产"的问题（这里的"怎样"表示生产的组织形式）。根据新兴古典经济学学者的观点，经济组织化包括两个方面：一是经济主体的团队化，如企业、联盟、协会、联合会、合作社等科层组织的发展；二是经济主体的市场化，如各主体间通过要素市场和产品市场建立起来的买卖关系。这种理解可以认为是对科斯"企业是市场的替代物"（Coase，1937）的思想的有益拓展，把团队化看作是市场化的替代物，当两个和两个以上有着市场联系的经济主体组成一个团队，如企业并购、成立产业协会，把市场关系内部化，此时团队取代了市场；但也要看到，若没有团队内分工深化带来生产效率和交易效率的提高，一些经济主体难以进入市场，市场化发展因此受到限制，从这个意义上说，团队又是发展市场的工具。经济组织化是通过减少内生交易费用和外生交易费用来促进经济增长。

作为多元化农村产业融合主体的新型农业经营主体，与家庭承包经营制度的建立相伴而生，是农业生产分工分业不断深化的产物，具有资本、技术、人才等优势，是推进农业现代化、实现乡村全面振兴的重要推动力量。截至 2018 年底，包括家庭农场、农民合作社、农业产业化经营组织、农业社会化服务组织在内的新型农业经营主体总量超过 430 万家，整体数量和发展质量不断提升，培育成效初步显现。"小农户大量且长期存在"的国情农情，决定了走中国特色社会主义乡村振兴道路，必须依靠新型农业经营主体以带动和服务小农户（熊磊，2019）。而传统农户家庭经营又具有内在激励、合理分工、精耕细作等优势，围绕各自农业经营主体优势推进分工协作，是中国农业现代化实践的现实需要。"公司＋合作社＋农户"等多种形式利益联结机制的建立，使新型农业经营主体与农户间的分工内部化，大量经济主体的边界出现了扩张，农村产业融合发展体现出团队对市场的大规模替代。根据科斯的观点，当市场分工中存在较高的交易成本时，会导致组织替代市场，因而农村产业间分工会向产业内分工转化，即以产业融合的方式降低交易成本（苏毅清等，2016）。另外，由于农户与市场属于"保持距离型联系"，通过"新型农业经营主体 + 农户"等形式发展产业融合，缩短了农业生产者与消费者之间的距离，实现对消费者的精准供给，同样起到了降低交易成本的作用。农村产业融合发展表现为以经济组织化的方式使交易成本内部化。经济组织化与新型农业经营主体带动模式的关系如图 3.5 所示。

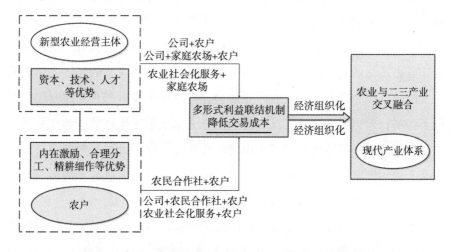

图 3.5　经济组织化与新型农业经营主体带动模式的关系

根据斯密命题，可以理解到，在一个政治修明的社会里，在正义秩序下，随着分工不断演化，社会各阶层将实现普遍富裕："各行各业的产量由于分工而大增。各劳动者，除自身所需要的以外，还有大量产量可以出卖……别人所需的物品，他能予以充分供给；他自身所需的，别人亦能充分供给。于是，社会各阶层普遍富裕起来"（亚当·斯密，1972）。斯密"分工导致普遍富裕"的重要论述，回应了经济学中为谁生产的问题（这里的"谁"表示生产成果的享有者）。作为构建现代农业产业体系的有效路径，农村产业融合发展以市场化为导向，以新型城镇化为依托，始终内含了帮助农民、提高农民、富裕农民的价值取向，是拓宽农民增收渠道的重要措施。促进农村产业融合发展就是为了让农民成为现代农业发展的参与者、受益者，在这一点上，深刻体现了坚持以人民为中心的发展思想的价值立场，从本质上看，也是为了促进共同富裕，这与斯密命题具有逻辑的一致性。

需要说明的是，现实实践中，农村产业融合发展路径往往属于以上四种模式之一，或者不同程度地带有上述四种模式的性质，例如，某乡依托茶叶这一传统特色优势产业，出台《关于加快推进特色农业产业集群发展行动方案》，通过政策引导龙头企业和生产要素集聚，加强村企联动、与农户签订供销协议，建立茶园基地，走农村一二三产业融合发展道路，该乡的发展路径在整体上表现为农业产业化集群模式。而在个别农业经营主体的发展过程中，也有可能是以上部分模式的结合，例如，种植草莓的家庭农场建立草莓直销店，沿着农业产业链顺向延伸，同时开发体验式采摘游，农业功能发生拓展，因而体现为农业产业链延伸模式、农业功能拓展模式的结合。因此，从一村、一乡或一园区发展模式的整体视角来看，农村产业融合发展的模式可能是单一的，而从个别农业经营主体发展模式的局部视角来看，农村产业融合发展的模式也可能呈现出多向、多式融合发展。

3.4　分工促进农村产业融合发展的理论分析框架

在明确分工、经济学四个基本问题与农村产业融合发展逻辑关系的基础上，基于"斯密—杨格定理"，建立分工视角下农村产业融合发展理论分析框架，为后续的理论与实证研究指明方向。

3.4.1　斯密定理：分工受市场范围限制

亚当·斯密（1972）认为："分工起因于交换能力，分工的程度，因此总要受市场交换能力大小的限制，换言之，要受市场广狭的限制"。"分工受市场范围限制"，理论界将其称为斯密定理。亚当·斯密主要是从运输成本的角度探讨市场范围的影响因素（钱学锋和梁琦，2007）；也从人口密度程度和资本积累程度讨论市场范围对分工的影响（李战杰，2010）。因为根据斯密的理解，这种市场范围主要取决于以下两个方面。一方面是交通运输的便利性与安全性，如斯密指出："水运开拓了比陆运所开拓的广大得多的市场，所以从来各种产业的分工改良，自然而然地都开始于沿海沿河一带。这种改良往往经过许久以后才慢慢普及到内地"。另一方面是市场覆盖的人口规模与集中程度；又如斯密认为："有些业务，哪怕是最普通的业务，也只能在大都市经营"。斯密定理包含了三个方面的重要含义：一是分工能够通过市场来协调；二是分工程度取决于市场范围的大小；三是市场范围的大小又取决于运输条件（罗必良，2017）。根据斯密定理，分工程度的大小受制于市场范围，分工提高生产力的机理在于知识溢出、报酬递增（李皓，2013；王修志和谭艳斌，2018）。在后来的研究中，也有学者进一步提出了"广义斯密原理"，认为劳动分工受市场范围、资源种类和环境涨落的三重限制（陈平，2002）。杨格（1928）曾经将斯密定理视为"在全部经济学文献中是最有阐释力并富有成果的普遍原理之一"。

3.4.2 斯密—杨格定理：分工一般地取决于分工

如前所述，阿伦·杨格继承发展了斯密定理，他用"市场规模"（the size of the market）一词理解"市场范围"（the extent of the market）。在杨格的思想中，"市场规模"不仅与"市场范围"的人口规模有关，而且体现为一种购买力，即消化产出的能力或吸收大量年产出的能力，与生产力水平紧密联系，而生产力水平又取决于分工水平，所以杨格认为，分工取决于市场规模，而市场规模又取决于分工，即"分工一般地取决于分工"（Young，1928）。杨格的精辟诠释成就了"斯密—杨格定理"，也充分说明了经济系统内存在着自我发展的内生力量（李斌，2002）[①]。杨小凯和张永生（1999，2003）进一步解释道，"斯密—杨格定理"由三个部分组成：第一，递增报酬的实现依赖于劳动分工的演进；第二，不但市场的大小决定分工程度，而且市场大小由分工的演进所制约；第三，需求和供给是分工的两个侧面。因此，"斯密—杨格定理"绝不是同义反复，而是展现了分工的两个侧面——供给侧和需求侧之间累进的因果循环关系。杨格未提及交通运输在决定市场规模方面的重要作用（赵坚，2009）；但认为分工应当包含三个方面的内容："个人的专业化水平""不同专业的种类数""生产的迂回度"；并认为，分工水平的高低才是经济增长的决定力量，分工水平与市场容量是相互关联且相互决定的（Young，1928）。在"分工一般地取决于分工"中，第一个"分工"主要是指斯密所侧重的组织内部分工，而第二个"分工"表达的是产业间分工或社会分工（钱学锋和梁琦，2007）。"斯密—杨格定理"的重要贡献就是将组织内部分工（或企业内部分工）与产业间分工（或社会分工）的交互作用联系起来，并由此发现了分工与市场容量的相互性。同样地，农村产业领域间产业融合发展的形成与演化，既受市场规模的限制，亦反向促进市场规模的生成，"斯密—杨格定理"成为本研究的理论基石。

3.4.3　理论分析框架

分工演进是迈向共同富裕的必由之路。"自给自足的最优产出不会超越温饱水平"已由向国成等（2017）学者证实，其缘由在于：自给自足模式下，每一个主体可提供的产品种类数量有限，由于时间禀赋约束存在，即使在最低损耗系数下，其最优产出水平也只可满足当期温饱水平。要想超越温饱水平，迈向共同富裕，深化分工是必要条件。中国反贫困为国际扶贫贡献了中国成绩、中国方案、中国经验，中国扶贫实践很好地诠释了

[①] 根据李斌（2002）的解释，市场和分工就像"鸡生蛋、蛋生鸡"一样，二者相互作用会产生良性累积效应，从而产生报酬递增。

这一结论。在过去的扶贫工作中，"输血式"扶贫取得了一定成效，但距离乡村全面振兴的目标还有较大差距，其根本原因在于"输血式"扶贫本质上是一种自给自足式扶贫，并未充分激发贫困群众内生动力；而在全面建成小康社会的伟大历史进程中开展的精准扶贫，始终坚持群众主体，把扶贫和扶志、扶智结合起来，不断增强贫困农户发展能力，把贫困群众纳入更广阔的分工体系中，是一种"造血式""分工式"扶贫，变输血为造血，从而实现可持续稳固脱贫。分工越发展，越能创造足够多的有效分工位置，就业容量就会越大，人们就能在分工社会找到自己的分工位置，进而增进社会的普遍富裕（王拓，2003）。

基于以上理论分析，可以绘出分工视角下农村产业融合发展理论分析框架，如图 3.6 所示。该框架主要由共同富裕、交易效率、分工水平、生产力水平、市场规模五大部分组成。共同富裕：经济学四个基本问题的本质体现在为谁生产，即普遍富裕①；共同富裕是社会主义的本质要求，推动经济社会发展，归根结底是要实现全体人民共同富裕②；共同富裕同时也是新时代解决中国社会主要矛盾的重要抓手（刘培林等，2021）。交易效率：交易成本的表示形式，以超边际分析为主要范式，是"斯密—杨格定理"的关键组成因素。分工水平：分工从宏观结构上可以看作是劳动专业化、专业多样化、生产迂回化和经济组织化"四化"的统一，分工水平决定了生产力水平。生产力水平：框架的供给侧的重要组成部分，体现在劳动生产率、经济总量与结构、就业总量与结构等方面，在本书的理论分析框架中，表征为农村产业融合发展水平。市场规模：框架的需求侧的重要组成部分，根据杨格的观点，市场规模主要取决于市场范围（人口规模）、收入水平和收入结构。

---

① 亚当·斯密提出"分工导致普遍富裕"（universal opulence）的基本命题。"universal opulence"也可翻译为共同富裕，本书在内涵无差异上交替使用这两个词。

② 2021 年 8 月 17 日，习近平同志主持召开中央财经委员会第十次会议并发表重要讲话强调，共同富裕是社会主义的本质要求，是中国式现代化的重要特征，要坚持以人民为中心的发展思想，在高质量发展中促进共同富裕。习近平主持召开中央财经委员会第十次会议［A/OL］.（2021－08－17）［2021－08－17］. http：//www.gov.cn/xinwen/2021－08/17/content_5631780.htm.

　　根据"斯密—杨格定理"，分工发展水平受制于市场规模的大小，市场规模的大小与生产力水平，即农村产业融合发展水平密切相关，而农村产业融合发展水平又取决于分工发展，因此，"分工发展—生产力水平（农村产业融合发展水平）—市场规模—分工发展"之间形成了一个循环累积的因果链条。农村产业融合发展的可能性就存在于三者互为因果的条件之中，这一逻辑关系体现在图 3.6 理论分析框架的下半部分。而从整个理论分析框架来看，需求和供给构成了分工的两个侧面。根据新兴古典经济学的观点，在一定市场范围内，所有纳入人口的整体收入水平比较高、贫富差距不太大，就代表共同富裕，而一旦有人未被纳入市场范围，自给自足模式下不会超越温饱水平，也就没有富裕可言，进而可以判定这个国家或地区也就没有实现共同富裕，由此可见，一个国家或地区的共同富裕程度决定了该国家或地区的市场规模，这构成分工的需求侧，即理论分析框架的右侧。而在理论分析框架的左侧，随着分工的不断演化，农村产业融合发展不断推进，生产力水平不断提高，回应了经济学四个基本问题，

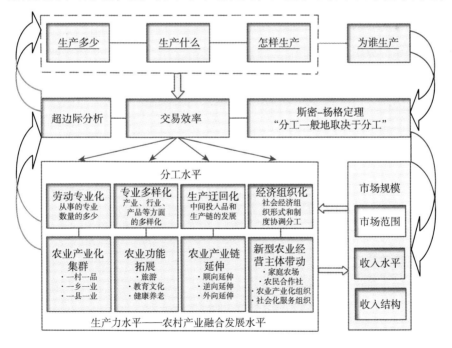

图 3.6　分工视角下农村产业融合发展的理论分析框架

体现了"分工是迈向共同富裕的必由之路",这构成分工的供给侧。整个理论框架形成了一个循环累积的因果链条。

关于农村产业之间何以能从自给自足状态演进到分工状态?本书下一章将运用超边际分析方法证明。在这一个循环累积的因果链条中,存在分工好处与分工产生的交易费用的两难冲突,可以预见,随着分工的不断演进,交易效率的提升,农村产业融合发展也会随之形成并发生演化。

3.5　本章小结

本章对分工、农村产业融合发展等基本概念进行了界定,梳理了分工思想理论渊源和农村产业融合发展的理论基础,对分工演化、经济学四个基本问题与农村产业融合发展的四种模式的逻辑关系进行了探讨,并以此为基础,构建了一个分工视角下的农村产业融合发展理论分析框架。本章得出以下研究结论。

首先,分工发展是迈向共同富裕的必由之路,表现为劳动专业化、专业多样化、生产迂回化和经济组织化的统一。农村产业融合发展是分工不断演化的产物,以农业产业化集群、农业功能拓展、农业产业链延伸、新型农业经营主体带动为表征,以制度、技术和商业模式创新为动力,是实现农业现代化的必由之路。

其次,分工很好地回答了经济学的四个基本问题——生产什么、生产多少、怎样生产、为谁生产,并与农村产业融合发展的四种模式——农业产业化集群模式、农业功能拓展模式、农业产业链延伸模式、新型农业经营主体带动模式具有很高的契合性。具体说来,在农村产业融合发展实践中,劳动专业化表现为农业产业化集群模式,专业多样化表现为农业功能拓展模式,生产迂回化表现为农业产业链延伸模式,经济组织化表现为新型农业经营主体带动模式。

最后,基于"斯密—杨格定理","分工一般地取决于分工",共同富裕、交易效率、分工水平、生产力水平、市场规模五大部分共同构成了分工视角下农村产业融合发展理论分析框架。其中，"分工发展—生产力水平（农村产业融合发展水平）—市场规模—分工发展"之间形成了一个循环累积的因果链条；而一个国家或地区的共同富裕程度决定了该国家或地区的市场规模，构成理论分析框架的右侧，即分工的需求侧；随着交易效率的提升，分工不断深化，农村产业融合发展不断推进，生产力水平不断提高，回应了分工是迈向共同富裕的必由之路，构成理论分析框架的左侧，即分工的供给侧；整个理论框架形成一个循环累积的因果链条。

超边际分析下农村产业融合
发展的形成与演化

第3章构建了分工视角下农村产业融合发展的理论分析框架，为本书的理论与实证研究提供了指引。新兴古典分析框架使用"消费者—生产者"的超边际分析解释专业化程度和经济的组织方式（米勒，2004）[①]。本章将结合农村产业融合发展实践特征，进一步诠释本书选择新兴古典分析框架的缘由，并构建一个"斯密—杨格模型"，运用超边际分析方法，解构农村产业融合发展的内在机理。

4.1 新古典与新兴古典二者分析框架比较

新古典经济学分析框架以纯消费者和企业截然两分、规模经济对专

---

① 米勒（S. M. Miller）发表在《经济学（季刊）》2004年第1期的论文《经济学：新兴古典与新古典框架》提出，主要关心资源配置的新古典经济学，从来没有领会亚当·斯密关于专业化在决定经济被组织方式中的角色这一预言；主要关心经济组织的新兴古典经济学，带动现代数理经济学更接近它的斯密遗产。

业化经济概念的替代，以及需求和供给的边际分析为主要特征。图4.1
表示新古典经济学分析框架，圆圈 a 和 b 分别代表两个纯消费者，即不
做生产决策的消费者；圆圈 x 和 y 代表两个企业，他们分别生产商品 x
和 y。图中实线代表企业生产的产品流向，即商品流；虚线则表示消费
者提供给企业的劳动等生产要素流向，即要素流。从产品与要素的流向
可以看出，消费者消费的所有商品都从企业购买，不能选择自给自足水
平，企业和市场的存在就是外生给定的。纯消费者充当要素所有者角色，
自己不生产，投入要素至产品生产者——企业，消费者与生产者绝对分
离，又如图4.2所示，新古典经济学用该图来描述一个经济系统，在这
一类图中，存在一个严重的后果就是，交易次数等经济组织的拓扑性质
都已经被略去①。

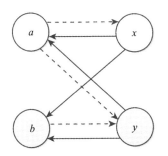

图4.1 新古典经济学分析框架

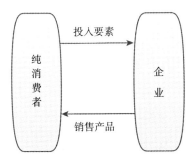

图4.2 新古典经济学的流量

① 分工的模式同交易的次数有关，在数学上，这被称作一个经济组织图的拓扑性质之一。
拓扑性质也是古典经济学关注的焦点之一。

　　具体而言，新古典经济学分析框架的三大特征可进一步描述如下：一是预先假定市场和企业的存在，消费者和生产者绝对分离，消费者自己不生产，所有消费品都从市场上购买；二是厂商的生产条件主要由厂商的生产函数代表，生产力水平只与厂商的规模有关，而与专业化及分工水平无关；三是需求和供给分析是以边际分析为基础，假定最优决策只能是内点解，最优决策中所有变量都处于其可能的最小和最大值之间（杨小凯和张永生，2003；陈克禄，2008；周梅妮等，2010）。新古典经济学的这些假定，始终无法揭示为什么在生产函数和资源禀赋不变的情况下，分工水平的提高却能够提高生产力？而纯消费者和纯生产者分离的假设，也与农村产业融合发展实践严重不符，后面将举例说明。

　　如前所述，相比新古典经济学，新兴古典分析框架具有以下三大特点：一是每个决策者既是消费者又是生产者；二是每个人作为消费者喜好多样化的消费，作为生产者在生产中有专业化经济；三是对需求和供给的分析基于角点解，即对每一角点进行边际分析，在角点之间比较总效益费用（杨小凯和张永生，2003；宋小芬，2008；李军辉，2013）。对比图4.3、图4.4、图4.5中的3种类型来说明新兴古典经济学的分析框架。

　　新兴古典经济学分析框架根据分工的程度，将经济分为自给自足、局部分工和完全分工3种类型。假定一个经济系统中有4个"消费者—生产者"，每个人可以选择生产4种产品，必须消费4种产品。

　　在图4.3自给自足模式中，每个"消费者—生产者"都自给自足4种产品，整个经济系统被分隔成4个互不往来的单元。这一经济结构中由于没有市场存在，生产集中程度低（每种产品都有4个生产者），每个人的消费生产模式虽相同，但专业化水平也低，由于完全没有交易发生，这种结构也没有交易成本。

　　在图4.4局部分工模式中，每个"消费者—生产者"生产的产品种类数从4减至3，整个经济系统分为两个互不往来的单元。这一经济结构中市场从无到有，生产集中程度上升（产品1和2的生产者人数减至2个），经济结构中出现两类生产贸易结构不同的专业，专业化水平上升，每个

"消费者—生产者"的交易次数增至 2 次，交易成本也从无到有。局部分工模式下，人际贸易依存度、社会的商业化程度、市场数目等都比自给自足模式下要增加。

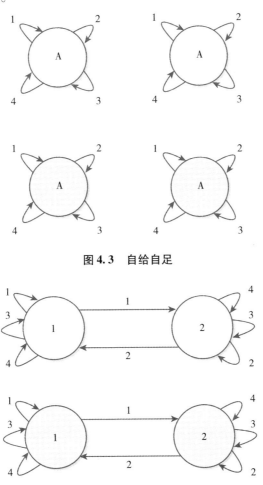

图 4.3 自给自足

图 4.4 局部分工

在图 4.5 完全分工模式中，每个"消费者—生产者"完全专注于生产 1 种产品，整个经济系统处于一种完全分工状态。这一经济结构中的生产集中程度、市场个数、经济一体化程度、经济结构多样化程度和每个人的专业化程度全都要比局部分工模式时高。同样，交易次数和总交易费用也会增加。

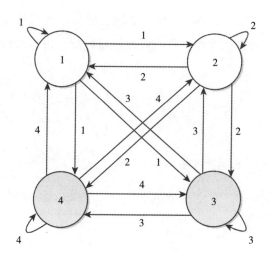

图 4.5　完全分工

那么，经济系统何以能从自给自足状态演进到分工状态？新兴古典经济学运用超边际分析的方法已经证明，由于分工好处和分工产生的交易费用的两难冲突，在一个静态模型中，当交易效率外生改进时，经济结构就会从自给自足演进到局部分工，再演进到完全分工。在一个动态均衡模型里，即使交易条件没有外生地得到改进，分工演进也会自发地产生。换言之，当交易效率极低时，人们就会拒绝专业化，不参加市场活动，选择自给自足模式，因为分工产生的交易费用超过专业化的好处；而当交易效率很高时，人们就会选择专业化，因为此时分工的好处会超过交易费用；分工水平取决于交易效率的高低（杨小凯和张永生，2003；孟星，2005；蒋满元，2006）。基于新兴古典经济学分析框架的特点，诸如市场如何由分工的发展而出现、新行业又如何因分工在迂回生产中而出现等许多新古典经济学不能解释的现象，都能共享一个统一的分析框架，得以有效解决。

农村产业融合发展问题同样适用于新兴古典经济学分析框架。图 4.6表示农村产业融合发展流量循环，左右两边方框仍表示要素所有者与产品生产者，要素与产品按箭头所示转移。农村产业融合发展是"你中有我，我中有你"式的有机融合，因为要素所有者之间可以相互提供产品，充当生产者角色，产品生产者之间可以相互提供生产要素，充当要素所有者角色。用一个农民合作社具体事例做说明。从一个时期看，农民合作社为发展规模化种植，购入一台大马力拖拉机供其成员使用，这时拖拉机实现了一次价值，随后，农民合作社着眼于满足未入社小农户的生产需要，积极发展农业生产性服务业，在合作社社员未使用拖拉机的时间段，利用拖拉机有偿为未加入合作社的小农户开展代耕代种等专业化服务，带动小农户发展现代农业，这时，拖拉机又创造了一次价值。在这一时间段，农村产业实现融合发展的过程中，拖拉机所有者既是消费者，又充当了拖拉机提供者的角色。农民合作社的消费者与生产者身份融合，使得这一时期总价值等于拖拉机的购买价值加上出租价值，财富总量增加。同样，在拖拉机带动小农户发展现代农业的过程中，小农户亦实现消费者与生产者身份的转换与融合。农民合作社与小农户"消费者与生产者身份融合"的情形对新古典经济学"消费者和生产者绝对分离"的假设提出了有力挑战。显然，上述例证在农村产业融合发展过程具有一定的普遍性，而新兴古典分析框架的重要假设之一就是每个决策者既是消费者又是生产者，这正切合了农村产业融合发展中消费者与生产者身份融合的实际情况。

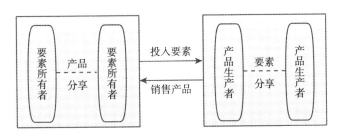

图4.6 农村产业融合发展流量循环

由此可见，在新古典经济学里，人们在决策前，就生活在一个完全商业化的社会里，消费者不能选择自给自足水平。而在新兴古典分析框架中，每个人既是消费者又是生产者，可以选择自给自足，也可以选择分工状态。分工及其组织形式不是预先假定的，而是需要内生出来的。在自给自足状态下，每个人的生产消费结构相同，一旦出现分工，就会引起经济组织和经济系统状态的演化，包括市场、企业在内的各种组织形式就出现了，农村产业之间的一些新连接也将从无到有，从自给自足的状态中内生出来，这些都是新古典经济学无法揭示的。综上所述，本章选择运用新兴古典分析框架来揭示农村产业融合形成与演化机理。

4.2 "斯密—杨格模型"的构建

农村产业融合发展强调用工业理念发展农业[①]。因此，本章选择运用超边际分析方法，借鉴杨小凯（2003）对工业化和迂回生产中的分工演进、角点均衡和新行业的出现等问题的研究，构建普遍意义上的内生专业化一般均衡模型，来揭示农村产业融合发展机理是非常合适的。模型聚焦内生专业化及迂回生产中内生链条的个数，将迂回生产中的分工演进，以及农村产业融合发展的形成与演化过程模型化。

假定一个经济体中有 M 个事前完全相同的"消费者—生产者"，M 是一个连续统。有一种最终农产品消费品 z，其生产需要使用劳动 l 加一种中间产品，中间产品可以是由 x、y 中的任意一种构成，或由 x 和 y 共同组成，其中 x、y 无差异。各类农业经营主体既可以自己生产最终消费品和中间产品，也可以从市场上购买。自给的最终消费品数量用 z 表示，自给的中间产品数量用 x 或 y 表示。最终农产品消费品的卖出的数量和购买的数量分别用 z^s 和 z^d 表示，中间产品卖出的数量用 x^s 和 y^s 表示，中间产品购买的数量用 x^d 和 y^d 表示。x、y、z 三种产品的价格分别用 P_x、P_y、P_z 表示，以中间产品的价格作为计价标准，即 $P_x = P_y = 1$。在交易效率系数方面，分别用 k、t 表示最终消费品交易效率系数和中间产品的交易效率系数，$k \in [0,1]$，$t \in [0,1]$。为方便研究，假设中间产品 x、y 的交易效率系数相等。此外，ρ 表示替代弹性系数；C 表示固定学习成本；α 代表专业化劳动程度，$\alpha \geq 1$；β 代表中间产品复合成最终消费品的产出弹性，$\beta \in (0,1)$；l_x、l_y、l_z 分别表示专业化劳动水平，l_x、l_y、$l_z \in [0,1]$。

---

① 国务院办公厅关于推进农村一二三产业融合发展的指导意见 [A/OL]. (2016 – 01 – 04) [2020 – 03 – 29]. http://www.gov.cn/zhengce/content/2016 – 01/04/content_10549.htm.

模型构建如下：

$$U = z + kz^d \tag{4.1}$$

$$\text{s. t. } z^p = z + z^s = \left[(x + tx^d)^\rho + (y + ty^d)^\rho \right]^{\frac{\beta}{\rho}} (l_x - C)^\alpha \tag{4.2}$$

$$x^p = x + x^s = \text{Max}\left\{ 0, (l_x - C)^\alpha \right\} \tag{4.3}$$

$$y^p = y + y^s = \text{Max}\left\{ 0, (l_y - C)^\alpha \right\} \tag{4.4}$$

$$l_x + l_y + l_z = 1 \tag{4.5}$$

$$P_x(x^s - x^d) + P_y(y^s - y^d) + P_z(z^s - z^d) = 0 \tag{4.6}$$

以上各式含义如下：公式（4.1）、公式（4.2）分别代表最终农产品消费品的效应函数和生产函数，公式（4.3）、公式（4.4）分别代表中间产品 x、y 的生产函数，公式（4.5）代表劳动禀赋约束，公式（4.6）代表预算约束。

4.3　农村产业融合发展的形成与演化机理

新兴古典经济学使用的基本方法是超边际分析。超边际分析分为三个步骤：一是利用文定理排除那些不可能是最优的角点解；二是对剩下的每一个角点解用边际分析求解，求出这么一个局部最优值；三是比较各角点解的局部最大目标函数值，产生整体最优解（杨小凯，2003；邓明君，2018）。根据文定理，最优决策不会卖一种以上的产品，不会同时卖和买同种产品，不会买和生产同种产品。结合预算约束和正效用正约束条件，该决策问题可以转化为以下三类比较选择。

类1：自给自足模式，$x^s = x^d = y^s = y^d = z^s = z^d = 0$，如图4.7结构 A 所示，包括了 A（zxy）、A（zx）和 A（zy）三种组合。

类2：（e/f）模式，$g^s = g^d = e^d = f = f^s = l_f = l_g = 0$，$g \neq e$、$f$，如图4.7结构 B 所示，包括了 B（z/x）、B（x/z）、B（z/y）和 B（y/z）四种组合。

类3：（e/fg）模式，$e^d = f = f^s = g = g^s = l_f = l_g = 0$，如图4.7中结构 H 所示，有 H（z/xy）一种组合。

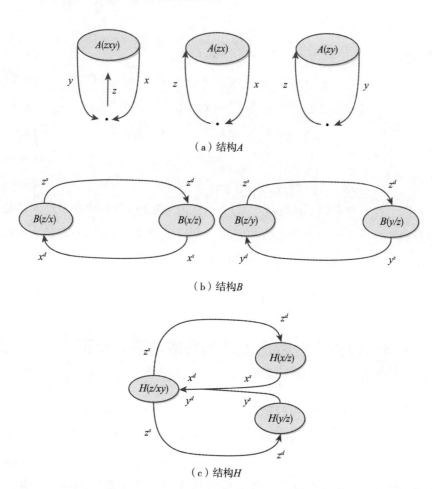

（a）结构A

（b）结构B

（c）结构H

图 4.7　各种结构

注：图中模式括号里的字母定义：斜线前的字母表示卖出的商品，斜线后的字母表示购买的商品。

4.3.1　结构 A：自给自足模式

自给自足模式不存在分工，没有形成迂回农业生产链。该模式包括的 $A(zxy)$、$A(zx)$ 和 $A(zy)$ 三种组合中，$A(zx)$ 和 $A(zy)$ 呈现对称状态，其角点解和角点均衡如表 4.1 所示。

表 4.1   结构 A 角点解

结构 A	角点解
$A(zxy)$	$l_z = \dfrac{1 + C(\beta - 2)}{1 + \beta}$，$l_x = l_y = \dfrac{\beta(1-C) + 2C}{2(1+\beta)}$，$u = 2^{\frac{\beta}{\rho}}\left(\dfrac{\beta - 3C\beta}{2 + 2\beta}\right)^{\alpha\beta}\left(\dfrac{1 - 3C}{1+\beta}\right)^{\alpha}$
$A(zx)$	$l_x = \dfrac{C(1-\beta) + \beta}{1+\beta}$，$l_y = 0$，$l_z = \dfrac{1 + C(\beta - 1)}{1 + \beta}$，$u = \left(\dfrac{1 - 2C}{1 + \beta}\right)^{\alpha}\left(\dfrac{\beta - 2C\beta}{1+\beta}\right)^{\alpha\beta}$
$A(zy)$	$l_y = \dfrac{C(1-\beta) + \beta}{1+\beta}$，$l_x = 0$，$l_z = \dfrac{1 + C(\beta - 1)}{1 + \beta}$，$u = \left(\dfrac{1 - 2C}{1 + \beta}\right)^{\alpha}\left(\dfrac{\beta - 2C\beta}{1+\beta}\right)^{\alpha\beta}$

4.3.2　结构 B：一个迂回生产链条模式

结构 B 包括了 $B(z/x)$、$B(x/z)$、$B(z/y)$ 和 $B(y/z)$ 四种组合，组成了两条完全对称农业生产链，以 $B(z/x) - B(x/z)$ 农业生产链为例，分析一个迂回生产链条模式。

$B(z/x)$ 组合下的决策问题是：

$$\max U = z \tag{4.7}$$

$$\text{s.t.}\quad z^p = z + z^s = (l_z - C)^{\alpha}\left[(tx^d)^{\rho}\right]^{\frac{\beta}{\rho}},\; l_z = 1,\; P_z z^s = P_x x^d \tag{4.8}$$

其角点均衡解为：

$$x^d = \left[\dfrac{1}{(1-C)^{\alpha}\beta P_z t^{\beta}}\right]^{\frac{1}{\beta - 1}},\; z^s = (tP_z)^{\frac{\beta}{1-\beta}}\beta^{\frac{1}{1-\beta}}(1-C)^{\frac{\alpha}{1-\beta}} \tag{4.9}$$

$$U_{B(z/x)} = (1-\beta)(1-C)^{\frac{\alpha}{1-\beta}}(t\beta P_z)^{\frac{\beta}{1-\beta}} \tag{4.10}$$

$B(x/z)$ 组合下的决策问题是：

$$\max U = kz^d \tag{4.11}$$

$$\text{s.t.}\quad x^p = x^s = (l_x - C)^{\alpha},\; l_x = 1,\; x^s = P_z z^d \tag{4.12}$$

其角点均衡解为：

$$x^s = (1-C)^{\alpha},\; z^d = \dfrac{(1-C)^{\alpha}}{P_z},\; U_{B(x/z)} = \dfrac{k(1-C)^{\alpha}}{P_z} \tag{4.13}$$

根据市场出清条件、效用均等条件以及人口规模等式，得到：

$$M_z = \dfrac{(1-\beta)M}{1 + (k-1)\beta},\; M_x = \dfrac{kM\beta}{1 + (k-1)\beta} \tag{4.14}$$

$$U_{B(zx)} = U_{B(z/x)} = U_{B(x/z)} = (kt\beta)^{\beta} (1-\beta)^{1-\beta} (1-C)^{\alpha(1+\beta)} \quad (4.15)$$

根据以上超边际分析，当交易效率 k 达到一定水平后，农村产业之间的自给自足模式必然走向分工模式，结构 A 演化为结构 B，形成一个迂回生产链条。当迂回生产中有一个新链条出现时，或是出现了新产业，或是涌现出新业态，具体表现为农业产业集聚、农业产业链延伸、农业功能拓展、新型农业经营主体带动农户参与分工等形式，农村产业初步呈现出融合发展的态势。这是因为：自给自足模式下各类农业经营主体的劳动时间有限，自己生产的产品种类有限，要想全要素生产力充分提升，必须走向分工网络。因此，农业经营主体变得追求专业化，每一种产品都存在着专业化经济，而农村产业融合发展带来的规模经济、协作配套、知识溢出等效应，使分工网络总的性能得到凸显，最终导致了一个迂回生产链条的产生①。

杨小凯和张永生（2003）在《新兴古典经济学与超边际分析（修订版）》一书中有关网络效应的研究可以对上述现象作出解释：自给自足模式下，一个人在其他所有人都选择自给自足时，他无法买到他需要的其他专业产品，也卖不出他的专业化生产的产品，他是无法实现专业化的；而网络效应的存在，交易效率的变化，导致每个人对专业化水平的选择不仅影响他自己的生产率，而且影响到他人产品的市场，影响他人是否能专业化，从而影响他人的生产率。

4.3.3 结构 H：多个迂回生产链条模式

为方便研究，本章以两个迂回生产链条模式为例，包含 $H(z/xy)$、

---

① 杨小凯在《发展经济学——超边际与边际分析》一书中"工业化、结构变化、经济发展和迂回生产的分工"的章节中提出：新产业的出现不同于新部门的出现，当迂回生产链中有一个新链条出现时，一个新产业就出现了，这可能包括几个部门的同时出现。如果迂回生产链的某个固定的链条上的产品种类数增加，则一个生产某种固定类型的产品的新部门会出现。因此，新产业出现是迂回生产链的链条种类数的增加，而新部门的出现是迂回生产链上某个链条的中间产品的种类数的增加。这里，链条定义为上游行业和下游行业之间的投入-产出关系。链条的个数称为迂回产生的程度。

$H(x/z)$ 和 $H(y/z)$ 三种组合，这三种组合可分别形成 $H(x/z) - H(z/xy)$ 和 $H(y/z) - H(z/xy)$ 两个迂回生产链条。其中 $H(x/z)$ 和 $H(y/z)$ 具有对称性，且与上面结构 B 中的 $B(x/z)$ 和 $B(y/z)$ 组合一致，具体见上面的分析。基于此，下面分析 $H(z/xy)$ 组合，其决策问题为：

$$\max U = z \tag{4.16}$$

$$\text{s. t.} \quad z^p = z + z^s = \left[(t\,x^d)^\rho + (t\,y^d)^\rho \right]^{\frac{\beta}{\rho}} (l_z - C)^\alpha, l_z = 1, P_z z^s = x^d + y^d \tag{4.17}$$

其角点均衡解为：

$$x^d = y^d = \left[2^{\frac{\beta-\rho}{\rho}} \beta\, t^\beta P_z (1-C)^\alpha \right]^{\frac{1}{1-\beta}},$$

$$z^s = \left[2^{\frac{\beta(1-\rho)}{\rho}} \beta (tP_z)^\beta (1-C)^\alpha \right]^{\frac{1}{1-\beta}} \tag{4.18}$$

$$U_{H(z/xy)} = (1-\beta)\beta^{\frac{\beta}{1-\beta}} \left[2^{\frac{\beta(1-\rho)}{\rho}} (tP_z)^\beta (1-C)^\alpha \right]^{\frac{1}{1-\beta}} \tag{4.19}$$

根据市场出清条件、效用均等条件以及人口规模等式，得到：

$$M_z = \frac{(1-\beta)M}{1+(k-1)\beta}, M_x = \frac{kM\beta}{2(k\beta-\beta+1)} = M_y \tag{4.20}$$

$$U_{H(zxy)} = U_{H\left(\frac{z}{xy}\right)} = U_{H\left(\frac{x}{z}\right)} = U_{H\left(\frac{y}{z}\right)}$$
$$= 2^{\frac{\beta(1-\rho)}{\rho}} (1-C)^{\alpha+\alpha\beta} (1-\beta)^{1-\beta} (kt\beta)^\beta \tag{4.21}$$

通过对结构 A 和结构 B 的角点解和效用分析，得到以下结论，如表4.2所示。

表 4.2　结构 A 和结构 B 的静态一般均衡和超边际比较静态分析

参数	$\rho < \omega$		$\rho > \omega$	
子空间均衡组合	$kt < \varepsilon$ $A(zxy)$	$kt > \varepsilon$ $B(zx)$	$kt < \theta$ $A(zx)$	$kt > \theta$ $B(zx)$

注：$\omega = \dfrac{\ln\left(\dfrac{1-2C}{1-3C}\right)^{\alpha(1+\beta)}}{\ln 2^\beta}$，$\varepsilon = \dfrac{2^{\frac{1}{\rho}}\left(\dfrac{\beta-3C\beta}{2+2\beta}\right)^\alpha \left(\dfrac{1-3C}{1+\beta}\right)^{\frac{\alpha}{\beta}}}{\beta(1-\beta)^{\frac{1-\beta}{\beta}}(1-C)^{\frac{\alpha+\alpha\beta}{\beta}}}$，$\theta = \dfrac{\left(\dfrac{1-2C}{1+\beta}\right)^{\frac{\alpha}{\beta}}\left(\dfrac{\beta-2C\beta}{1+\beta}\right)^\alpha}{\beta(1-\beta)^{\frac{1-\beta}{\beta}}(1-C)^{\frac{\alpha+\alpha\beta}{\beta}}}$

当 $\rho < \omega$ 时，$U_{A(zxy)} > U_{A(zx)}$，即 $A(zxy)$ 组合比 $A(zx)$ 组合的人均真实收入水平高，则选择 $A(zxy)$ 组合；当 $\rho > \omega$ 时，则选择 $A(zx)$ 组合。进一步分析得出：当 $\rho < \omega$ 且 $kt < \varepsilon$ 时，一般均衡组合为 $A(zxy)$；当 $\rho > \omega$ 且 $kt < \theta$

时，一般均衡组合为 $A(zx)$；当 $\rho < \omega$ 且 $kt > \varepsilon$ 时，或 $\rho > \omega$ 且 $kt > \theta$ 时，随着最终农产品消费品交易效率和中间产品交易效率的提升，$B(zx)$ 组合比 $A(zxy)$ 和 $A(zx)$ 组合的人均真实收入水平高，一般均衡组合为 $B(zx)$。

比较结构 B 和结构 H 的角点解和效用，发现结构 H 效用中的 $2^{\frac{\beta(1-\rho)}{\rho}}$ 一定大于1，则 $U_{H(zxy)} > U_{B(zx)}$。最后只需对结构 A 和结构 H 进行比较，如表4.3所示。

表4.3　　　结构 A 和结构 H 的静态一般均衡和超边际比较静态分析

参数	$\rho < \omega$		$\rho > \omega$	
子空间均衡组合	$kt < v$ $A(zxy)$	$kt > v$ $H(zxy)$	$kt < \tau$ $A(zx)$	$kt > \tau$ $H(zxy)$

注：$\omega = \dfrac{\ln\left(\dfrac{1-2C}{1-3C}\right)^{\alpha(1+\beta)}}{\ln 2^{\beta}}$，$v = \dfrac{2\left(\dfrac{\beta-3C\beta}{2+2\beta}\right)^{\alpha}\left(\dfrac{1-3C}{1+\beta}\right)^{\frac{\alpha}{\beta}}}{\beta(1-\beta)^{\frac{1-\beta}{\beta}}(1-C)^{\frac{\alpha+\alpha\beta}{\beta}}}$，$\tau = \dfrac{2^{1-\frac{1}{\rho}}\left(\dfrac{1-2C}{1+\beta}\right)^{\frac{\alpha}{\beta}}\left(\dfrac{\beta-2C\beta}{1+\beta}\right)^{\alpha}}{\beta(1-\beta)^{\frac{1-\beta}{\beta}}(1-C)^{\frac{\alpha+\alpha\beta}{\beta}}}$。

由表4.3可知：当 $\rho < \omega$ 且 $kt < v$ 时，一般均衡组合为 $A(zxy)$；随着最终消费品交易效率和中间产品交易效率的提升，达到 $kt > v$ 水平时，$H(zxy)$ 组合比 $A(zxy)$ 的人均真实收入水平高，一般均衡组合为 $H(zxy)$。同理，当 $\rho > \omega$ 时，亦存在两种情况：$kt < \tau$ 时，选择 $A(zx)$ 组合；$kt > \tau$，选择 $H(zxy)$ 组合。

通过以上超边际分析可以看出，分工的进一步深化和网络效应的存在，随着交易内生与外生成本的减少、交易效率的提高，结构 H 的人均真实收入水平比结构 B 的人均真实收入水平高，最终演化为多个迂回生产链条模式，即结构 H。杨小凯在《发展经济学——超边际与边际分析》一书中，有关工业化的特征、生产链链条的描述，印证了上述结论。杨小凯的观点是，多条生产链模式下，下游产品的全要素生产率随着上游产品的数量、上游产品的种类数增加而增加，最终产品的全要素生产力随着迂回生产链条的链条个数增加而增加；随着分工的演进，不仅迂回生产链的链条个数增加，而且结构的一些新联接也出现了（杨小凯，2003；张国臣，2014）。"迂回生产链链条种类数的增加，结构的一些新联接出现"在本章中表现为农村产业融合发展，具体表现为第一产业中的细分产业与第二、第三产业中的细分产业所形成的社会生产的产业间分工在农村实现内部化。农村第一、第二、第三产业间分工的内部化，农村产业融合发展便得以充分实现。上述结论与诺斯（North，1981）、奥尔森（Olson，1996）的研究结果具有一致性：分工网络的大小对生产力有更重要的决定性作用，而网络的发展在很大程度上依靠交易效率。

079

著名的"史－杨模型"从另一个侧面印证了分工深化导致农村产业融合发展的必然性。史鹤凌和杨小凯（1995）认为，尽管生产机器的工业和生产粮食的农业都可以不断加深分工，但是由于工业产品交易效率高，而农产品交易效率低，特别是农业生产的季节性使分工的协调费用很高①，所以分工会不断在工业部门加深，工业生产的迂回程度也更容易提高，但农业加深分工却容易得不偿失。所以，当工业产品相对于农业部门的交易效率不断提高时，农业会越来越依赖通过购买机器来从工业进口分工经济和迂回生产效果，以改进农业生产的效率（杨小凯和张永生，2003；周冰和刘娜，2011；江雪萍，2014）。史鹤凌和杨小凯的经典论述说明，用工业理念发展农业是实现农村产业融合发展的必然选择。

参照苏毅清等（2016）的相关研究，也可以从分工与组织的视角尝试解释。社会分工演化产生了农业经营主体这一层次组织，农业经营主体通过将社会分工内部化的方式实现组织内分工对市场分工的有效替代。当市场中各个农业经营主体内部的分工深化到一定程度时，同类型的或者关联性强的农业经营主体之间为了减少交换过程中产生的交易费用，开始形成农村产业组织，使原先存在于农业经营主体之间的分工被内化为农村产业组织内部的分工。同理，当农村产业组织内部的分工深化到一定程度时，各个产业组织之间又出于减少交易费用的需要，打破了农村原先存在的清晰的产业组织界限，将原先存在于农村产业组织之间的分工内化为一个新的组织内部的分工，最后这个"农村产业组织间分工内部化"过程正是农

---

① 杨小凯和张永生（2003）认为，农业生产的季节性使分工的协调费用很高，并举了一个事例：不可能让一些农民专业下种却不收割，而另一些农民专业收割却不下种。

村产业融合发展过程①。

通过上述分析可以看出，专业化经济、迂回生产效果和交易成本之间都有两难冲突。当农村交易效率很低时，交易成本会超过专业化经济的好处，农村产业之间不会出现融合发展状态。当农村交易效率逐渐提高时，折中专业化经济和迂回生产效果的范围扩大，导致迂回生产的链条个数增加，结构的一些新联接出现（唐姣等，2010）。分工是农村产业融合发展形成和演化的驱动力，而交易效率则是影响农村产业融合发展水平的关键变量。

4.4　进一步讨论

已有研究表明，交易效率是经济增长的决定因素之一（祁春节和赵玉，2009；尹德洪，2011），又由超边际分析可知，交易效率是影响分工演化和农村产业融合发展水平的核心变量，由此正式构成本书的逻辑起点。那么，交易效率对农村产业融合发展究竟有何影响？这种影响在不同的交易效率下是否存在差异？

农村产业融合发展是分工不断演化的产物，以农业产业化集群、农业功能拓展、农业产业链延伸、新型农业经营主体带动为表征。系统梳理相关文献可以发现，交易效率主要通过基础设施、公共服务等途径来影响农村产业融合发展，它们之间的关系并非单一线性的，而是呈现复杂的非线性关系。

一方面，当交易效率较低时，交易效率会抑制农村产业融合发展。根

---

①　史鹤凌和杨小凯（1998）又将更多产品引入迂回生产链条增加的模型证明，"当交易效率不断改进时，分工在迂回生产中会越来越深，因而使企业内的分层结构和市场上企业之间的分层结构同时发展。而劳动交易效率相对于中间产品交易效率越高时，市场上企业之间的分层结构与企业内的分层结构之间的分界线，就会越来越朝着增加企业内分层结构层次的方向发展"。这一结论虽未触及农村产业，但亦表达了"随着分工演进，交易效率不断改进，原先存在于农村产业组织之间的分工，将会内化为一个新的组织内部的分工的发展趋势"。

据新兴古典经济学的观点，当交易效率很低时，交易成本会超过专业化经济的好处，人们只好选择自给自足模式，因为用专业化经济来代替迂回生产效果的范围太窄（杨小凯，2003）。"要想富，先修路，公路通，百业兴"，这句朴素话语既是对修路致富实践的认可，又说明了农村公路、电网、信息、物流等基础设施建设在农村经济社会发展中具有很强的先导作用。很多农村地区不缺资源，就因道路不通、网络信号不佳、物流效率不高、村容村貌不好等基础设施问题，导致农产品产销不顺畅、农业产业化龙头企业不愿落户、乡村旅游发展受阻、农村电商发展滞后。与此同时，农村公共服务水平低也会抑制农村产业融合发展。以教育为例，长期以来，部分农村地区教育基础薄弱导致农村人力资本水平不高，农民从事特色加工业、农村服务业的知识和技能不足，推进农村产业融合发展的内生动力欠缺。在一定的前提下，地方政府用于农村经济社会发展的资金往往会优先选择补上农村基础设施和公共服务短板，如此一来，用于改进农村交易效率的财政涉农资金必然挤占农村产业融合发展资金，进而可能出现农村交易效率提高，农村产业融合发展水平反而下降的现象。综上，当农村交易效率处于较低的区间时，即使交易效率提升，也会抑制农村产业融合发展。

另一方面，当交易效率较高时，交易效率会促进农村产业融合发展。根据新兴古典经济学的观点，当交易效率有些长进时，人们可以选择一个大一些的分工网络，迂回生产的链条个数增加（杨小凯，2003）。农业产业化集群、休闲农业和乡村旅游、农村电商等农村产业融合发展模式不仅需要交通、通信、环保等基础设施先期投入，还对社会化公共服务水平有一定要求，换而言之，需要一定的交易效率作为基础前提。而当具备这一前提后，随着交易效率的提升，农村产业融合发展水平将会不断提升。乡村振兴，人才为要。农村基础设施、公共服务得到完善，农村对人才的吸引力也会增大，年轻人更加愿意留在农村、投身农业，还可吸引返乡下乡人员到农村开展创新创业，发展多类型农业新型业态，从而凝聚多方力量、推动各类人才参与农村产业融合发展。基础设施的正向影响无须赘述，公共服务的促进作用亦是如此。以农村金融支农为例，农业生产具有季节性导致农产品加工企业对于农产品收购也相应具有季节性，短期内可能要完成全年所需原料的收购，在一定时期内，企业流动性资金需求增大，此时，金融机构若能创新农村金融服务，为农产品生产、收购、加工、流通等各环节提供多元化金融服务，企业资金周转困难便可迎刃而解，企业在农村产业融合发展中的支撑作用和对农户的带动作用就可得到进一步发挥。综上，当农村交易效率处于较高的区间时，交易效率的提升会对农村产业融合发展产生正向的促进作用。

基于以上理论分析，本章提出农村交易效率对农村产业融合发展的影响效应在不同区间存在差异、具有"U"型影响的假设。本书将利用门槛模型来验证该假说。交易效率与农村产业融合发展存在某一个门槛值或临界值，当交易效率超过该临界值后，进一步地提升对农村产业融合发展效应由负转正。

4.5　本章小结

本章对新兴古典与新古典框架进行比较，选择新兴古典的分析框架，运用超边际的分析方法建立一个"斯密—杨格模型"，分析农村产业融合形成与演化机理。本章的研究结论如下。

第一，农村产业融合发展问题适用于新兴古典经济学分析框架。农村产业融合发展对新古典经济学"消费者和生产者绝对分离"的假设提出了有力挑战，而新兴古典分析框架的重要假设之一就是每个决策者既是消费者又是生产者，这正切合了农村产业融合发展中消费者与生产者身份融合的实际情况。

第二，构建一个"斯密—杨格模型"证明，当农村交易效率很低时，交易成本会超过专业化经济的好处，农村产业之间不会出现融合发展状态，因为用专业化经济来代替迂回生产效果的范围太窄；而当农村交易效率逐渐提高时，农业经营主体们折中专业化经济和迂回生产效果的范围扩大，迂回生产的链条个数增加，结构的一些新联接出现，农村产业融合发展得以实现。因此，分工是农村产业融合发展形成和演化的驱动力，交易效率则是影响农村产业融合发展水平的关键变量，促进农村产业融合发展的关键还在于改进农村交易效率。

第三，交易效率主要通过基础设施、公共服务等途径来影响农村产业融合发展，它们之间的关系呈现复杂的非线性关系，可能表现为：当农村交易效率处于较低的区间时，即使交易效率提升，也会抑制农村产业融合发展；当农村交易效率处于较高的区间时，交易效率的提升会对农村产业融合发展产生正向的促进作用。本章据此提出"农村交易效率对农村产业融合发展的影响在不同区间存在差异、具有'U'型式影响"的假设，后面将利用门槛模型来验证该假说。

中国农村产业融合发展水平
综合评价与时空演变

开展农村产业融合发展评价，是推动农村产业高质量发展的内在要求，是实证检验分工促进农村产业融合发展机理的基础前提。本章在分析中国农村产业融合发展整体成效的基础上，构建分工视角下农村产业融合发展评价指标体系，测算中国 31 个省、区、市（不包括港澳台地区）2006~2018 年的农村产业融合发展水平，进而通过可视化处理，开展全局空间自相关分析与局部空间自相关分析，观测其时空演变特征。

5.1　中国农村产业融合发展整体成效

5.1.1　农业综合生产能力显著增强

农村产业融合发展强调用工业理念发展农业，农业机械技术、现代信息技术、生物技术等先进技术要素应用于农业生产，有力增强了农业综合生产能力。从 2006~2018 年主要农产品产量来看，粮食、油料、茶叶、水果等农产品产量保持了较为稳定的增长态势，如表5.1所示。确保重要农产品特别是粮食供给，是实施乡村振兴战略的首要任务①。2018年，粮食产量达到65789.2万吨，与2006年的49804.2万吨相比，增加15985万吨，平均增长率达到2.35%，有力保障了口粮的绝对安全。在主要农产品中，茶叶的增长速度最快，产量从2006年的102.8万吨增长至261万吨，平均增长率高达8.07%。与此同时，林产品（木材）、畜产品（肉类）、水产品的生产能力也迈上了新的台阶，保持了平稳增长，平均增长率分别达到2.42%、1.63%、2.90%，较好地满足了市场需求。农业综合生产能力的显著增强，反过来又大大促进了农产品加工业等产业的长足发展，促进了农村产业融合。以农产品加工业为例，2018年，规模以上农产品加工企业达到7.9万家、营业收入为14.9万亿元，相比2008年的营业收入5.47万亿元，增长了9.43亿元，年均增长率为10.54%。

表5.1　　　　　　　2006～2018年中国主要农产品产量情况　　　　　单位：万吨

年份	粮食	棉花	油料	甘蔗	甜菜	烟叶	茶叶	水果	木材	肉类	水产品
2006	49804.2	753.3	2640.3	9709.2	750.8	245.6	102.8	17102.0	6611.8	7099.9	4583.6
2007	50413.9	759.7	2787.0	11179.4	902.9	242.2	101.0	16800.1	6976.6	6916.4	4747.5
2008	53434.3	723.2	3036.8	12152.1	853.9	275.9	125.5	18108.8	8108.3	7370.9	4895.6
2009	53940.9	623.6	3139.4	11200.4	546.5	296.2	135.1	19093.7	7068.3	7706.7	5116.4
2010	55911.3	577.0	3156.8	10598.2	705.1	283.2	146.2	20095.4	8089.6	7993.6	5373.0
2011	58849.3	651.9	3212.5	10867.4	795.8	299.8	160.8	21018.6	8145.9	8023.0	5603.2
2012	61222.6	660.8	3285.6	11574.6	877.2	324.6	176.1	22091.5	8174.9	8471.1	5502.1
2013	63048.2	628.2	3287.4	11926.4	628.7	322.0	188.7	22748.1	8438.5	8632.8	5744.2
2014	63964.8	629.9	3371.9	11578.8	509.9	284.7	204.9	23302.6	8233.3	8817.9	6001.9
2015	66060.3	590.7	3390.5	10706.4	508.8	267.5	227.7	24524.6	7200.3	8749.5	6211.0
2016	66043.5	534.3	3400.0	10321.5	854.5	257.4	231.3	24405.2	7775.9	8628.3	6379.5
2017	66160.7	565.3	3475.2	10440.4	938.4	239.1	246.0	25241.9	8398.2	8654.4	6445.3
2018	65789.2	610.2	3433.4	10809.7	1127.7	224.1	261.0	25688.4	8810.9	8624.6	6457.7
平均增长率（%）	2.35	1.74	2.21	0.90	3.45	0.76	8.07	3.45	2.42	1.63	2.90

资料来源：2006～2018年《中国统计年鉴》，木材单位为万立方米。

---

①　习近平与河南的故事［A/OL］．（2019－09－16）［2020－11－22］．http://www.xinhua-net.com/politics/xxjxs/2019－09/16/c_1125001493.htm.

5.1.2 农村新产业新业态提档升级

近年来，各地以实施乡村振兴战略为总抓手，积极培育农村新产业新业态，农产品加工业保持稳中增效，休闲农业和乡村旅游持续快速发展，成为农村经济发展的新动能（卢静，2018）。农业产业化经营进入由数量扩张向质量提升、由单一农业企业带动向农业产业化集群发展转变的新阶段，表现为一村一品、一乡一业、一县一业的发展格局。2011 年以来，农业农村部先后分九批认定 2851 个主导产业突出、发展特色鲜明、品牌效应明显的村镇为"一村一品"示范村镇，示范村镇主导产业涵盖农产品种植业、畜牧水产养殖业、农产品加工业、农产品流通服务业及其他四种类型，分别占示范村镇总数的 85%、10%、3%、2%，具有明显的产业聚集效应①。在新型城镇化辐射带动下，农产品加工企业逐渐向农产品加工园区集中，并形成专用原料、加工转化、现代物流、便捷营销融合发展的产业集群，农业产业化集群成为农业现代化发展的重要支撑力量，对促进农村产业融合发展发挥了十分重要的基础作用。以规模以上农副产品加工业总产值②为例，2018 年规模以上农副产品加工业总产值达 7096.06 亿元，与 2006 年的总产值 1296.32 亿元相比，增加 5799.74 亿元，平均增长率为 15.22%。

拓展传统农业功能，推进农业与相关产业深度融合，是调整农村产业结构和促进农民就业增收的重要举措，由此产生了观光农业、体验农业、创意农业等各类新业态。休闲农业和乡村旅游具有连接城乡要素资源、贯穿农村产业融合发展的天然属性，是农业旅游文化"三位一体"、生产生

---

① "一村一品"示范村镇打造乡村产业新亮点［A/OL］．（2019 – 12 – 22）［2020 – 11 – 23］．http://www.xccys.moa.gov.cn/gzdt/201912/t20191220_6333671.htm.

② 根据《中国农村统计年鉴》主要统计指标解释，从 2003 年起，新的国民经济行业分类标准中，农林牧渔业总产值中包括了农林牧渔服务业产值，而我国的三次产业划分中，第一产业为农业（包括种植业、林业、牧业和渔业），未包括农林牧渔服务业，故本书中，农林牧渔服务业产值由农林牧渔总产值减去第一产业产值而得，后同。

活生态同步改善、农村产业深度融合的新产业新业态。尤其是从2011年农业部发布《全国休闲农业发展"十二五"规划》以来，休闲农业和乡村旅游呈现持续较快增长态势，为乡村振兴提供有力支撑。休闲农业和乡村旅游实现空间分布从零星分布向集群分布转变、空间布局从城市郊区和景区周边向更多适宜发展的区域拓展。截至2018年底，农业农村部已创建388个全国休闲农业和乡村旅游示范县（市），推介710个中国美丽休闲乡村；2018年休闲农业和乡村旅游接待人次达30亿人，与2011年的接待人次7.2亿人相比，增加22.8亿人次，平均增长率为22.61%；2018年休闲农业和乡村旅游营业收入达8000亿元，与2011年的营业收入2160亿元相比，增加5840亿元，平均增长率为20.57%，① 如图5.1所示。与此同时，休闲农业和乡村旅游业态类型不断丰富，逐步由以"农家乐"和聚集村为主的休闲旅游、以自然人文景观为主的生态旅游、以田园景观为主的健康养生旅游，拓展到涵养生态、文化传承、农业科普等多个方面。

图5.1 2011～2018年中国休闲农业和乡村旅游发展情况

注：自2012年起，《中国农业年鉴》在农村发展概况栏目中，开始系统反映我国休闲农业和乡村旅游基本情况。

资料来源：2011～2018年《中国农业年鉴》。

---

① 农业农村部推介60条春季乡村休闲旅游精品线路［A/OL］.（2019－03－28）［2020－11－23］. http：//www. moa. gov. cn/xw/zwdt/201903/t20190328_6177431. htm.

5.1.3 农村产业融合主体蓬勃发展

农村产业融合发展萌芽于 20 世纪 80 年代乡镇企业的发展，归根结底在于促进农民共同富裕，需要各类新型农业经营主体积极参与，并发挥其对农民的带动作用。近年来，在家庭承包经营基础上，农业产业化经营组织、农民合作社、家庭农场、农业社会化服务组织等各类从事农业生产、服务的农村产业融合主体蓬勃兴起，截至 2018 年底，各类新型农业经营主体总量超过 300 万家。[①]

第一，农业产业化经营组织发挥了引领作用。自 2012 年 3 月国务院出台《关于支持农业产业化龙头企业发展的意见》以来，农业农村部会同相关部门，开展了农业产业化国家重点龙头企业认定工作，各省、市、县也开展了龙头企业认定工作，培育了一批经济实力强、联农带农紧的龙头企业，截至 2018 年底，全国县级以上农业产业化龙头企业达 8.7 万家，省级以上重点龙头企业达 1.7 万家，国家级重点龙头企业达 1243 家，形成国家、省、县多层级乡村产业"新雁阵"（赵阳，2019）；各类农业产业化组织辐射带动农户 1.27 亿户，通过带动农户发展专业化、标准化、规模化、集约化生产，户年均增收超过 3000 元。农业产业化经营组织已然成为推进农村产业融合发展的引领者。[②]

第二，农民合作社发挥了基础作用。农民合作社以农民为主体，是农产品的生产经营者或者农业生产经营服务的提供者、利用者，自愿联合、民主管理的互助性经济组织。自 2007 年 7 月施行《农民专业合作社法》（后于 2017 年 12 月修订）以来，农民合作社被纳入法治化轨道，截至 2018 年底，在工商部门登记的农民合作社数量达 217.3 万家，是

---

① 本节有关新型农业经营主体的数据主要来源于中华人民共和国农业农村部公报 2020 年第 3 期，《农业农村部关于印发〈新型农业经营主体和服务主体高质量发展规划（2020—2022 年）〉的通知》。

② 全国各类农业产业化组织辐射带动 1.27 亿农户 户年均增收超过 3000 元 [A/OL]. (2019 - 04 - 15) [2020 - 11 - 23]. http://www.moa.gov.cn/xw/zwdt/201904/t20190415_6179284.htm.

2007 年底的 83 倍，其中县级以上示范社共 18 万多家。入社农户超过全国农户的 46.8%，参加合作社农户的收入普遍比非成员农户高出 20% 以上[①]。国家充分保障合作社享有与其他市场主体平等的法律地位，成员入社自愿、退社自由，"成员生产在家"一定程度上维持了农户家庭经营在农业中的优势，"成员服务在社"又一定程度上克服了农户家庭经营的局限性。2016 年 5 月 24 日，习近平同志来到黑龙江玖成合作社考察调研时指出："农业合作社是发展方向，是带动农户增加收入、发展现代农业的有效组织形式，要总结推广先进经验，把合作社进一步办好。"

第三，家庭农场发挥了生力军作用。培育发展家庭农场，有利于保障重要农产品有效供给，夯实农业发展基础；有利于促进现代农业发展，推动第一、第二、第三产业融合。截至 2018 年底，各省区市进入农业农村部门家庭农场名录的家庭农场有 60 万家，相比 2013 年增长了 4 倍多；作为农户家庭承包经营的升级版，家庭农场以农民家庭成员为主要劳动力，平均每个家庭农场的劳动力是 6.6 人，其中雇工 1.9 人；家庭农场主要利用家庭承包土地或流转土地，从事规模化、集约化、商品化农业生产，经营土地面积达 1.6 亿亩，其中 71.7% 的耕地来自于租赁；各种类型的家庭农场中，种植业占 62.7%，畜牧业占 17.8%，渔业占 5.3%，种养结合占 11.6%（石亚楠，2019）。截至 2018 年底，全国家庭农场年销售农产品总值 1946 亿元，平均每个家庭农场 30 多万元，与传统农户家庭承包经营相比优势明显。[②]

第四，农业社会化服务组织发挥了支撑作用。在人多地少的国情下，各地农业资源禀赋条件差异很大，土地类型多样，不是所有地方都能实现集中连片规模经营。农业社会化服务组织覆盖农业产前、产中、产后，包

---

① 《中华人民共和国农民专业合作社法》实施十周年座谈会在京召开 [A/OL]. (2017 – 09 – 05) [2020 – 11 – 23]. http://www.npc.gov.cn/zgrdw/npc/xinwen/syxw/2017 – 09/05/content_2028550.htm.

② 加快培育家庭农场要把握五大原则 [A/OL]. (2017 – 09 – 19) [2020 – 11 – 23]. http://www.xinhuanet.com/food/2019 – 09/19/c_1125013010.htm.

括生产、金融、信息、销售等丰富内容，通过为农民提供便利实惠、安全优质的服务，促进了小农户和现代农业发展的有机衔接，进而推动了农业产业链延伸和农村产业融合发展（熊磊，2019）。截至2018年底，全国农业生产托管面积达13.84亿亩次，服务组织数量37万个，服务小农户4194.37万户，占全国农业种植户的1/5。[①]

5.1.4 利益联结机制更加紧密完善

农业农村现代化的一个基础性标志就是农民生活富裕。农村产业融合发展的落脚点在农民增收，延长产业链、提升价值链、完善利益链，发展多类型利益联结机制是农村产业融合发展的关键环节和重中之重。农村产业融合发展的深入推进，包括农业产业化经营组织、农民合作社、家庭农场、农业社会化服务组织在内的各类农业经营主体，同农民形成了订单农业、股份合作等多种紧密完善的利益联结机制。农民可选择将自己的土地流转给新型农业经营主体，每亩获得固定土地流转费，同时还可选择在农业企业就业，变身为农业工人，获取劳动力市场的均衡工资，实现多个身份、多种收入（胡石其和熊磊，2018）。由此，探索出了"保底收益+按股分红""土地租金+务工工资+返利分红""固定租金+企业就业+农民养老金"等多种收益分配形式。

1. 创新发展了订单农业

龙头企业在平等互利基础上，与农民合作社、家庭农场、农户等签订农产品购销合同，或依托家庭农场、农户等建设标准化和规模化的原料生产基地，合理确定收购价格，形成稳定购销关系。传统"公司+农户"的利益联结机制演变为"公司+合作社+农户""公司+基地+农户（家庭农场）""互联网+现代农业+农户"等新型机制，利益联结关系出现了新

---

① 2019年中国农业服务业发展论坛举办 全国农业服务组织数量已达37万个 [A/OL]. (2019 – 11 – 17) [2020 – 11 – 23]. http：//www.farmer.com.cn/2019/11/17/99845664.html.

的提升，农户同新型农业经营主体共同构建起了"风险共担、利益共享"的产业共同体、利益共同体。

2. 创新发展了股份合作

农村股份合作制是赋予农民财产权益、增加农户收入的关键举措。近年来，在农户以土地经营权入股农民合作社和龙头企业的基础上，探索开展了农户以闲置农房所有权入股发展乡村休闲旅游产业，农户、村集体、合作社、龙头企业组建农业产业化联合体等多种形式的股份合作，采取"保底收益+按股分红"等形式，让农户分享加工、销售环节收益，增加其财产性收入，实现了资源变资产、资金变股金、农民变股东的跃升。一些省份探索形成了将新型农业经营主体带动农户数量和带动农户参与农村产业融合发展成效，作为地方政府财政支农资金拨付重要参考依据等典型做法。

从整体上看，自2016年1月国务院办公厅发布《关于推进农村一二三产业融合发展的指导意见》以来，各地区持续推动农村产业融合发展进程、丰富融合发展内容、提升融合发展质量，聚焦农业综合生产能力、农村新产业新业态、农村产业融合主体、利益联结机制等方面发力，取得了明显成效。

5.2　分工视角下农村产业融合发展的评价体系

5.2.1　评价原则

当前，中国社会最大的发展不平衡是城乡发展不平衡，最大的发展不充分是农村发展不充分。农村产业融合发展总体上仍然处于初级发展阶段，面临着不少问题和挑战。中国小农经济效率改进的基本出路在于分工发展（向国成，2005），农村产业融合高质量发展的基本出路在于深化分工。因此，从新兴古典经济学分工视角就可以找到提升农村产业融合发展质量、解决诸多问题和挑战的"金钥匙"。

农村产业融合发展是一个综合性的"三农"概念，影响因素多，对其开展评价也是一项复杂的系统工程。为全面客观、精准有效地评价中国农村产业融合发展状况，需要遵循以下原则建立评价指标体系：一是科学性原则，评价指标体系的评价内容及指标选择，应当充分符合现代农业发展的理论要求和中国国情农情的时代特征，指标内涵清晰、概念完整，体现实事求是的科学精神；二是系统性原则，评价指标体系的评价内容及指标选择，应当基于分工的视角系统反映农村产业融合发展的基本原则和目标任务，全面考虑影响其发展的各种因素，准确把握指标之间的区别与联系，使评价结果真正代表中国农村产业融合发展水平；三是可操作性原则，评价指标体系应划分若干个层次，每个层次设置若干指标，从不同的层面反映农村产业融合发展状况，还需充分考虑数据的可得性和可比性，使复杂问题层次化和可操作化；四是高质量发展原则，高质量发展是体现新发展理念的发展，建立农村产业融合发展评价指标体系需摒弃传统的以经济增速为绩效评价对象的思维方式，应当按照农业农村高质量发展评价要求多维度考量，体现与时俱进的理论品质。

5.2.2 评价指标

国内已有的农村产业融合发展评价研究为本书提供了理论支持，但是，目前学者选择的评价内容及指标各不相同，尚未形成一套理论界普遍认可的评价体系。基于第3章、第4章的研究结论，根据以上构建农村产业融合发展评价体系的基本原则，本书认为，分工视角下的农村产业融合发展评价指标体系应当包括三个层次六大类 15 项具体指标，如表 5.2 所示。

表 5.2　　　　　　　　分工视角下农村产业融合发展的评价指标体系

目标层	准则层	指标层	指标说明	指标来源	指标属性
生产多少	劳动专业化：农业产业化集群	农村人均第一产业总产值	第一产业生产总值/乡村人口数	张林等（2020）	正向
		农村人均农副产品加工业总产值	规模以上农副产品加工业总产值/乡村人口数	张林和温涛（2019）	正向
生产什么	专业多样化：农业功能拓展	农村养老服务机构数占比	农村养老服务机构数/行政村个数	根据机理设计	正向
		乡镇文化站占比	乡镇文化站个数/乡镇个数	根据机理设计	正向
		农林牧渔服务业产值占比	农林牧渔服务业产值/农林牧渔业总产值	李治等（2019）	正向
怎样生产	生产迂回化：农业产业链延伸	农业机械化程度	农业机械总动力/耕地面积	根据机理设计	正向
		农林牧渔业中间消耗占比	农林牧渔业中间消耗/农林牧渔业增加值	根据机理设计	负向
		农村信息化发展水平	农村居民平均每百户拥有计算机数量	张林等（2020）	正向
	经济组织化：新型农业经营主体带动	设施农业占比	温室大棚面积/耕地面积	王丽纳和李玉山（2019）；李晓龙和冉光和（2019）	正向
		农民合作社占比	农民合作社数量/乡村人口数	李晓龙（2019）	正向
为谁生产	农民增收与就业	农村居民人均可支配收入增长率	本年农村居民人均可支配收入增加量/上年农村居民人均可支配收入	冯伟等（2017）	正向
		乡村非农就业占比	（乡村就业人数－第一产业就业人数）/乡村就业人数	李芸等（2017）；田聪华等（2019）	正向
	城乡一体化发展	城乡居民人均收入比	城镇居民人均可支配收入/农村居民人均可支配收入	陈国生（2019）；李芸等（2017）；李治等（2019）	负向

续表

目标层	准则层	指标层	指标说明	指标来源	指标属性
为谁生产	城乡一体化发展	城乡居民人均消费支出比	城镇居民人均消费支出/农村居民人均消费支出	王玲（2017）；田聪华等（2019）	负向
		城乡居民人均固定资产投资比	非农户人均固定资产投资额/农户人均固定资产投资额	田聪华等（2019）；李芸等（2017）	负向

在农村产业融合发展水平评价体系下，第一个层次是目标层，即经济学四个基本问题——生产什么、生产多少、怎样生产、为谁生产，是综合评价指标。第二个层次是准则层，由农村产业融合发展行为与农村产业融合发展效益两个维度构成。其中，农村产业融合发展行为取决于分工的发展水平，劳动专业化、专业多样化、生产迂回化、经济组织化共同构成反映农村产业融合发展行为的准则层指标，分别对应了生产什么、生产多少、怎样生产的问题；另外，农村产业融合发展作为拓宽农民增收渠道、促进城乡一体化发展的重要举措，农民增收与就业、城乡一体化发展共同构成反映农村产业融合发展效益的准则层指标，对应了为谁生产的问题。第三个层次是具体指标层，将六个准则层具体化，用 15 个指标从各个视角反映六个准则的现实发展状况（熊磊等，2021）。

1. 劳动专业化

劳动专业化反映在农业与第二、第三产业交叉融合的现代产业体系内部的分工分业，劳动专业化在"生产多少"问题上的直接效应体现在农村各类人均总产值，本研究选取农村人均第一产业总产值为代表指标。农业产业化集群作为农村第一、第二、第三产业空间叠合的发展形态，是劳动专业化在农村产业融合发展中的具体体现，表现为一村一品、一乡一业、一县一业的发展格局，考虑到加快发展农副产品加工业是目前农业产业化集群的重点领域之一，本书选取农村人均农副产品加工业总产值来反映农业产业化集群情况。

2. 专业多样化

专业多样化是"生产什么"问题的体现，在农村产业融合发展中体现为农业多种功能得到拓展。在一定时期内，产业、行业、产品等方面的种类数越多，越有利于提高参与分工的农业经营主体的收入。鉴于现阶段农业多功能性拓展的重点领域在于大力推进农业与旅游、教育、文化、健康养老、农村服务业等产业融合，同时考虑到农业农村数据的可得性，本书选取农村养老服务机构数与行政村个数比值、乡镇文化站个数与乡镇个数比值、农林牧渔服务业产值与农林牧渔业总产值的比值来反映农业多功能性拓展情况。

3. 生产迂回化

生产迂回化在农村产业融合发展过程中，主要表现为农业产业链的顺向、逆向、外向延伸发展，其延伸发展是中间产品和生产链的发展过程，全要素生产力随着中间产品和生产链的发展而提升，反映"怎样生产"问题。农业机械总动力是指用于农、林、牧、渔业生产的各种动力机械的动力之和，其与耕地面积之比，可以表示农业机械化程度，是投入中间产品来生产最终产品的生产迂回化的重要体现。另外，农林牧渔业中间消耗占比反映了中间消耗与全要素生产力的关系，农村平均每百户拥有计算机数量反映了现代信息技术渗透于农业的情况，本书选取以上 3 个指标来反映生产迂回化。

4. 经济组织化

新型农业经营主体是促进农村产业融合发展的重要力量，经济组织化在农村产业融合发展中主要表现为新型农业经营主体带动发展，同样反映"怎样生产"问题。考虑到设施农业的实施主体大多为新型农业经营主体，设施农业占比体现了新型农业经营主体在农村产业融合发展中的影响力；

而农民合作社作为农村产业融合发展过程中的中坚力量，是市场经济条件下发展适度规模经营、发展现代农业的有效组织形式①，是新型农业经营主体的主要代表之一，故本书选取设施农业占比、农民合作社占比衡量经济组织化。

5. 农民增收与就业

小康不小康，关键看老乡。农民增收与就业是农村产业融合发展的经济社会效益的重要体现，反映了"为谁生产"问题。促进农民增收、增加农民就业，实现农民共同富裕，是农村产业融合发展的出发点和落脚点。农民增收与就业主要反映在农民人均纯收入增长率、农民非农收入占比等指标。

6. 城乡一体化发展

农村产业融合发展必将推动城乡要素自由流动、平等交换，有利于加快形成全面融合、共同繁荣的新型工农城乡关系，农村产业融合发展的经济社会效益还体现在城乡一体化发展，同样反映了"为谁生产"问题。参照相关研究，本书选取城乡居民人均收入比、城乡居民人均消费支出比、城乡居民人均固定资产投资比等作为城乡一体化发展衡量指标。

由于统计原因，2006 年之前的农村产业融合发展原始数据（如农民合作社数量、温室大棚面积、行政村个数等）不可得，2018 年之后的相关数据大多未公布，故研究样本时间跨度设定为 2006～2018 年；另外，香港、澳门、台湾的统计数据存在不同程度缺失，未被纳入研究样本，因此，本书研究样本涉及 2006～2018 年中国 31 个省、自治区、直辖市（不包括港澳台地区）。

第一产业生产总值、乡镇个数、农林牧渔业总产值、农业机械总动

---

① 习近平在吉林考察：坚持新发展理念深入实施东北振兴战略加快推动新时代吉林全面振兴全方位振兴［A/OL］．（2020－07－24）［2020－11－29］．http：//www.gov.cn/xinwen/2020－07/24/content_5529791.htm.

力、农村居民平均每百户拥有计算机数量、城镇居民人均可支配收入、农村居民人均可支配收入、城镇居民人均消费支出、农村居民人均消费支出、全社会固定资产投资总额、农村农户固定资产投资额等数据来源于历年《中国统计年鉴》；乡村人口数、农村养老服务机构、乡镇文化站个数等数据来源于历年《中国农村统计年鉴》；耕地面积、农林牧渔业中间消耗、农林牧渔业增加值等数据来源于历年《中国农业年鉴》；农民合作社数量来源于历年《中国工商行政管理年鉴》；行政村个数来源于历年《城乡建设统计年鉴》；温室大棚面积来源于全国温室数据系统。乡村就业人数和第一产业就业人数来源于历年各省区市统计年鉴；农副产品加工业总产值由规模以上农副产品加工业总产值代替，数据来源于历年各省区市统计年鉴。

需要说明的是，借鉴张林和温涛（2019）的相关研究，农林牧渔服务业产值由农林牧渔业总产值减去第一产业生产总值得到，非农户固定资产投资额由各省区市全年固定资产投资总额减去农村农户固定资产投资额得到。个别缺失数据采用线性插值法予以补齐处理。

5.2.3　评价方法

本书运用熵值法测算中国农村产业融合发展水平。利用熵值法进行客观赋权，可以避免因主观偏误导致的权重偏差，熵值法因科学性和客观性在经济学问题研究中得到广泛应用。具体步骤如下：

1. 数据标准化处理

$$对于正属性指标：y_{ij} = (x_{ij} - \min x_j)/(\max x_j - \min x_j) \qquad (5.1)$$

$$对于负属性指标：y_{ij} = (\max x_j - x_{ij})/(\max x_j - \min x_j) \qquad (5.2)$$

其中，x_{ij} 为第 i 个省（区、市）的第 j 个指标的原始观测值；$\min x_j$、$\max x_j$ 分别为原始数据中的最小值和最大值；y_{ij} 为标准化处理后的值。

2. 确定指标权重

进一步进行同度量化，计算第 j 项指标中的第 i 个样本的比重：

$$P_{ij} = y_{ij} \bigg/ \sum_{i=1}^{n} y_{ij} \, (i = 1,2,\cdots,n; j = 1,2,\cdots,m) \tag{5.3}$$

其中，n 为样本（各省、区、市）个数，m 为指标个数。随后，计算第 j 项指标的熵值：

$$e_j = -k \sum_{i=1}^{n} P_{ij} \ln P_{ij}, k = 1/\ln n \tag{5.4}$$

接着，计算第 j 项指标的信息效用价值以及各指标 j 的权重，g_j 越大则该指标价值越大：

$$g_j = 1 - e_j \tag{5.5}$$

$$w_j = g_j \bigg/ \sum_{j=1}^{m} g_j \tag{5.6}$$

3. 计算综合指数

先计算各样本 i 第 j 项指标的评价值：

$$f_{ij} = \sum_{i=1}^{m} w_j y_{ij} \tag{5.7}$$

再计算样本的综合评价值：

$$F_i = \sum_{i=1}^{m} f_{ij} \tag{5.8}$$

F_i 即所求得的综合指数。一般而言，F_i 越大，表明第 i 个省（区、市）的农村产业融合发展水平越高，反之则越低。

5.3 分工视角下农村产业融合发展的评价结果

5.3.1 农村产业融合发展水平的变动趋势

基于上节构建的分工视角下农村产业融合发展评价指标体系，利用熵值法测算出 2006~2018 年中国农村产业融合发展水平综合指数。表 5.3 显示了 2006~2018 年中国农村产业融合发展水平综合指数的历年平均值和同比增速值。

表 5.3   2006~2018 年中国农村产业融合发展水平综合指数

年份	综合指数	同比增速（%）
2006	0.1363	—
2007	0.1536	12.6832
2008	0.1582	3.0095
2009	0.1614	2.0346
2010	0.1968	21.9537
2011	0.2357	19.7436
2012	0.2689	14.0891
2013	0.2932	9.0368
2014	0.2999	2.3025
2015	0.3008	0.3023
2016	0.3024	0.5161
2017	0.3055	1.0364
2018	0.3061	0.1940

表 5.3 反映出中国农村产业融合发展的总体水平有了显著提升，农村产业融合发展水平综合指数从 2006 年的 0.1363，逐步提升至 2018 年的 0.3061，平均增长率达到 6.97%，印证了前面所提到的农村产业融合发展整体成效。这与 2006 年以来，特别是党的十八大以来，强农、惠农、富农政策的持续出台密不可分。2007 年、2010 年、2011 年、2012 年的同比增速均超过了 10%，这主要得益于这些时期内《农民专业合作社法》《农业部关于推进农业经营体制机制创新的意见》《农业部关于创建国家农业产业化示范基地的意见》《国务院关于支持农业产业化龙头企业发展的意见》等政策的组织实施，农村产业发展开始逐渐突破单一空间和要素的制约束缚，农业产业化快速推进，农业在农村地区实现跨产业发展，与相关产业融合发展的趋势明显。

分东部、中部、西部和东北四个地区来看①，如表 5.4 所示，样本期间，东部 10 省市的综合指数处于相对较高水平，区域平均值达到 0.3364；东北 3 省紧随其后，区域平均值为 0.3103；中部 6 省区域平均值为 0.2169，排名第 3；西部 12 省区市综合指数平均值处于相对较低水平，仅为 0.1538，分地区整体水平呈现明显的"东高西低"区域格局。2018 年，东部地区农村产业融合发展水平综合指数达到 0.3937，相比 2006 年提高 0.1963，平均增长率达到 5.92%；东北地区综合指数由 2006 年的 0.1555 提升到 2018 年的 0.3714，平均增长率为 7.52%，高于东部地区；而中部地区、西部地区的平均增长率分别达到 8.39%、7.56%，中西部在平均增长率上要快于东部地区和东北地区，分地区增长速度呈现明显的"中西部高于东部"区域格局。出现以上特征可能的原因是：东部地区农业现代化发展较早，乡村产业发展基础相对较好，因而整体水平高于其他地区；而西部地区，随着农村基础设施和公共服务不断改善，产业融合发展为农村经济发展注入新动能，后发优势不断显现，因而增速已多年超过东部地区，这与中西部地区经济发展水平落后于东部，但经济增速明显高于东部地区的原因相类似。

表 5.4　　　　　　　2006～2018 年分地区农村产业融合发展水平的比较

年份	年度均值				同比增速（%）			
	东部	中部	西部	东北	东部	中部	西部	东北
2006	0.1974	0.1158	0.0907	0.1555	—	—	—	—
2007	0.2233	0.1327	0.1024	0.1674	13.1277	14.6145	12.8108	7.6295
2008	0.2439	0.1353	0.0938	0.1758	9.2003	1.9905	−8.4016	5.0047
2009	0.2540	0.1327	0.0920	0.1877	4.1311	−1.9458	−1.8586	6.7742
2010	0.2998	0.1678	0.1145	0.2409	18.0541	26.4257	24.4456	28.3307

① 根据《中国农村统计年鉴（2019）》主要统计指标解释，四大经济区域分组划分为东部、中部、西部和东北四个地区。东部地区包括北京、天津、河北、上海、江苏、浙江、福建、山东、广东、海南 10 个省市；中部地区包括山西、安徽、江西、河南、湖北、湖南 6 个省；西部地区包括内蒙古、广西、重庆、四川、贵州、云南、西藏、陕西、甘肃、青海、宁夏、新疆 12 个省区市；东北地区包括辽宁、吉林和黑龙江 3 个省。

年份	年度均值				同比增速（%）			
	东部	中部	西部	东北	东部	中部	西部	东北
2011	0.3460	0.2070	0.1396	0.3096	15.4193	23.3573	21.9060	28.5388
2012	0.3876	0.2345	0.1547	0.3985	12.0257	13.3060	10.8187	28.7225
2013	0.4017	0.2598	0.1789	0.4552	3.6324	10.7794	15.6620	14.2212
2014	0.4079	0.2708	0.1899	0.4385	1.5471	4.2582	6.1002	-3.6789
2015	0.4076	0.2757	0.1978	0.4075	-0.0798	1.7974	4.1691	-7.0573
2016	0.4090	0.2881	0.2054	0.3635	0.3449	4.4973	3.8669	-10.8051
2017	0.4016	0.2948	0.2167	0.3624	-1.8193	2.3143	5.4724	-0.3048
2018	0.3937	0.3045	0.2176	0.3714	-1.9548	3.3022	0.4327	2.5036

5.3.2　农村产业融合发展水平的省域比较

表5.5报告了2006～2018年各省区市农村产业融合发展水平状况，包括分工四要素水平、整体均值、排名、同比增速均值等信息。样本期间，天津、北京、山东、辽宁、上海、江苏、浙江、福建、吉林、河北等省市的农村产业融合发展水平排名前10。除辽宁、吉林属于东北地区以外，其他省市均属于东部地区。这主要缘于这些省市农业机械化水平、农业产业化水平、设施农业发展水平相对较高，农产品加工业、休闲农业和乡村旅游、新型农业经营主体等发展势头良好。天津农村产业融合发展水平排名第一，这得益于天津在劳动专业化、生产迂回化、经济组织化等方面优势突出，全市880家规模以上农产品加工企业快速发展，总产值突破3600亿元，逐步形成以粮油、肉类、奶制品为特色主导产业的加工体系①；全市共有213家农业产业化龙头企业、12282家农民合作社、443个家庭农场，这些新型农业经营主体吸引了70%以上的普通农户进入产业化体系，带动农民向优质、高效农产品生产转型，有力地促进了农业产业化集群发展、

①　天津实施乡村振兴战略促进产业发展和农民增收［A/OL］.（2019－05－29）［2021－02－13］. http://www.moa.gov.cn/xw/qg/201905/t20190529_6315828.htm.

农业产业链延伸、新型农业经营主体与农户协同发展，逐步构建起现代农业产业体系（何会文，2019）。北京的农村产业融合发展水平排名第二，但年平均增速却垫底，可能的原因是样本初期，首都的农村产业融合发展水平就相对较高，农业高质量发展平稳，农村产业融合发展空间相对较小。

相比而言，宁夏、重庆、山西、陕西、新疆、青海、云南、甘肃、西藏、贵州 10 个省、区、市的农村产业融合发展水平相对较低，除山西属于中部地区以外，其他省区市均属于西部地区。西部地区农业资源禀赋条件差异很大，很多丘陵山区地块零散，农业产业融合发展基础薄弱、城乡发展不平衡问题较为突出。贵州位于云贵高原，山川秀丽、资源富集，其农村产业融合发展水平较低的原因主要在于地理环境和天气等因素，贵州地貌可概括分为高原山地、丘陵和盆地三种基本类型，其中 92.5% 的面积为山地和丘陵（黄秋昊和蔡运龙，2005），而且气候不稳定，灾害性天气种类较多，干旱、秋风、凌冻、冰雹等频度大，对农业生产产生一定影响。样本期间，贵州农业机械化程度、设施农业占比、农村居民人均可支配收入增长率等多项指标名列末尾。值得注意的是，贵州农村产业融合发展水平的同比增速均值是各省区市中最快的，达到 12.22%，远高于各省区市平均值 8.05%。其主要原因在于：近年来，贵州加快推进现代山地特色高效农业发展，大力发展了特色优势产业，做强粮食产业、生态畜牧业、精品果业等 9 大类主导产业；同时加快补齐了农村公路等基础设施的短板，仅 2018 年，新（改）建农村公路 8172 千米，农村公路等级公路、硬化路面比例分别达 75.4%、67.9%，成为西部第 1 个、全国第 14 个建制村通畅率 100% 的省份；此外，贵州依托绿水青山、田园风光、乡土文化等资源，结合"四在农家·美丽乡村"基础设施建设，创建了一批山地休闲农业和乡村旅游示范点，开展乡村旅游的自然村寨突破 3000 个，农家乐近 10000 家，2422 个贫困村纳入全国《乡村旅游扶贫工程行动方案》（肖克和刘久锋，2018）。贵州山地特色高效农业的发展、农村公路等基础设施的改善、乡村旅游的提质增效，加速了农村产业融合发展。

表 5.5 　　　　2006～2018 年各省区市农村产业融合发展水平的比较

省区市	生产多少	生产什么	怎样生产	为谁生产	农村产业融合发展水平		
					整体均值	排名	同比增速均值
天津	0.5089	0.2899	0.4944	0.6914	0.4874	1	9.3407
北京	0.2386	0.3874	0.6336	0.5638	0.4341	2	0.2910
山东	0.4696	0.2154	0.3819	0.4992	0.3982	3	8.3813
辽宁	0.4482	0.2847	0.3569	0.5178	0.3953	4	5.2675
上海	0.2450	0.4947	0.3367	0.7761	0.3808	5	2.2289
江苏	0.3343	0.2773	0.4019	0.5819	0.3639	6	11.1507
浙江	0.1511	0.1815	0.3406	0.8387	0.3053	7	5.2525
福建	0.3473	0.1907	0.1933	0.6166	0.2978	8	9.4925
吉林	0.4510	0.2576	0.1203	0.4236	0.2964	9	11.2659
河北	0.1603	0.1716	0.3354	0.5839	0.2698	10	6.3724
湖北	0.3010	0.2345	0.1773	0.3789	0.2467	11	8.5184
河南	0.2254	0.2197	0.2038	0.5328	0.2466	12	9.4828
黑龙江	0.3462	0.2443	0.1007	0.3832	0.2391	13	9.6723
内蒙古	0.3307	0.2093	0.1254	0.3329	0.2313	14	7.4470
安徽	0.1836	0.2776	0.1571	0.5675	0.2269	15	10.5825
广东	0.1829	0.2415	0.1787	0.5299	0.2260	16	6.7438
江西	0.1609	0.2196	0.1382	0.5776	0.2085	17	8.7002
湖南	0.1890	0.1981	0.1637	0.4258	0.2015	18	8.3878
海南	0.2101	0.1443	0.1722	0.3714	0.2012	19	6.0554
广西	0.2377	0.2694	0.1047	0.3703	0.1987	20	6.1502
四川	0.1526	0.2029	0.1219	0.4875	0.1835	21	9.1966
宁夏	0.1038	0.2459	0.2037	0.3691	0.1816	22	6.6660
重庆	0.1546	0.2643	0.1347	0.3268	0.1722	23	9.9577
山西	0.0502	0.2210	0.1864	0.5010	0.1711	24	6.5582
陕西	0.1390	0.1819	0.1539	0.3657	0.1680	25	11.4035
新疆	0.1395	0.2037	0.1002	0.3977	0.1583	26	7.9054
青海	0.0724	0.0994	0.1525	0.3885	0.1343	27	8.6790
云南	0.0789	0.1681	0.0808	0.3077	0.1156	28	10.8254
甘肃	0.0723	0.1899	0.1183	0.1970	0.1108	29	7.9839
西藏	0.0251	0.0713	0.1389	0.3265	0.1045	30	7.3567
贵州	0.0587	0.1793	0.0693	0.1241	0.0818	31	12.2223

5.3.3　农村产业融合发展水平的分工比较

在"生产多少"方面，天津农业产业化集群水平排名第一，这得益于天津近年来打造"点、线、面"分层次融合的农业产业强镇、现代农业产业园、优势特色产业集群，先后 5 个镇入选国家农业产业强镇、2 个区获批国家现代农业产业园、1 个都市型奶业产业集群入选国家优势特色产业集群，一村一品特色突出，一村一品专业村达到 79 个，建成美丽村庄 150 个，形成"一镇一业、一村一品、一园一景"的集群效应，农业产业化发展水平得到全面提升。① 值得一提的是，内蒙古在中西部地区排名第一，农业产业化集群水平超过了部分东部省市，这主要因为内蒙古依托奶业优势，推动乳品龙头企业布局黄河、嫩江、西辽河流域和呼伦贝尔、锡林郭勒草原五大奶源基地，打造世界级横跨第一、第二、第三产业的全产业链奶业集群，奶牛存栏量达 120 多万头，年产牛奶 570 多万吨，乳业成为年产值超过 1000 亿元的优势产业，牛奶产量、加工产业规模和奶制品市场占有率均位居全国首位（李云平，2020）。与之相对应地，西藏地处青藏高原的西南部，自然条件具有日照长、气压低、含氧少、辐射强、温差大、降水少、灾害多、区域气候变温明显等特征，且农牧业经营主体以家庭为单位，产业规模小、商品化率低，经营较为分散、市场竞争力差，因此，农业产业化集群水平低。

在"生产什么"方面，上海、北京、天津的农业功能拓展水平分列前三，三大直辖市农村基础设施建设相对完备、农村公共服务比较便利、休闲农业结构较为合理，农业与旅游、教育、文化、体育、健康、养老等产业深度融合，有力推动了休闲农业、乡村旅游等产业的提档升级和健康发展；2018 年，沪、京、津三地农林牧渔服务业产值占农林牧渔业总产值比重分别达到 0.6396、0.6001、0.5577，分列前 3 名，大幅领先于其他省、

① 我市农村产业融合发展成效显著［A/OL］.（2020－06－19）［2021－02－13］. http：//www.tj.gov.cn/sy/tjxw/202006/t20200619_2676204.html.

区、市，现代农业与服务业融合发展，农业多种功能被不断拓展，农业发展整体水平得到提升。青海、西藏在这一领域位列最后 2 名，一方面因为青藏地区自然条件比较艰苦，干旱、洪涝、雪灾、霜冻、冰雹、雷电、大风、沙尘暴等灾害性天气频繁发生；另一方面青藏地区的农业以畜牧业为主，农业功能拓展空间有限。

在"怎样生产"方面，北京在农业产业链延伸和新型农业经营主体带动方面综合名列第一。一方面，得益于北京积极践行创新发展理念，制定实施农业"调转节"政策，促进先进技术要素渗透于农业生产、经营、管理和服务，实现了农业产业链延伸发展，北京农业科技进步贡献率达72%，高于全国平均水平 14 个百分点，农作物耕种综合机械化率为91.2%，高于全国平均水平 24 个百分点（李庆国和芦晓春，2019）；另一方面，北京农民合作社组织农民优势凸显，农业农村等部门对农民合作社实施严格数据监测和考核评定，以实行全员注册、提高服务带动能力、畅通合作社退出机制为抓手，推进农民合作社规范化建设，在农村人口数相对较少的情况下，辐射带动近80%的农户。贵州在这一领域排名垫底，可能的原因主要还是受地理环境和天气等因素影响，尤其是耕地资源破碎，导致农业机械总动力与耕地面积的比重、温室大棚面积与耕地面积的比重均偏低；另外，贵州新型农业经营主体培育虽取得一定成效，但依旧发展不平衡、不充分，在较大的农村人口数占比背景下，新型农业经营主体经营规模偏小、带动小农户的能力偏弱等问题突出。

在"为谁生产"方面，浙江在农民增收与就业和城乡一体化发展方面综合名列第一。作为中国第一梯队的经济大省，浙江沿海区位优势明显、民营经济发达，拥有成熟的互联网和现代物流体系，通过实施"万村整治、千村示范"工程、"五水共治"等环境整治措施，乡村环境持续美化，为农村产业融合发展提供了良好环境和肥沃土壤。2018 年，浙江农村居民人均可支配收入27302.4 元，比上年增加2346.6 元，同比名义增长9.4%。与之相呼应的是，自1985 年以来，浙江农村居民收入已经连续 33 年领跑各省区市；农民收入中的工资性收入占比超过60%，经营性收入占比超过

20%，浙江早已摆脱自给自足的小农经济，转而在市场经济中发挥优势、兑换价值。[①] 贵州此项排名末位，城镇人均可支配收入虽然和全国水平相差无几，但农村居民人均可支配收入水平较低，发展差距仍然比较大，而且乡村非农就业占比垫底，融合发展的经济社会效益也印证了前面所述，贵州农业与关联产业融合互动水平偏低。

5.4 中国农村产业融合发展水平时空演变特征

5.4.1 农村产业融合发展水平类型时空演变

为直观反映中国农村产业融合发展水平的时空演变特征，根据章节 5.3 的测算结果，本节运用 ArcGIS 10.3 软件，对 2006~2018 年的中国农村产业融合发展水平做可视化处理（时空演化图略）。为克服数据波动造成的误差，采用两年平均的方法（2016~2018 年采取三年平均），将整个样本期分为 6 个时期；同时，参考相关研究（戴其文等，2015；高新才和殷颂葵，2016；鲁飞宇等，2021；张发明等，2021），采用均匀分布函数将农村产业融合水平划分为 4 个等级：0.00000~0.25000 为低水平融合发展区，0.25001~0.50000 为中低水平融合发展区，0.50001~0.75000 为中高水平融合发展区，0.75001~1.0000 为高水平融合发展区。

第一类，高水平融合发展区（0.75001~1.0000）。当前中国农村产业融合发展总体还处于初级发展阶段，暂不存在高水平融合发展区。

第二类，中高水平融合发展区（0.50001~0.75000）。2010~2011 年的北京，2012~2013 年的天津、辽宁，2014~2015 年的天津、辽宁、山东，2016~2018 年的天津、江苏处于该水平，以上省份主要位于东部和东北地区。北京、山东在进入中高水平后，又相继退回了中低水平，这与北

京城镇化率高，在对应年份的农村人均第一产业总产值出现了下降，以及山东乡村人口数逐年减少等原因不无关系，融合发展水平不稳定现象也有可能是处于起步阶段的农村产业融合发展易受政策扶持力度影响所致。

第三类，中低水平融合发展区（0.25001～0.50000）。2006～2007年仅有北京、上海属于该类型，2008～2009年中低水平省市增加至5个。2010～2011年增加至8个，主要位于东部和东北地区。2012～2013年增加至14个，除海南以外的东部8省市，东北地区吉林、黑龙江，中部地区的安徽、河南、湖北，以及西部地区的内蒙古进入中低水平。在此基础上，2014～2015年，因山东进入中高融合发展水平，中低水平地区数量短暂降为13个。2016～2018年中低融合发展水平地区数量增长至18个，主要分布在东部7省市、东北3省、除山西以外的中部5省，以及西部地区的内蒙古、广西、四川3省区。西部3省区迈入中低水平地区，主要得益于内蒙古在农畜产品加工、广西在农副产品加工业、四川在农业机械化等方面的迅速发展。样本期内，中低融合发展水平类型省区市空间分布变化较大，其空间分布呈现出由环渤海地区向东部地区、东北地区，进而向中部地区、西部地区扩散的演化特征，这也说明了农村产业融合发展水平与经济社会发展水平密切相关。

第四类，低水平融合发展区（0.00000～0.25000）。2006～2009年，除北京、天津、辽宁、上海、山东以外，其他省区市的农村产业融合发展水平均处于低水平。2010～2011年，虽然部分东部省份进入了中低融合发展水平，但样本地区仍有22个省区市属于低水平，主要分布在中部和西部地区。2012～2013年和2014～2015年，低水平地区数量降至15个，其中西部地区占据11个。2016～2018年，中部地区和西部地区跨入中低融合发展水平省区数量虽明显增多，但低等融合发展水平省份仍有11个。因此，采取有效措施缩小地区差距，推动区域农村产业融合高质量发展刻不容缓。值得注意的是，样本期间，东部地区的海南一直处于低等融合发展水平。海南是中国最大的"热带宝地"，热带作物资源丰富，盛产橡胶、椰子、槟榔、咖啡等热带作物，但海南的农村人均农副产品加工业总产值、农林牧渔业中间消耗占比等指标偏低，这意味着海南的农产品加工业发展水平低，加工副产物没有得到综合利用。可能的原因是海南的热带作物均以原材料的形式销售出去，农产品附加值并不高。因此，虽位于东部地区，但海南的农村居民人均可支配收入增长率却位居各省区市后列。

5.4.2　全局空间自相关分析

研究各省区市农村产业融合发展水平类型的时空演化规律，并不能完全了解这一问题全貌，故本书进一步采用空间自相关模型来深入探究农村产业融合发展在省域之间的关联性。空间自相关分析是测算地理属性值空间关联性的重要方法，可以用来衡量区域属性值的集聚程度（成金华等，2015；唐晓华等，2017；何小芊等，2019）。

本书通过全局莫兰指数 Moran's I 解析中国农村产业融合发展水平的总体空间自相关性，衡量地理邻接的省份是否具有相似的农村产业融合发展水平。全局莫兰指数 Moran's I 计算方法如下：

$$I = \frac{n \times \sum_{i=1}^{n} \sum_{j \neq 1}^{n} W_{ij}(x_i - \bar{x})(x_j - \bar{x})}{\left(\sum_{i=1}^{n} \sum_{j=1}^{n} W_{ij}\right) \times \sum_{i=1}^{n} (x_i - \bar{x})^2} \tag{5.9}$$

公式（5.9）中，I 表示莫兰指数；n 表示研究省份的数量；x_i、x_j 分别表示省份 i、j 的农村产业融合发展水平，$\bar{x}$ 表示各省份农村产业融合发展水平的平均值；W_{ij} 表示省份 i 与 j 的邻域关系，当 i 与 j 邻近时，$W_{ij} = 1$，反之为 0。全局莫兰指数的数值区间为 [-1, 1]，大于 0 表示空间正相关，小于 0 表示空间负相关，等于 0 表示不相关（方叶林等，2013；杨庆等，2021）。

根据本章的中国农村产业融合发展水平测算结果，运用 GeoDa 软件测算 2006~2018 年中国农村产业融合发展水平的全局莫兰指数，结果如表 5.6 所示。

表 5.6　　　2006 ～ 2018 年中国农村产业融合发展水平的全局 Moran's I 指数

年份	Moran's I	E [I]	p 值	Z 得分
2006 ～ 2007	0. 3628	− 0. 0330	0. 01	4. 8640
2008 ～ 2009	0. 4802	− 0. 0333	0. 01	5. 4162
2010 ～ 2011	0. 6090	− 0. 0333	0. 01	6. 3287
2012 ～ 2013	0. 6153	− 0. 0333	0. 01	6. 5934
2014 ～ 2015	0. 5974	− 0. 0333	0. 01	6. 5068
2016 ～ 2018	0. 5476	− 0. 3330	0. 01	6. 0534

　　2006 ～ 2007 年、2008 ～ 2009 年、2010 ～ 2011 年、2012 ～ 2013 年、2014 ～ 2015 年、2016 ～ 2018 年的全局莫兰指数分别为 0. 3628、0. 4802、0. 6090、0. 6153、0. 5974、0. 5476，且 $p < 0.05$，$Z > 1.65$，在 95% 的置信区间水平下通过检验，证明在空间格局上具有正向空间自相关性，即 2006 ～ 2018 年，中国省域间农村产业融合发展水平呈现空间集聚态势。比较全局莫兰指数可看出，2006 ～ 2018 年中国农村产业融合发展水平存在一定的波动，呈现出"弱—强—弱"的走势特点，这与 2006 年以来，党中央、国务院不断完善"三农"支持保护制度密切相关。值得注意的是，近年来省际农村产业融合发展的关联度与集聚度呈下降趋势，可能的原因是，中国农村产业融合发展的层次还不高，中央和地方之间、地方各有关部门之间协同推进农村产业融合发展的机制尚不健全、协同配合仍不够，未来需要强化省域间农村产业融合发展的整体协同效应。

5.4.3　局部空间自相关分析

　　局部空间自相关分析可以进一步判断农村产业融合发展在局部空间上集聚的具体位置，进而分析局部空间上的不均衡性，发现农村产业融合发展的空间异质性。局部莫兰指数 Moran's I 计算方法如下：

$$I_i = \frac{(x_i - \bar{x})}{m_0} \sum_j W_{ij}(x_j - \bar{x}) \qquad (5.10)$$

　　公式（5.10）中，x_i 表示省份 i 的农村产业融合发展水平、$\bar{x}$ 表示各省份农村产业融合发展水平的平均值，I_i 值为正时，表示与该区域内农村产业融合发展水平值的空间集聚（高—高或低—低），I_i 值为负时，表示与该区域内农村产业融合发展水平值不相似的观测值的空间集聚（高—低或低—高）（范方志和曾冰，2021）。

表 5.7 报告了 2006～2018 年中国农村产业融合发展水平的局部空间自相关分布情况（未列出的均为不显著地区，集聚特征图略）。中国区域农村产业融合发展存在的显著空间依赖关系主要表现为：东部和东北部分地区表现出高—高集聚特征，即观测区域与周边区域农村产业融合发展水平均相对较高，呈现显著的正向相关性，空间关联表现为扩散效应，高—高集聚地区数量占比由 2006～2007 年的 16.13% 增至 2016～2018 年的 29.03%，这些省份是中国农村产业融合发展的重要高地。西部部分省份一直表现出低农村产业融合发展水平、低空间滞后的低—低特征，说明了这些地区及其周边地区农村产业融合发展水平都较低，低—低集聚地区数量占比由 2006～2007 年的 22.58% 下降至 2016～2018 年的 19.35%，西部地区是未来深化改革、充分激发农村产业融合发展活力的重点地区。高—高集聚地区、低—低集聚地区的分布和东西部自然资源禀赋、经济社会发展的差异密切相关。中国地势西高东低，西部山区面积广大，给交通运输和农业发展带来一定困难，经济发展水平不及东部地区；而东部地区主要分布着广阔的平原，间有丘陵和低山，乡村基础设施相对健全，农村产业融合发展基础条件更好。

表 5.7　　　　　2006～2018 年中国农村产业融合发展水平的
局部空间自相关分布

年份	高—高	高—低	低—高	低—低
2006～2007	天津、河北、辽宁、江苏、山东	—	内蒙古、吉林、安徽	重庆、四川、西藏、甘肃、青海、宁夏、新疆
2008～2009	北京、天津、河北、辽宁、江苏、山东	—	内蒙古、吉林、黑龙江	重庆、四川、云南、西藏、甘肃、青海、新疆
2010～2011	北京、天津、河北、辽宁、吉林、江苏、山东	—	内蒙古、黑龙江	重庆、四川、云南、西藏、甘肃、青海、新疆

续表

年份	高—高	高—低	低—高	低—低
2012～2013	北京、天津、河北、内蒙古、辽宁、吉林、黑龙江、山东	—	—	四川、云南、西藏、甘肃、青海、新疆
2014～2015	北京、天津、河北、内蒙古、辽宁、吉林、黑龙江、山东	—	—	海南、四川、云南、西藏、青海、新疆
2016～2018	北京、河北、辽宁、吉林、上海、江苏、浙江、安徽、山东	—	—	四川、云南、西藏、甘肃、青海、新疆

样本期间，部分省份并未发生跃迁变化，具有较高的空间稳定性，如河北、辽宁、山东，四川、西藏、青海、新疆等地区在不同年份的空间关系类型均保持稳定。样本期间，不存在观测区域农村产业融合发展水平较高但周边区域发展水平较低的高—低集聚型地区。内蒙古、吉林、黑龙江、安徽等省区曾经短暂表现出低农村产业融合发展水平、高空间滞后的低—高特征，表明这些省份农村产业融合发展水平较低，但又没有受到周围相邻省份在农村产业融合发展过程中的带动作用，区域之间的溢出传导效应对这些省份影响程度较小，这类省份处于农村产业融合发展水平较低区域转向较高区域的过渡区。

综上所述，通过对农村产业融合发展水平类型的时空演变分析，发现当前中国农村产业融合发展总体水平有了明显提升，但总体水平仍不高。通过全局莫兰指数分析可知，中国省域间农村产业融合发展水平具有正向空间自相关性，呈现空间集聚特征，并表现出"弱—强—弱"的走势特点。通过局部空间自相关分析可知，各省域间农村产业融合发展水平存在不均衡的状态，形成由东至西逐渐减弱的空间分布格局。局域空间格局以高—高、低—低类型为主，以不显著为辅，形成了"东热西冷"的空间格局。

5.5 本章小结

经过这些年的发展，中国农业综合生产能力显著增强、农村新产业新业态提档升级、农村产业融合主体蓬勃发展、利益联结机制更加紧密完善，农村产业融合发展成效日益显现。在理论研究的基础之上，本章遴选涵盖分工四个方面的 15 个指标，构建了中国农村产业融合发展评价指标体系，运用熵值法对 2006～2018 年中国农村产业融合发展水平进行测度，并通过 ArcGIS 10.3 软件与空间自相关模型，全面刻画了农村产业融合发展水平的时空演变特征。本章的研究结论如下。

第一，从劳动专业化、专业多样化、生产迂回化、经济组织化四个维度来看，中国农村产业融合发展的总体发展水平有了显著提升，分地区整体水平呈现明显的"东高西低"区域格局，分地区增长速度呈现明显的"中西部高于东部"区域格局。农村产业融合发展水平的省域比较和分工比较很好地支撑了以上结论。

第二，从中国农村产业融合发展水平类型时空演变看，中国农村产业融合发展水平虽然总体呈现上升趋势，但水平仍然不高，还未出现农村产业融合发展高水平的省份；农村产业融合发展中高水平的省份仅有 3 个，且存在融合发展水平不稳定现象；融合发展中低水平的省份数量呈现稳步上升，其空间分布呈现出由环渤海地区向东部地区、东北地区，进而向中部地区、西部地区扩散的演化特征；低水平融合发展省份数量逐渐减少；中国农村产业融合发展水平正处于低水平起步阶段向加速阶段迈进的关键时期。

第三，通过全局空间自相关分析，中国农村产业融合发展水平的全局莫兰指数在 6 个时期均大于 0，且都在 95% 的置信区间上通过检验，表明其在空间格局上呈现正向全局空间自相关性，存在空间集聚特征。从全局莫兰指数数值来看，中国农村产业融合发展水平的自相关性呈现"弱—

强—弱"的走势。

第四，通过局部空间自相关分析，中国农村产业融合发展水平在空间上呈现显著的高高集聚和低低集聚区域，低高集聚类型省份较少，没有高低集聚区域。高高集聚区域主要分布在环渤海地区、长三角地区等经济较为发达的省份，后逐渐扩围至东北地区。低低集聚区域分布较为稳定，主要分布于西部地区，与经济社会不发达省份相吻合。

分工影响农村产业融合发展的
实证检验
——兼论对农民生活质量的影响

通过理论研究发现，分工演化与农村产业融合发展之间呈现复杂的非线性关系。在前面分工视角下农村产业融合发展评价研究的基础上，本章将对理论研究章节提出的研究假设进行实证检验，并拓展实证相关内容。实证研究主要包括两个部分：一是实证检验农村交易效率对农村产业融合发展的门槛影响效应；二是实证检验农村交易效率、农村产业融合发展对农民生活质量的影响。

6.1　引言

通过第 4 章分工视角下农村产业融合发展机理研究，可以认识到分工水平取决于交易效率的高低、农村交易效率是影响农村产业融合发展的关键变量，并可以初步判断农村交易效率对农村产业融合发展的影响可能存在"U"型特征。交易效率必须在研究分工的过程中才能变得明了，而目前在实证研究领域，尚未有文献直接研究分工、交易效率与农村产业融合发展的关系。从第5章分工视角下农村产业融合发展评价研究又可知，中国农村产业融合发展水平正处于低水平起步阶段向加速阶段迈进的关键时期，样本期内（2006~2018年），中国农村产业融合发展的总体发展水平有了显著提升。但中国幅员辽阔，各地农业资源禀赋条件差异很大，各地区间农村基础设施、公共服务差距较大，多样性分化的趋势仍将延续，因此，各地的农村交易效率水平必然存在差异，不同区域的农村产业融合发展受到来自农村交易效率的影响也可能存在一定差异。这也为本章实证研究提供了第一个问题切入点：在不同农村交易效率水平下，农村交易效率水平与农村产业融合发展是否真的存在某一个门槛值或者临界值？若存在，那么门槛值为多少？

当前，正处于"两个一百年"奋斗目标的历史交汇期。全面建成小康社会后，中国绝对贫困问题虽得到了历史性解决，但低收入困难群体仍将长期存在，进一步巩固拓展脱贫攻坚成果，接续推进脱贫地区发展和群众生活改善，积极探索解决相对贫困的长效机制成为当前重要的课题。这也为本章实证研究提供了第二个问题切入点：如何准确评价农村产业融合发展在农民脱贫、农民生活质量提升中的作用，为持续巩固脱贫攻坚成果，接续推进乡村振兴提供借鉴。已有实证研究表明，农村产业融合发展显著促进了农民收入的增长（陈璐等，2019；曹菲和聂颖，2021；刘赛红等，2021；齐文浩等，2021），显著地促进了农村贫困减缓（黄鑫等，2017；李晓龙和陆远权，2019），对农民生活质量提升亦具有显著的促进作用（张林等，2021）。农村交易效率作为影响农村产业融合发展水平的关键变量，农村交易效率的提高与农村产业融合发展水平的提高，哪一项对提高农民生活质量作用更加直接？同时提高农村产业融合发展水平和农村交易效率对提高农民生活质量会有何影响？这种影响是否具有异质性？回应以上问题，对于以农村产业融合发展推动乡村振兴具有重要意义。

鉴于此，本章首先构建农村交易效率的衡量指标体系，测算样本期2006~2018年中国的农村交易效率水平；其次依据第5章对农村产业融合发展水平的测算结果，设定 Hansen 门槛模型实证检验交易效率对农村产业融合发展水平的影响；最后以此为基础，对农村交易效率、农村产业融合发展影响农民生活质量的效应开展进一步讨论。

6.2　中国农村交易效率测度

6.2.1　中国农村交易效率的衡量指标

交易效率与交易费用之间存在着负相关关系，交易效率越高，则交易费用越低，反之亦然。交易效率对社会的分工水平的解释，主要体现在分工好处与分工产生的交易费用的两难冲突上。当交易效率很高时，人们就会选择专业化，因为此时专业化的好处会超过交易费用，交易效率越高，折中这种两难冲突的空间就越大，分工的水平也就越高，社会产品供给也就越充足，经济越繁荣（杨小凯和张永生，2003）。

有关交易效率的影响因素，舒尔茨（Schultz，1961）认为，一国在教育上的投资越多，其生产活动的效率就会越高，交易效率也会越高，国民收入呈正比增长。沃利斯和诺斯（Wallis & North，1986）在研究中首次对交易费用进行测度，并指出政府在建立基础设施、提供教育机会等方面可大大降低经济体的交易成本。赵红军（2005）提出，交易效率包含基础设施、教育、制度三个主要层面，它们对一国经济体交易效率提高的作用不可小觑。高帆（2004，2007）则进一步指出，提高交易效率是实现经济增长的内在要求，交易效率与交易费用反相关，交易费用取决于交易技术和交易制度。颜冬（2017）将交易效率归结于基础设施、贸易环境、市场化水平、技术条件、教育体系、政府公共品供给六个方面。曾世宏等（2020）在相关实证检验中，运用基础设施、通信、市场化程度、政府公共服务、对外开放程度、城市化六个维度来综合反映交易效率。

　　关于农村交易效率的指标，祁春节和赵玉（2009）认为，一般由交通及信息化、教育、组织规模、交易环境等构成；在此基础上，陈忠文等（2012）在研究农村交易效率、分工与农村贫困聚集效应问题时，进一步地提出，除以上指标以外，农村交易效率还应在自然与地理条件层面、金融与信贷层面、政府与制度层面等方面体现。参考以上研究，本章重点借鉴祁春节和赵玉（2009）、陈忠文等（2012）、张林和温涛（2019）、李颖慧和李敬（2020）等有关农村交易效率的研究，结合机理研究，提出从农村基础设施与交通水平、农村通信与电力使用水平、农村人力资本水平、农村居民消费支出水平、农村金融支农水平5个维度来综合反映农村交易效率，选取村庄内道路长度、农村居民家庭平均每百户摩托车拥有量、农村居民家庭平均每百户移动电话拥有量、农村用电量、农村劳动力平均受教育年限、农村居民消费中交通通信支出占比、农村居民消费中教育文化等支出占比、农林牧渔业贷款余额8个指标来具体衡量农村交易效率。指标相关信息如表6.1所示。

表6.1　　　　　　　　　　农村交易效率的衡量指标

目标层	准则层	指标层	指标来源	指标属性
农村交易效率	农村基础设施与交通水平	村庄内道路长度	李颖慧和李敬（2020）	正向
		农村居民家庭平均每百户摩托车拥有量	祁春节和赵玉（2009）	正向
	农村通信与电力使用水平	农村居民家庭平均每百户移动电话拥有量	根据机理设计	正向
		农村用电量	祁春节和赵玉（2009）	正向
	农村人力资本水平	农村劳动力平均受教育年限	张林和温涛（2019）	正向
	农村居民消费支出水平	农村居民消费中交通通信支出占比	根据机理设计	正向
		农村居民消费中教育文化等支出占比	陈忠文等（2012）	正向
	农村金融支农水平	农林牧渔业贷款余额	张林和温涛（2019）	正向

考虑到农业农村数据的可得性，本章选择2006～2018年中国31个省、区、市（不包括港澳台地区）以上指标的相关数据测算农村交易效率。数据来源如下：村庄内道路长度数据来源于历年《城乡建设统计年鉴》；农村居民家庭平均每百户摩托车拥有量、农村居民家庭平均每百户移动电话拥有量数据来源于历年《中国统计年鉴》；农村用电量、农村居民消费中交通通信支出占比、农村居民消费中教育文化等支出占比数据来源于历年《中国农村统计年鉴》；农村劳动力平均受教育年限来源于历年《中国人口和就业统计年鉴》；农林牧渔业贷款余额数据来源于历年《中国金融年鉴》；个别缺失数据通过查阅历年各省、区、市统计年鉴或采用线性插值法予以补齐处理。

6.2.2　中国农村交易效率的测度结果

本书利用熵值法测算出2006～2018年中国农村交易效率，方法同第5章中国农村产业融合发展水平评价方法。图6.1显示了中国农村交易效率变化趋势，反映出中国农村交易效率的总体发展水平有了显著提升，从2006年的0.2192逐步提升至2018年的0.2542，平均增长率为1.24%，这与2006年以来，农村基础设施、交通水平、信息化水平、教育水平、农村金融支农水平等逐年改进密不可分。

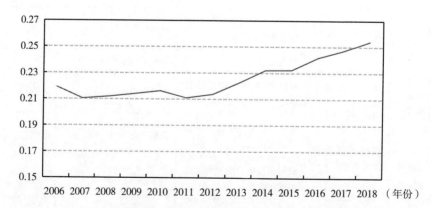

图6.1　2006～2018年中国农村交易效率变化趋势

表 6.2 显示了 2006～2018 年分地区农村交易效率水平。分东部、中部、西部和东北四个地区来看，2006～2018 年，东部 10 省市的农村交易效率总体处于相对较高水平，区域平均值达到 0.2874，符合东部地区经济发展水平相对较高，农业农村基础相对较好的状况。相对而言，西部地区农业农村基础差、底子薄、发展滞后，2014 年之前的农村交易效率在四个地区垫底，2014 年至今，西部地区农村交易效率呈现快速增长趋势，2018 年在四个地区中排名第二。这主要得益于，脱贫攻坚工作在这一时期成为了第一个百年奋斗目标的重点任务，尤其是 2013 年 11 月习近平同志在湖南湘西十八洞村考察调研提出"精准扶贫"理念以来，党中央、国务院采取超常规举措，加强贫困地区基础设施建设，加大"互联网＋"扶贫、教育扶贫、财政扶贫、金融扶贫力度，西部地区、尤其是西部农村贫困地区农民的生产生活条件持续改善，直接导致西部地区农村交易效率得到显著提升，精准脱贫攻坚战大大缩小了中部、西部和东北三个地区的农村之间的差距。由图 6.2 可以看出，通过动员全社会力量参与脱贫攻坚，以及深入实施区域发展总体战略，中部、西部和东北三个地区农村交易效率水平的差距显著缩小。

表 6.2　　　　　　　　　2006～2018 年分地区农村交易效率水平

年份	年度均值				同比增速（%）			
	东部	中部	西部	东北	东部	中部	西部	东北
2006	0.2518	0.2600	0.1804	0.1847	—	—	—	—
2007	0.2594	0.2395	0.1617	0.1850	3.0046	-7.8931	-10.3605	0.1671
2008	0.2641	0.2098	0.1739	0.1952	1.8340	-12.4121	7.5457	5.5481
2009	0.2870	0.2107	0.1660	0.1696	8.6664	0.4168	-4.5617	-13.1251
2010	0.2648	0.2007	0.1848	0.2116	-7.7345	-4.7398	11.3696	24.7727
2011	0.2608	0.2289	0.1698	0.1733	-1.4952	14.0604	-8.1366	-18.0919
2012	0.2851	0.2159	0.1579	0.1957	9.2975	-5.6537	-7.0156	12.8780
2013	0.2980	0.1896	0.1842	0.1904	4.5112	-12.1822	16.6832	-2.7117
2014	0.3045	0.2116	0.1953	0.1793	2.1959	11.5734	6.0344	-5.8270
2015	0.3225	0.2061	0.1856	0.1708	5.9217	-2.5846	-4.9610	-4.7063
2016	0.3151	0.2214	0.2067	0.1781	-2.2979	7.4336	11.3523	4.2337
2017	0.3158	0.2308	0.1966	0.2543	0.2203	4.2059	-4.8894	42.8379
2018	0.3070	0.2257	0.2351	0.2119	-2.7914	-2.1906	19.5942	-16.6905

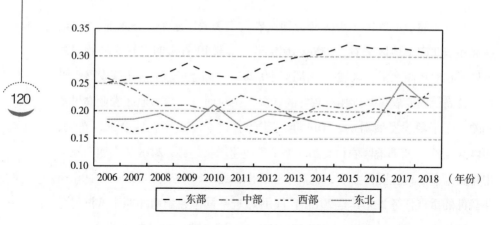

图 6.2　2006～2018 年分地区农村交易效率变化趋势

6.3　分工演化对农村产业融合发展水平的门槛效应

6.3.1　门槛模型的设定

按照汉森（Hansen，1999）的门槛回归模型思路，门槛效应是指当一个经济参数达到特定数值后，引起另外一个经济参数突然转向其他发展形式的现象，作为原因现象的临界值称为门槛值，并且该原因现象的门槛值由系统回归后内生得出，比起主观选择的结果而言更具有客观性。门槛模型的使用为研究分工演化对农村产业融合发展水平的非线性影响提供了思路。本书第 4 章根据机理研究提出的假说是——当交易效率较低时，交易效率会抑制农村产业融合发展；当交易效率较高时，交易效率会促进农村产业融合发展；农村交易效率对农村产业融合发展的影响效应在不同区间存在差异，具有"U"型式的影响；因此，设计交易效率与农村产业融合发展的门槛模型，检验分工演化对农村产业融合发展的门槛效应是合适的。

面板数据门槛模型的基本形式为：

$$y_{it} = \gamma_1 x_{it} I(q_{it} \leq \tau) + \gamma_2 x_{it} I(q_{it} \geq \tau) + u_i + e_{it} \tag{6.1}$$

式（6.1）中，$I(\cdot)$ 为指示函数，当 $q_{it} \leq \tau$ 时，x_{it} 的系数为 γ_1，当 $q_{it} > \tau$ 时，x_{it} 的系数为 γ_2，面板数据门槛模型可以表示于一个分段函数模型。根据门槛回归理论，通过求出模型中的系数估计值，得到模型的残差平方和等步骤，确定最优门槛值并分组进行显著性检验等。当确定一个门槛值后，可进行第二个及更多的门槛值检验，直到不能拒绝零假设为止。本章借鉴刘守英等（2020）的研究方法[①]，将单门槛模型扩展到多门槛形式，设计如下交易效率与农村产业融合发展水平的门槛模型：

$$RII_{it} = \gamma_1\, RTE_{it} I(q_{it} \leq \tau_1) + \gamma_2\, RTE_{it} I(\tau_1 < q_{it} \leq \tau_2) + \cdots$$
$$+ \gamma_n\, RTE_{it} I(q_{it} > \tau_{n-1}) + \lambda X_{it} + \mu_i + \eta_t + e_{it} \qquad (6.2)$$

式（6.2）中，RII_{it} 表示农村产业融合发展水平，为被解释变量；RTE_{it} 表示农村交易效率，为核心解释变量与门槛变量；X_{it} 表示除核心解释变量以外的，可能对农村产业融合发展水平产生一定影响的其他变量，即控制变量，后面将对控制变量的选取进行详细说明；μ_i 和 η_t 分别表示个体和时间固定效应；e_{it} 为随机干扰项；γ_1，γ_2，$\cdots$，γ_n 和 λ 为待估参数。

6.3.2　变量选取与数据说明

借鉴相关研究，充分考虑农业农村数据的可得性，本书选取乡镇企业单位数（NTC）、金融机构本外币涉农贷款数（ARL）、农村成人文化技术培训学校数（ACT）、农业及农村发展行业社会团体数（ISG）等其他可能对农村产业融合发展水平具有重要影响的指标，进行对数化处理后，作为门槛回归模型中除农村交易效率以外的控制变量。选取变量的主要依据和数据来源如下。

---

① 刘守英等发表在《管理世界》2020 年第 6 期的论文《"以地谋发展"模式的衰竭——基于门槛回归模型的实证研究》，对门槛模型的设定有详细介绍，本章的实证检验借鉴了该研究方法。

1. 乡镇企业单位数对数（NTC）

乡镇企业单位在优化经济结构，缓解就业压力，解决农民增收，保持社会稳定等方面发挥着重要作用。[①] 乡镇企业单位同时也是农村产业延伸、农村产业融合发展的主要依托形式（余涛，2020）。

2. 金融机构本外币涉农贷款数对数（ARL）

农村产业融合发展离不开金融支持，农业部、中国农业银行联合印发《关于金融支持农村一二三产业融合发展试点示范项目的通知》，明确重点支持"新型农业经营主体发展加工流通和直供直销、大型原料基地与加工流通企业协同升级、农产品加工流通企业与农户联合建设原料基地和营销设施等"发展主体，协作加大对农村产业融合发展项目的金融支持。[②] 涉农贷款体现了农村金融服务对农户和新型农业经营主体的支持力度（陈盛伟和冯叶，2020）。

3. 农村成人文化技术培训学校数对数（ACT）

农村劳动力的受教育程度越高，学习新知识与掌握新技术的能力越强，农业产业整合、农业产业链延伸、农业技术渗透越容易，农村产业融合发展越快越好（张林等，2020）。农村成人教育是中国教育的重要组成部分，农村成人文化技术培训学校是农村人力资源开发、技术培训与推广、劳动力转移培训、扶贫开发服务的重要基地。

4. 农业及农村发展行业社会团体数对数（ISG）

国务院办公厅、农业农村部提出把"积极发展行业协会和产业联盟"

---

① 关于印发《关于加快推进乡镇企业服务体系建设工作的意见》的通知 [A/OL]. (2005 – 12 – 20) [2021 – 04 – 21]. http：//www. moa. gov. cn/nybgb/2005/dseq/201806/t20180618_6152566. htm.

② 推进金融支持农村一二三产业融合发展 [A/OL]. (2016 – 08 – 18) [2021 – 04 – 21]. http：//www. gov. cn/xinwen/2016 – 08/18/content_5100305. htm.

作为"培育农村产业融合发展多元主体"的主要手段①②；行业社会团体在农村产业融合发展中，发挥了行业标准制订、教育培训和品牌营销等作用。

涉及的所有变量的选取、单位以及来源见表 6.3。同时，表 6.4 给出了所有变量的描述性统计结果。

表 6.3　　　　　　　　　　　　变量说明

变量	含义	单位	来源
RII	农村产业融合发展水平	—	前文测算可得
RTE	农村交易效率	—	前文测算可得
NTC	乡镇企业单位数对数	个	中国农业统计资料
ARL	金融机构本外币涉农贷款对数	亿元	中国人民银行发布数据
ACT	农村成人文化技术培训学校数对数	所	中国教育统计年鉴
ISG	农业及农村发展行业社会团体数对数	个	中国民政统计年鉴

表 6.4　　　　　　　　　　　　描述性统计

变量	观测值	均值	标准差	最小值	最大值
RII	403	0.2399	0.1286	0.0356	0.6716
RTE	403	0.2251	0.1091	0.0302	0.6787
NTC	403	11.6261	1.5520	6.8617	13.9373
ARL	403	7.9548	1.4051	1.0911	10.4794
ACT	403	7.1162	2.0612	0.0000	9.9166
ISG	403	6.9605	1.1752	1.9459	9.7430

6.3.3　实证检验与结果分析

进行门槛回归分析之前，首先对农村交易效率和农村产业融合发展水

---

① 国务院办公厅关于推进农村一二三产业融合发展的指导意见 [A/OL]. (2016 – 01 – 04) [2021 – 04 – 21]. http：//www. gov. cn/zhengce/content/2016 – 01/04/content_10549. htm.

② 农业部关于推动落实农村一二三产业融合发展政策措施的通知 [A/OL]. (2017 – 11 – 28) [2021 – 04 – 21]. http：//www. moa. gov. cn/nybgb/2016/shiyiqi/201711/t20171128_5922438. htm.

平的相关关系和拟合情况进行初步判定，如图6.3所示。从两者的二次拟合图来看，农村交易效率与农村产业融合发展水平存在显著的非线性关系，并呈现出"U"型特征。即在农村交易效率较低时，两者呈负相关关系；在农村交易效率较高时，两者呈正相关关系，初步验证了研究假设。详细的非线性关系研究通过 Hansen 门槛回归模型进一步检验。

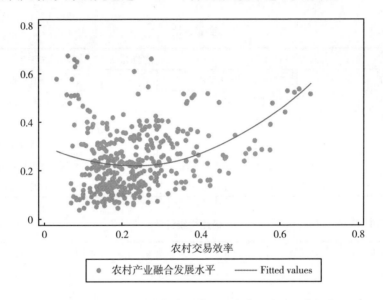

图6.3　农村交易效率与农村产业融合发展水平二次拟合

1. 门槛值回归结果

首先进行门槛存在性检验，以检验门槛效应是否存在，以及在门槛效应存在时的具体门槛值是多少（彭文斌和文泽宙，2019；吴传琦，2020）。表6.5显示了门槛存在性检验结果，其单一门槛通过了5%显著性检验，双重门槛未通过显著性检验。因此，存在单一门槛，门槛值为0.5379。

表6.5 　　　　　　　　　　　　**门槛存在性检验**

门槛数	门槛值	RSS	MSE	Fstat	Prob	Crit10	Crit5	Crit1
单一	0.5379	1.0307	0.0026	32.44	0.043 **	20.8982	29.6422	46.8927
双重	0.0992	0.9980	0.0026	12.80	0.159	17.9781	44.9738	85.0825

注：** 表示在5%水平上显著。

2. 面板门槛模型估计结果

表6.6显示了门槛效应回归检验结果。由于 Hausman 检验结果显著为正，表明固定效应更为合适，故后续所有回归均基于固定效应展开。回归的第一列是全样本普通面板固定效应的回归结果。从回归结果来看，在固定效应下农村交易效率均显著提高了农村产业融合发展水平，农村交易效率每提高1单位，会引起农村产业融合发展水平增加0.1419单位。表6.6的后两列显示了门槛模型回归结果。结合"斯密—杨格定理"，当农村交易效率处于较低水平（即小于等于0.5379）时，交易效率的提升、市场规模的扩张无法支撑不同产业间的生产链融合发展，改进农村交易效率可能对农村产业融合发展产生挤出效应，因而在农村交易效率提高的情况下，农村产业融合发展水平反而下降；而当农村交易效率越过门槛值达到较高水平（即大于0.5379）时，农村交易效率的提高对农村产业融合发展水平具有显著促进作用，这是因为较高水平的交易效率进一步提高了分工的专业化，扩大了市场规模，形成一个较大的分工网络，促进了农村产业融合发展。这也验证了本书提出的理论假设，即农村交易效率对农村产业融合发展的影响效应具有"U"型特征。必须注意的是，近年来，中国农村交易效率虽然有了一定提高，但是尚未越过"U"型门槛值。因此，进一步提升农村交易效率短期内可能会制约农村产业融合发展，但从长期来看，提升农村交易效率、加大中央对地方政府的财政支持力度仍是未来较长时期内提高农村产业融合发展水平的关键举措。此外，门槛模型回归的拟合结果分别为0.5719和0.5937，均高于全样本普通面板回归的拟合结果，说明选取门槛模型进行回归是合理的。

从门槛模型回归的控制变量来看，乡镇企业单位数、金融机构本外币涉农贷款数和农业及农村发展行业社会团体数的影响系数均显著为正。这主要是因为：20世纪80年代以来，很多国营企业通过"星期天工程师"等形式，将人才、技术和资金带到农村，助推了乡镇企业异军突起，乡镇企业成为农村经济的重要支柱，成为带动农业产业化市场化、促进农村产业融合发展的重要力量，因而，乡镇企业数的影响系数显著为正；另外，随着农村金融服务体系日益健全，金融机构涉农贷款稳步增长，金融支持可以为创业初期的农业经营主体提供低成本的信贷资金，为农村基础设施建设完善提供支持，还可撬动人才、技术、土地等资源要素向农村产业融合发展领域集聚，因而成为农村产业融合发展的关键动力；此外，各类农业农村行业协会和产业联盟等社会团体立足主导产业，追求共同经营目标，通过降低交易成本，形成比较稳定的长期合作关系来提高资源配置效率，也在农村产业融合发展过程中表现出积极影响。但是，农村成人文化技术培训学校数的影响系数不显著，可能的原因是中国高等教育进入普及化阶段后，农民素质显著提升，各类涉农院校、各级党校（行政学院）、农业广播电视学校等主体在乡村人才培养中的作用日益增强，传统的农村成人文化技术培训学校的作用发挥被弱化，因而对农村产业融合发展水平影响并不显著。

表 6.6 门槛效应回归检验

变量	普通面板回归	门槛模型回归	
		RTE < = 0.5379	RTE > 0.5379
RTE	0.1419 **	− 0.1456 ***	0.2268 ***
	(0.0555)	(0.0383)	(0.0383)
NTC	0.0570 ***	0.0635 ***	0.0558 ***
	(0.0118)	(0.0115)	(0.0113)
ARL	0.0572 ***	0.0569 ***	0.0559 ***
	(0.0033)	(0.0033)	(0.0032)
ACT	− 0.00020	− 0.0038	− 0.0038
	(0.0044)	(0.0043)	(0.0042)
ISG	0.0155 **	0.0137 *	0.0162 **
	(0.0078)	(0.0077)	(0.0075)
Cons	− 1.005 ***	− 0.9911 ***	− 0.9428 ***
	(0.1730)	(0.1713)	(0.1672)
个体效应	Y	Y	Y
时间效应	Y	Y	Y
Hausmanchi2（6）	30.97 ***	27.88 ***	29.53 ***
R^2	0.5629	0.5719	0.5937

注：*** 、** 、* 分别表示在1%、5%、10%水平上显著，括号中为标准误。

3. 稳健性检验

为了检验上述门槛模型估计结果的稳健性，通过三个方法进行稳健性检验。由于前面的门槛存在性检验是基于 400 次自抽样，可能存在偶然性，故分别选取 1000 次、1500 次和 2000 次自抽样重新进行门槛存在性检验。由表 6.7 可以看出，不论是 1000 次还是 1500 次，或是 2000 次自抽样，门槛存在性检验结果均未发生变化，即门槛个数和门槛值是稳定的。

表 6.7　　　　　　　　　　　　门槛自抽样结果

自抽样	门槛数	门槛值	RSS	MSE	Fstat	Prob	Crit10	Crit5	Crit1
RTE_{1000}	单一	0.5379	1.0307	0.0026	32.44	0.049 **	23.1988	31.2504	48.3700
	双重	0.0992	0.9980	0.0026	12.80	0.170	19.6132	44.9257	92.0679
RTE_{1500}	单一	0.5379	1.0307	0.0026	32.44	0.042 **	23.0558	31.0837	44.6769
	双重	0.0992	0.9980	0.0026	12.80	0.158	16.5885	36.7171	80.2009
RTE_{2000}	单一	0.5379	1.0307	0.0026	32.44	0.035 **	20.9920	28.8926	44.5003
	双重	0.0992	0.9980	0.0026	12.80	0.1565	17.4539	43.8068	86.5867

注：** 表示在 5% 的水平上显著。

为进一步考察模型估计的稳健性和缓解变量间的双向因果关系，对核心解释变量农村交易效率取滞后一期和滞后两期，并重新在原门槛区间进行面板 OLS 稳健性检验。

从表 6.8 的检验结果可以看出，无论是滞后一期还是滞后两期，农村交易效率与农村产业融合发展水平的估计系数相较于原模型的估计结果未发生较大变化，且系数符号和显著性也未发生转变，可以认为原模型的回归结果是稳健的，支持了所得结论的合理性。

表 6.8　　　　　　　　　　滞后核心解释变量回归结果

变量	RTE <= 0.5379		RTE > 0.5379	
L.RTE	− 0.1492 *** （0.0384）		0.2257 *** （0.0391）	

续表

变量	RTE < = 0.5379		RTE > 0.5379	
L. L. RTE		− 0.1346 *** (0.0363)		0.1955 *** (0.0364)
个体效应	Y	Y	Y	Y
时间效应	Y	Y	Y	Y
R^2	0.5749	0.6149	0.5959	0.6324

注: *** 表示在1%水平上显著。

通过在普通面板回归中加入核心解释变量农村交易效率的二次项，以验证农村交易效率对农村产业融合发展"U"型影响。

表6.9加入核心解释变量二次项回归结果显示，Hausman 检验结果仍显著为正，即固定效应回归更优。农村交易效率的一次项系数显著为负而二次项系数显著为正，说明农村交易效率确实与农村产业融合发展水平之间存在着"U"型关系，这与门槛效应的结果一致，也再一次验证了前面的理论分析结论。比较门槛回归结果和表6.9中的回归结果发现，同时在模型中加入核心解释变量的一次项和二次项，只能粗略判断农村交易效率与农村产业融合发展之间是否存在非线性关系，却无法进一步刻画该非线性关系的具体情形，若要判断是否存在阈值以及求得门槛值大小，还需借助门槛模型，这也是本书选择门槛模型作为主要回归方法开展实证研究的原因。

表6.9　　　　　　　　加入核心解释变量二次项回归结果

变量	固定效应	随机效应
RTE	− 0.6272 *** (0.1278)	− 0.6889 *** (0.1294)
RTE^2	1.4023 *** (0.2123)	1.4615 *** (0.2138)
控制变量	控制	控制
个体效应	Y	Y
时间效应	Y	Y
*Hausman*chi2 (7)	28.36 ***	
R^2	0.6094	0.5960

6.4　分工、农村产业融合发展对农民生活质量的影响

6.4.1　变量选取和数据说明

1. 被解释变量

本节将实证检验分工、农村产业融合发展对农民生活质量的影响，被解释变量为农民生活质量，主要反映在农村贫困人口（RPP）和农村居民家庭恩格尔系数（RFE）[①] 两个维度。

（1）农村贫困人口（RPP）。2012～2018 年，中国农村贫困人口从 2012 年的 9899 万人减少到 2018 年的 1660 万人，累计减少 8239 万人，贫困发生率由 10.2% 降至 1.7%。[②] 农村贫困人口减少是农民生活质量提高最直观反映。在脱贫攻坚战中，农村产业融合发展已被证明对于降低贫困发生率、减少贫困人口具有显著效应，成为贫困地区精准脱贫的可行路径（欧阳胜，2017；李晓龙和陆远权，2019）。

（2）农村居民家庭恩格尔系数（RFE）。已有研究表明，农村居民人均可支配收入、人均消费支出、恩格尔系数三个指标反映了农民生活质量的提升效果（陈盛伟和冯叶，2020）。基于第 5 章农村产业融合发展水平评价研究中，已运用了农村居民人均可支配收入和人均消费支出指标，因此在本节中选取农村居民家庭恩格尔系数（RFE）作为反映农民生活质量的另一个指标。

[①]　恩格尔系数是食品支出总额占个人消费支出总额的比重。一个家庭收入越少，家庭收入中（或总支出中）用来购买食物的支出所占的比例就越大，随着家庭收入的增加，家庭收入中（或总支出中）用来购买食物的支出比例则会下降。

[②]　习近平在解决"两不愁三保障"突出问题座谈会上的讲话［A/OL］．（2019－08－15）［2021－05－06］．http：//www.gov.cn/xinwen/2019－08/15/content_5421432.htm.

2. 解释变量

（1）核心解释变量：本节选取农村产业融合发展水平（RII）和农村交易效率（RTE）作为影响农民生活质量的两个核心解释变量，数据由前面测算而得。

（2）控制变量：本节选取农村卫生厕所普及率（RST）、农村广播节目综合人口覆盖率（RPC）、农产品市场数（RPM）、农村农户住宅建筑面积竣工率（RCA）和粮食产量（GYD）等对农村居民生活质量具有重要影响的因素作为控制变量纳入回归分析当中。这主要是考虑到农村"厕所革命"能够改善农村人居环境，是助推乡村生态振兴的重要举措（李婕等，2020）；农村广播普及新观念和新文化，对丰富和繁荣农民文化生活具有重要意义（潘祥辉，2019）。另外，还借鉴了相关实证研究结论，如提高农产品市场一体化程度对本地农业收入增长具有正向促进作用（董亚宁等，2021）、改善农村住房能够提升农民生活质量（张林等，2021）、促进粮食增产增收显著增加农民农业经营性收入（廖开妍等，2020）等，因而将上述指标作为控制变量。

需要说明的是，农村贫困人口数据是根据国家统计局及农业农村部官网公开数据整理得来，由于公布的数据是以万人计数，故不足1万人的数据设定为1万人，对其取对数后值为0，其他类似数据处理方法与此相同。另外，由于部分变量选取其绝对值，极端值较大，为了缓解异方差，故对这些取值为绝对值的变量取对数，而对于其他已经标准化或者比值变量不做处理。农村居民家庭恩格尔系数、农村卫生厕所普及率、农村广播节目综合人口覆盖率、农产品市场数、农村农户住宅建筑面积竣工率、粮食产量等数据分别来源于历年各省、区、市统计年鉴、《中国卫生统计年鉴》、《中国商品交易市场统计年鉴》、《中国固定资产投资统计年鉴》和《中国农村统计年鉴》，相关信息如表6.10所示。

表 6.10　　　　　　　　　　　变量说明

变量	含义	单位	来源
RII	农村产业融合发展水平	—	前文测算可得
RTE	农村交易效率	—	前文测算可得
RPP	农村贫困人口对数	万人	国家统计局及农业农村部官网公开数据整理
RFE	农村居民家庭恩格尔系数	%	利用各省、区、市统计年鉴指标计算而得
RST	农村卫生厕所普及率	%	中国卫生统计年鉴
RPC	农村广播节目综合人口覆盖率	%	各省区市统计年鉴
RPM	农产品市场数对数	个	中国商品交易市场统计年鉴/各省区市统计年鉴
RCA	农村农户住宅建筑面积竣工率	%	中国固定资产投资统计年鉴
GYD	粮食产量对数	吨	中国农村统计年鉴

表 6.11 给出了相关变量的描述性统计结果。同时考虑前后文一致性，本节选取 2006~2018 年中国 31 个省、区、市（不包括港澳台地区）的相关数据作为研究样本。

表 6.11　　　　　　　　　　　描述性统计

变量	观测值	均值	标准差	最小值	最大值
RII	403	0.2399	0.1286	0.0356	0.6716
RTE	403	0.2251	0.1091	0.0302	0.6787
RPP	403	4.6397	1.8985	0.0000	7.7075
RFE	403	0.3786	0.0723	0.2380	0.5600
RST	403	0.6885	0.1800	0.2785	0.9980
RPC	403	0.9592	0.0456	0.7376	1.0000
RPM	403	2.8862	1.1920	0.0000	6.2085
RCA	403	0.8955	0.1221	0.2970	2.3695
GYD	403	16.2050	1.2748	12.7396	18.1483

6.4.2　回归结果分析

表 6.12 显示了农村交易效率、农村产业融合发展对农村贫困人口和农村居民家庭恩格尔系数的影响，基准回归结果如表 6.12 所示。

表 6. 12   农村交易效率、农村产业融合发展对
农民生活质量影响的回归结果

变量	以 RPP 为被解释变量			以 RFE 为被解释变量		
	(1)	(2)	(3)	(4)	(5)	(6)
RII	−6.7765 *** (0.8456)		−3.7593 *** (1.2110)	−0.1652 *** (0.0263)		−0.2075 *** (0.0384)
RTE		−3.7138 *** (0.9951)	0.1523 (1.4239)		−0.0857 *** (0.0303)	−0.1339 *** (0.0452)
$RII \times RTE$			−11.5727 *** (3.5658)			0.1811 (0.1133)
RST	−0.9312 (0.7083)	−3.6709 *** (0.6302)	−0.3309 (0.7007)	−0.2691 *** (0.0220)	−0.3368 *** (0.0192)	−0.2595 *** (0.0222)
RPC	−5.5363 *** (2.0335)	−5.7181 *** (2.1754)	−7.0190 *** (1.9960)	−0.4671 *** (0.0634)	−0.4703 *** (0.0663)	−0.4755 *** (0.0634)
RPM	0.2312 (0.1661)	0.4149 ** (0.1775)	0.3286 ** (0.1626)	0.0171 *** (0.0051)	0.0215 *** (0.0054)	0.0185 *** (0.0051)
RCA	0.6953 (0.4860)	0.4849 (0.5212)	0.3860 (0.4761)	0.0272 * (0.0151)	0.0224 (0.0158)	0.0235 (0.0151)
GYD	1.5806 *** (0.3766)	0.4490 (0.3726)	1.3427 *** (0.3708)	0.0152 (0.0117)	−0.0122 (0.0113)	0.0175 (0.0117)
$Cons$	−14.6869 ** (6.0876)	4.5790 (6.0523)	−9.9254 * (5.9975)	0.7298 *** (0.1898)	1.1976 *** (0.1846)	0.7242 *** (0.1906)
个体效应	Y	Y	Y	Y	Y	Y
时间效应	Y	Y	Y	Y	Y	Y
R^2	0.3346	0.2465	0.3767	0.7336	0.7113	0.7406

注：***、**、* 分别表示在1%、5%、10%水平上显著，括号内为标准误。

模型（1）至模型（3）以农村贫困人口为被解释变量，而模型（4）至模型（6）是以农村居民家庭恩格尔系数为被解释变量。可以看出，无论是农村产业融合发展还是农村交易效率，对于农村贫困人口的影响系数均显著为负，分别为 −6.7765 和 −3.7138，说明提高农村产业融合发展水平和农村交易效率都会显著减少农村贫困人口，且农村产业融合发展的作用

效用更大。这主要是因为：产业兴旺是解决农村一切问题的前提，乡村产业振兴以农村产业融合发展为路径，农村产业融合发展带来的脱贫效果作用更直接、效果更明显。两者的交乘项影响系数为 -11.5727，说明农村产业融合发展水平和农村交易效率协同作用也显著地减少了农村贫困人口。同时，交乘项的影响系数绝对值大于农村产业融合发展水平和农村交易效率的影响系数绝对值，这意味着同时提高农村产业融合发展水平和农村交易效率对农村贫困人口的减少作用，远远大于单独提高农村产业融合发展水平或农村交易效率的作用。

同时，研究还可发现，农村产业融合发展和农村交易效率对于农村居民家庭恩格尔系数的下降具有相同作用，但两者的交乘项系数不显著。可能的原因是，相比于贫困人口脱贫效应的立竿见影，农村居民的消费习惯往往很难在短期内改变。总体来说，农村产业融合发展水平和农村交易效率的提高对农村居民生活水平的提高产生了实质性作用，这也是党的十八大以来，党中央、国务院始终把推进农村产业融合发展，补上农村基础设施和公共服务短板，作为拓宽农民增收渠道和提高农民生活质量的重要举措的原因所在。

6.4.3　基于异质性的进一步讨论

前面考察了全国平均水平下，农村产业融合发展、农村交易效率对农村生活质量的影响效应，事实上，由于区域经济发展不平衡等因素，农村产业融合发展、农村交易效率对农民生活质量提升的影响，可能在不同区域呈现出不同效果。本节接续探讨分地区视角下农村产业融合发展、农村交易效率对农民生活质量的异质性影响。受限于样本容量，若像前面一样划分成东部、中部、西部和东北地区进行讨论，则因样本容量过小可能会导致回归结果存在较大偏误。因此，本节参照《中国海洋统计年鉴》（2019 年）有关沿海地区行政区划标准，将样本划分为沿海地区和内陆地区两部分，进行上述相同回归。其中沿海地区包括天津、河北、辽宁、上海、江苏、浙江、福建、山东、广东、广西和海南11个省、区、市，其他省区市则为内陆地区。这样划分的好处在于，由于沿海地区与内陆地区的经济发展水平不同，农村第一、第二、第三产业发展水平也不尽相同，通过两个区域的划分能够更好地厘清农村基础设施、公共服务等因素对各区域的实际影响情况，为后续提出推进农村产业融合发展、促进乡村振兴的政策建议提供依据。表6.13和表6.14分别给出了以农村贫困人口（RPP）和农村居民家庭恩格尔系数（RFE）为被解释变量的回归结果，其中，模型（1）至模型（3）反映的是沿海地区的回归结果，模型（4）至模型（6）反映的是内陆地区的回归结果。

　　如表6.13所示，对于农村贫困人口数量的影响而言，农村交易效率、农村产业融合发展以及两者的交互作用对沿海地区和内陆地区的贫困人口都具有显著的减少效应。通过观察回归结果，可以发现其具备以下两方面特征：一方面，相较于农村交易效率，农村产业融合发展水平的提高对降低贫困人口绝对数量具有更大的效应；另一方面，农村交易效率和农村产业融合发展的交互作用对降低贫困人口的效果要远高于二者任何一项的单独作用。以上两个方面的结论与全国层面的结论一致，也说明了基准回归结果的稳健性。但从沿海地区和内陆地区的分区域回归结果来看，无论是农村交易效率还是农村产业融合发展，抑或是两者的交互作用，在沿海地区的"脱贫效应"均明显高于内陆地区，主要原因在于，沿海地区的乡村产业发展基础相对较好，农村公共基础设施和公共服务建设相对较为完善，使沿海地区农村产业融合发展的作用成效更大，相对发达的分工网络帮助沿海地区的贫困村、贫困人口更快地实现了脱贫。

表 6.13　　　对农民生活质量的异质性影响（以 RPP 为被解释变量）

变量	以 *RFE* 为被解释变量					
	沿海地区			内陆地区		
	(1)	(2)	(3)	(4)	(5)	(6)
RII	− 7.4202 *** (1.4129)		− 2.9173 (2.2349)	− 5.0626 *** (1.1331)		− 3.6970 ** (1.8598)

续表

变量	以 *RFE* 为被解释变量					
	沿海地区			内陆地区		
	（1）	（2）	（3）	（4）	（5）	（6）
RTE		− 6.4350 *** （2.4356）	2.1968 （3.8132）		− 1.7595 * （0.9015）	− 0.5108 （1.7258）
RII × RTE			− 17.0371 ** （7.2761）			− 8.8690 （7.9563）
RST	− 0.9659 （1.5445）	− 4.0188 *** （1.4853）	0.9947 （1.6088）	− 0.6554 （0.7107）	− 2.4576 *** （0.5833）	− 0.4006 （0.7144）
RPC	− 10.0310 （11.1594）	− 5.3253 （12.1380）	− 11.0525 （11.1216）	− 5.7673 *** （1.5825）	− 6.0643 *** （1.6398）	− 5.8684 *** （1.5775）
RPM	0.3586 （0.5268）	1.2357 ** （0.6132）	1.2197 ** （0.5755）	0.1470 （0.1356）	0.1760 （0.1406）	0.1663 （0.1346）
RCA	3.1877 ** （1.4063）	2.2276 （1.5418）	2.4666 * （1.3888）	− 0.1846 （0.4007）	− 0.1887 （0.4149）	− 0.2845 （0.3979）
GYD	2.5262 ** （1.1842）	1.0649 （1.2220）	2.7634 ** （1.1597）	0.8401 ** （0.3376）	0.0628 （0.2989）	0.8751 *** （0.3342）
Cons	− 27.6857 （23.4717）	− 9.2606 （24.9618）	− 34.9948 （23.2189）	− 1.9327 （5.5552）	11.4276 ** （4.9071）	− 2.3757 （5.4962）
个体效应	Y	Y	Y	Y	Y	Y
时间效应	Y	Y	Y	Y	Y	Y
*R*²	0.3756	0.2789	0.4256	0.3366	0.2915	0.3575

注： *** 、 ** 、 * 分别表示在1%、5%、10%的水平上显著，括号内为标准误。

如表 6.14 所示，对于农村居民家庭恩格尔系数的影响而言，农村交易效率、农村产业融合发展以及两者的交互作用对内陆地区的农村居民家庭恩格尔系数具有显著减少效应；但对于沿海地区，只有农村产业融合发展会显著降低农村居民家庭恩格尔系数，农村交易效率及其与农村产业融合发展的交互作用的影响并不明显。一个可能的原因是，沿海地区的农村家庭居民恩格尔系数已经降至足够低的水平，使农村交易效率及其与农村产业融合发展的交互作用，对沿海地区农村居民进一步缩小食物支出在家庭收入中的份额的边际效用下降；而内陆地区经济发展水平相对落后，近年来内陆地区农村劳动力加速向沿海地区转移，既改善了其收入水平，也改变了其消费习惯，使内陆地区农村居民家庭恩格尔系数的降低更加明显。

表 6.14　　对农民生活质量的异质性影响（以 RFE 为被解释变量）

变量	以 RPP 为被解释变量					
	沿海地区			内陆地区		
	(1)	(2)	(3)	(4)	(5)	(6)
RII	-0.0881 *** (0.0291)		-0.1085 ** (0.0477)	-0.3526 *** (0.0495)		-0.1158 (0.0775)
RTE		-0.0720 (0.0479)	-0.0993 (0.0813)		-0.1096 *** (0.0414)	0.1184 (0.0719)
RII × RTE			0.1015 (0.1553)			-1.3696 *** (0.3318)
RST	-0.2589 *** (0.0318)	-0.2961 *** (0.0292)	-0.2554 *** (0.0343)	-0.2276 *** (0.0311)	-0.3543 *** (0.0268)	-0.2161 *** (0.0298)
RPC	-0.8200 *** (0.2301)	-0.7674 *** (0.2391)	-0.7478 *** (0.2373)	-0.4058 *** (0.0692)	-0.4248 *** (0.0754)	-0.3951 *** (0.0657)
RPM	0.0305 *** (0.0108)	0.0405 *** (0.0120)	0.0341 *** (0.0122)	0.0149 ** (0.0059)	0.0167 ** (0.0064)	0.0155 *** (0.0056)
RCA	0.0271 (0.0290)	0.0163 (0.0303)	0.0204 (0.0296)	0.0274 (0.0175)	0.0275 (0.0190)	0.0184 (0.0165)
GYD	-0.0257 (0.0244)	-0.0435 * (0.0240)	-0.0204 (0.0247)	0.0518 *** (0.0147)	-0.0022 (0.0137)	0.0532 *** (0.0139)
Cons	1.7034 *** (0.4840)	1.9329 *** (0.4917)	1.5641 *** (0.4956)	0.0630 (0.2431)	0.9903 *** (0.2258)	0.0109 (0.2292)
个体效应	Y	Y	Y	Y	Y	Y
时间效应	Y	Y	Y	Y	Y	Y
R^2	0.7460	0.7323	0.7497	0.7558	0.7117	0.7852

注：***、**、*分别表示在1%、5%、10%的水平上显著，括号内为标准误。

总的来说，由于沿海地区和内陆地区存在自然资源禀赋和经济社会发展等多方面的差异，在农村产业融合发展实践中，不宜"一刀切"，应当坚持因地制宜、分类施策，以区域农业资源禀赋和生产条件为基础，发展优势明显、特色鲜明的乡村产业，进而实现以农村产业融合发展提高农民生活质量，逐步缩小城乡、地区、收入"三大差距"。

6.5　本章小结

　　本章的实证研究，既是对第 4 章分工视角下农村产业融合发展机理研究的检验，也是对第 5 章分工视角下农村产业融合发展评价研究的运用，为后续分工视角下农村产业融合发展的案例分析和对策建议提供了重要依据。首先，利用熵值法对学术界普遍认同的分工发展水平的替代变量——农村交易效率进行了测度；其次，在对农村产业融合发展水平和农村交易效率的相关关系和拟合情况进行初步判定的基础上，运用 Hansen 门槛回归模型进行了实证检验；最后，对分工、农村产业融合发展对农民生活质量的影响效应进行了延伸研究。本章的研究结论如下。

　　第一，交易效率的测度结果显示：2006 ~ 2018 年，中国农村交易效率的总体发展水平有了显著提升，其中，东部农村交易效率总体处于相对较高水平，中部、西部和东北三个地区农村交易效率水平的差距逐渐缩小。但由于农村基础设施和民生领域欠账较多，农村公共服务仍然存在短板和薄弱环节，改进农村交易效率还有很大空间。

　　第二，农村交易效率对农村产业融合发展的影响效应具有"U"型特征。从 Hansen 门槛回归模型的回归结果来看，普通面板固定效应下农村交易效率显著提高了农村产业融合发展水平，农村交易效率每提高 1 单位，会引起农村产业融合发展水平增加 0.1419 单位。门槛效应结果也显示，当农村交易效率较低（即小于等于 0.5379）时，农村交易效率的提高对农村产业融合发展水平有抑制作用，当农村交易效率越过门槛值达到较高水平（即大于 0.5379）时，农村交易效率的提高对农村产业融合发展水平有显著促进作用。

　　第三，提升农村交易效率和农村产业融合发展水平对提高农民生活质量具有实质性作用。农村交易效率和农村产业融合发展水平的提高，都会显著减少农村贫困人口，且农村产业融合发展的作用效用更大；同时提高农村交易效率和农村产业融合发展水平对农村贫困人口的减少作用，远远大于单独提高其中一项的作用。提升农村交易效率、推进农村产业融合发展对农村居民家庭恩格尔系数的下降具有相同作用，但两者的交乘项系数不显著。提高农村产业融合发展水平和农村交易效率对于沿海地区和内陆地区的农民生活质量提升的效果存在差异。

分工视角下农村产业
融合发展案例研究

案例研究是认识客观世界的必要环节，是处理复杂问题的有力工具（成思危，2001）；它可以让研究者能够原汁原味地保留实际生活中有意义的特征，适合回答"怎么回事"和"为什么"的问题（罗伯特，2010）。基于前面的研究结论，本章拟运用案例研究方法，系统梳理部分地区在模式探索、主体培育、利益联结机制构建、体制机制创新等方面的先进经验。

7.1 案例来源

案例研究可以分为单案例研究和多案例研究，二者只是同一研究方法的两个变式（艾尔·巴比，2005；邓明君，2018）。通常，单案例研究方法主要用于证明或证伪已有理论假设的某一方面问题，适合较极端和独特的情境，而多案例研究方法可以基于同一主旨，将每一个案例作为独立的整体进行深入分析，可以较为全面地反映案例背景，其结论更加有说服力（郭军等，2019）。在多案例研究中，通过对不同案例的结论进行相互印证，还可提升研究的信度和可靠性（许晖等，2014；尹苗苗等，2020）。本章的研究目的是通过开展案例分析，进一步阐释与印证理论研究，并梳理可复制、可推广的经验。本书将农村产业融合发展科学划分为四种模式，单案例显然难以同时满足四种模式，故选择多案例研究方法。

国家农村产业融合发展示范园是中国农村产业融合发展的重要缩影，具有显著的代表性。为充分发挥示范园示范引领作用，加快推进农村产业融合发展，截至2021年7月，国家农村产业融合发展部门协同推进机制各成员单位（国家发展和改革委员会、农业农村部、工业和信息化部等7部门）联合通过第三方评估等方式，分三批择优认定100个（2019年2月）①、110个（2019年6月）②和116个（2021年3月）③国家农村产业融合发展示范园。

结合在湖南、重庆两省市7个国家农村产业融合发展示范园、291家农业经营主体的调研情况，根据多案例研究方法的技术要求以及本章的研究目的，经过反复比选、统筹考虑，最终选取了湖南省的娄底市涟源市国家农村产业融合发展示范园和常德市西洞庭管理区国家农村产业融合发展示范园，重庆市的梁平区国家农村产业融合发展示范园和永川区国家农村产业融合发展示范园四个国家农村产业融合发展示范园，作为本章的研究案例④。所选案例均属于2019年2月认定的首批国家农村产业融合发展示

---

① 关于印发首批国家农村产业融合发展示范园名单的通知［A/OL］.（2019－02－02）［2020－05－25］. http：//www. gov. cn/zhengce/zhengceku/2019－09/29/content_5434905. htm.

② 关于印发《第二批国家农村产业融合发展示范园创建名单》的通知［A/OL］.（2019－07－06）［2020－05－25］. http：//www. gov. cn/xinwen/2019－07/06/content_5406757. htm.

③ 关于印发《第三批国家农村产业融合发展示范园创建名单》的通知［A/OL］.（2021－03－24）［2021－07－12］. https：//www. ndrc. gov. cn/xwdt/tzgg/202103/t20210329_1270701. html.

④ 通过联系湖南、重庆两省市的发展和改革委员会农村经济处，分别对接了湖南省的娄底市涟源市农村产业融合发展示范园、常德市西洞庭管理区农村产业融合发展示范园、湘潭市雨湖区农村产业融合发展示范园、湘西州花垣县农村产业融合发展示范园，以及重庆市的梁平区农村产业融合发展示范园、永川区农村产业融合发展示范园、巴南区农村产业融合发展示范园7个示范园，经过反复比选、统筹考虑，重点结合园区探索并总结的农村产业融合发展模式，最终选定涟源、西洞庭管理区、梁平、永川4个园区作为研究案例。4个园区均属于首批国家农村产业融合发展示范园，发展模式相对成熟，形成了可复制、可推广的经验。调研的291家农业经营主体涉及以上4个园区的农户，以及农业产业化经营组织、农民合作社、家庭农场、农业社会化服务组织4类新型农业经营主体。调研中，还分别征求了涟源市发展和改革局、西洞庭管理区发展改革统计局、梁平区发展和改革委员会、永川区发展和改革委员会等部门相关内设机构负责人意见。调研时间为2020年7月至2020年8月；2021年7月至2021年8月。

范园，涵盖了当前农村产业融合发展的四种主要模式——农业产业化集群模式、农业功能拓展模式、农业产业链延伸模式、新型农业经营主体带动模式，因而可以更加精准分析农村产业融合发展相关问题。所选案例来自湖南、重庆两个省市，在一定程度上避免了农业资源禀赋条件、经济社会发展、区域政策造成的差异，这使案例研究更具有针对性和有效性。

7.2 案例分析

在调研过程中，全面对比了7个示范园的创建类型和第3章农村产业融合发展模式的划分标准后发现，从园区的整体视角来看，7个示范园的发展特征均符合本书划分的四种模式中的某一种模式，这也验证了从分工的视角——劳动专业化、专业多样化、生产迂回化和经济组织化划分农村产业融合发展模式的科学性。

本章开展案例分析的步骤如下：首先，介绍示范园的基本概况；其次，总结示范园的融合发展机制；再次，对示范园的发展模式进行简要分析，并根据调研中发现的问题提出对策建议；最后，系统梳理四个示范园区的融合发展实践经验。

7.2.1 农业产业化集群模式：湖南涟源案例

1. 园区简介

涟源地处湖南中部，衡邵盆地北缘，涟水、孙水上游，是国家级现代农业示范区、湖南省现代农业十大产业集聚区、湖南省重要的农产品出口基地。湖南涟源同时也是国家第三批资源枯竭型城市，2013年以来，涟源在市域内统筹考虑城乡产业发展，集中政策、资金、土地优势，高标准规划乡村产业布局，在涟源市桥头河现代农业产业园的基础上，构建起"多个龙头带动、一批核心企业支撑"的、以农业产业化集群发展为主要特征的国家农村产业融合发展示范园。示范园覆盖桥头河镇、七星街镇 2 个镇 33 个村，总面积约 50 平方千米，共有农业规模企业 35 家，其中，省级龙头企业 7 家、市级龙头企业 20 家。

2. 融合发展机制

（1）突出优势特色，培育壮大主导产业。涟源市示范园立足当地资源优势，以发展蔬菜等优势特色产业为依托，推动种养业向规模化、标准化、品牌化和绿色化方向发展。2018 年，园区共有蔬菜基地面积 4.3 万亩，蔬菜标准化生产面积达到 65%，无公害农产品生产实现全覆盖，年产蔬菜 28.57 万吨，蔬菜产业实现综合产值 29.1 亿元，占示范园总产值的 60.9%，稳步形成"一村一品、一乡一业"的发展态势。示范园还辐射带动周边湄江镇、龙塘镇、渡头塘镇等乡镇农户种植蔬菜 9.6 万亩。示范园所在的桥头河镇被评为全国农业产业示范强镇，园区内的桥头河蔬菜基地是国家级蔬菜标准园、中国优秀蔬菜生产商、湖南省十大蔬菜基地，如图 7.1 所示。

图 7.1　涟源市示范园桥头河蔬菜基地

（2）引导产业集聚，增强乡村产业聚合力。在涟源市政府系列政策的支持下，示范园集聚了肖老爷食品、博盛生态、忠食农业、邬辣妈、祥兴农林等 35 家湖南省知名农业企业，在龙头企业的带动下，各类有关蔬菜产、供、销的涉农生产及服务企业、研究机构在园区集聚，产业集聚度达到 43.5%。27 家省级、市级龙头企业辐射带动 128 家农民合作社，带动农民 14000 余人。以湖南肖老爷食品有限公司为例，肖老爷食品集成利用资本、技术、人才等生产要素，并与湖南农业大学、湖南省蔬菜研究所等高校、科研院所在园区开展了密切的产学研合作，通过建立"公司＋合作社＋农户"等稳定的利益联结机制，带动周边 3800 户农户从事专业化、标准化、规模化、集约化蔬菜种植，其蔬菜专业合作社被评为全国 17 个优质蔬菜供应商之一，产品远销东南亚和中国香港、中国澳门等地区。

（3）注重品牌引领，实现各类主体利益共享。示范园以质量信誉为基础，引导农业企业与农户共创区域公用品牌，实施农产品质量安全追溯管理，开发出具有桥头河地域特色的知名品牌——"桥头河蔬菜"，带动农户共享品牌，让农民在发展特色产业中稳定就业、持续增收。2018 年，示范园农村居民人均可支配收入增至 21000 元，是涟源市农村居民人均收入的 2.8 倍。

3. 分析与建议

涟源市示范园以现代农业产业园为平台，在肖老爷食品、博盛生态、忠食农业等农业产业化龙头企业的带动下、在交易成本内部化的驱动下，园区内各类有关蔬菜的产、供、销农业经营主体集聚。园区主要聚焦蔬菜等农产品的生产与经营，各类主体从事的专业数量较少，专业化水平较高，以农业产业集群发展的方式，共同培育出"桥头河蔬菜"这一区域农业品牌。调研中还发现，涟源市示范园存在产业集聚与人口集聚不同步、城镇化滞后于农村产业融合发展的现象，具备表现为城镇服务功能较弱，基本公共服务还存在短板。依据前面的研究结论，建议涟源市示范园坚持农业现代化与新型城镇化相衔接，将农村产业融合发展与新型城镇化建设有机结合、与新农村建设协调推进，进一步引导资金、技术、人才等要素向农村产业融合发展集聚；同时，完善配套服务体系，搭建公共服务平台，加快推进数字农业综合服务平台、农产品集散中心、农产品物流配送中心等项目建设；从而不断降低交易成本，加快分工演进，促进园区产业集群的不断优化升级，实现城镇发展与产业支撑相统一。

7.2.2 农业功能拓展模式：重庆梁平案例

1. 园区简介

梁平地处重庆市东北部，是渝东平原的重要组成部分，全国农村改革试验区，自然资源丰富，因盛产梁平柚，而被誉为"中国名柚之乡"。三峡晒秋节、国际柚博会，是"山水田园·美丽梁平"的立体名片。梁平区国家农村产业融合发展示范园位于梁平城郊，覆盖金带、双桂两个街道9个行政村（社区），示范园总人口1.8万人，总规划面积3万亩。梁平示范园以梁平区双桂田园综合体建设为载体，围绕拓展农业多种功能这一核心主题，在示范区形成"一廊一环一庭两寨五区"的功能分区（"一廊"即金带文化走廊，"一环"即田园悟道旅游环，"一庭"即禅宗祖庭，"两寨"即滑石古寨、金城古寨，"五区"即综合服务区、佛柚文化禅修区、湿地田园观光区、自然农法体验区、梵花世界度假区），打造了具有鲜明特色的现代农业开发与乡村旅游观光产业相融合的农业功能拓展型示范园。

2. 融合发展机制

（1）拓展生产功能，构建"1＋N农村产业体系"。示范园以梁平柚为主导产业，配套稻、渔、桂、莲藕等特色产业，已建成10000亩梁平柚标准化种植基地、4000亩绿色水稻种植基地、3000亩生态渔产业基地、1000亩桂花苗木一体化基地、1000亩莲藕种植基地等一批农业产业化经营示范基地。示范园按照"1＋N农村产业体系"的发展思路，积极拓展农业生产功能，培育了奇爽食品、米之源农业、一根豆筋等农产品加工企业，发掘了"滑石洞藏酒、双桂佛缘柚、石燕板栗鸡、金城至尊玫瑰、石龙有机蔬菜、千河天然粮油"等特色农产品，实现了种植、采收、初加工、精加工、深加工、储运、销售的标准化。"1 + N农村产业体系"为示范园农业功能拓展奠定坚实的产业基础。

（2）拓展生活功能，促进农文旅深度融合。梁平区示范园主打"山水田园"，植入名人文化元素，统筹规划示范园、非遗特色小镇建设和文化旅游发展，把田园风光、农耕文明、历史文化等资源优势转化为发展新优势。现建成特色旅游景点10个（中华·梁平柚海、川西渔村、彩稻空间、桂香天地、滑石古寨、金城玫瑰园、万花山谷、双桂堂、梵华禅境、重庆数谷农场），非遗特色小镇1个（金带镇），农文旅融合发展体系基本形成。其中，中华·梁平柚海景区总面积约1.1平方千米，是集农事体验、柚产业加工、柚文化展示、观光采摘、餐饮住宿等功能于一体的乡村生态科普主题旅游景区，为国家AAA级旅游景区，如图7.2所示。

图7.2　梁平区示范园中华·梁平柚海

（3）拓展辐射功能，建立农民增收长效机制。近年来，示范园高水平举办三峡晒秋节、中国·重庆柚博会、农民丰收节、农民水果采收运动会等农文旅活动，带动消费人数显著增加。2018年，示范园成功举办中国农民丰收节重庆主会场、首届中国·重庆柚博会、重庆市夏季旅游启动暨百里竹海开园等活动，接待游客总量为338.76万人次，同比增长132.09%。

与此同时，示范园创新组建了土地、劳务、民宿等类型合作社，以"三分法"将土地资源变资产，根据农民特长、就业意愿对接示范园内保洁、绿化、安保等用工需求，打造旅游食宿服务专业街区带动园区村民发展农业观光、采摘体验等农业新型业态，构建起农民增收长效机制。

3. 分析与建议

梁平示范园紧盯城乡居民消费需求，依托梁平柚这一传统优势产业，深入挖掘农业的多功能性，立足于产品多样化，探索将农业与旅游、文化、健康等其他产业的交叉融合，实现了农业业态多样化。梁平示范园的专业多样化发展路径一方面促进了农业与其他产业协同发展，扩展了农业增值空间，拓宽了农民增收渠道；另一方面将更多的小农户纳入分工体系，农户获得农村产业融合发展带来的增值收益。但也要看到，梁平在农村产业融合发展的进程中，基础设施建设仍不能满足农业现代化发展需求，具体表现为水利配套设施不完善、引水功能不强，在农村环境污染治理中还存在薄弱环节。依据前面的研究结论，建议梁平示范园牢固树立"绿水青山就是金山银山"理念，将绿色理念植入农村产业融合发展全环节，覆盖种养业、农产品加工业、乡村休闲旅游业等全领域；坚持全域旅游发展方向，在保留乡村景观特色的基础上，加快完善农村基础设施建设，以"厕所革命"、垃圾污水处理为重点，突出抓好示范园治污、保洁、改厕、美化，增强农村经济增长的持续性与稳定性。

7.2.3 农业产业链延伸模式：湖南西洞庭管理区案例

1. 园区简介

西洞庭管理区因地处八百里洞庭湖西畔而得名，原系围垦创建于1955年的国营西洞庭农场，农垦底蕴深厚，地势平坦、土地肥沃，农副产品加工业发展水平高，是国家现代农业示范区。西洞庭管理区国家农村产业融合发展示范园覆盖西洞庭管理区全部区域，共计110.54平方千米，分为核心片区和辐射片区两部分。核心片区主要功能为农产品精深加工和现代物流产业服务，规划面积 10.65 平方千米；辐射片区围绕核心片区展开，主要为核心片区的农产品加工企业提供优质原料，范围为核心片区以外的西洞庭管理区其他区域，又分为优质水稻油菜种植区、蔬菜与朝鲜蓟种植区、生态水产养殖区三个区域。西洞庭管理区强化"产业链"发展意识，结合园区实际出台促进农业产业链延伸相关政策，经过近年来的蓬勃发展，形成了具有农业产业链延伸发展特色的农村产业深度融合发展园区。

2. 融合发展机制

（1）促进产业链顺向延伸，引导第一产业向第二、第三产业融合。西洞庭管理区示范园以新型职业农民培育和农村实用人才培训为重点，以农民学校为平台，围绕洋蓟等优势产业提升农民素质，不断推动小农户、种养大户等自然人和单一农业经营主体建立农产品销售渠道，转变成为家庭农场、专业大户①，并引导其联合成立农民合作社，推动第一产业主动向第二、第三产业融合，取得了显著成效。截至 2018 年底，全区家庭农场达到 80 家，专业大户达到 126 户，农民合作社达到 35 家。

（2）促进产业链逆向延伸，引导第二、第三产业向第一产业融合。鼓励园区内农业产业化龙头企业，依托农户、家庭农场等建设标准化和规模化的原料生产基地，如图 7.3 所示。以汇美农业科技有限公司为例，该公司是一家以农产品加工为主业的国家级农业产业化龙头企业，租赁农户土地 3000 亩，依托农户建设原料生产基地 1.7 万亩，其中，种苗由政府出资 38%、企业出资 50%、农户出资 12%。在这一政策保障前提下，农户既可选择销售自制洋蓟等产品给公司获得经营性收入，也可选择将自己的土地流转给公司，获得土地租赁收入，并在公司就业，获取劳动力市场的均衡工资。

（3）促进产业链外向延伸，引导农业与先进技术要素融合。园区通过

---

①　专业大户作为提高农户集约经营水平的重要主体，与家庭农场、联户经营一道写入了 2013 年的中央一号文件，进入学界的视野。专业大户与家庭农场同属于利用家庭承包土地或流转土地，从事规模化、集约化、商品化农业生产的农业经营主体，二者的明显区别在于专业大户一般不需要办理工商注册登记，而家庭农场可自主决定办理登记，以取得相应市场主体资格。

引入中国农业大学、中南大学、江南大学等高校相关领域专家，联合开发洋蓟精深加工产品，有力促进了农业机械技术、生物技术等先进技术要素渗透于洋蓟产品的生产，提升了洋蓟产品的保健和药用价值。除了洋蓟产业，园区还在粮油、果蔬等产业上适时推广了产业链发展模式，并通过大力发展物流、电子商务、休闲旅游等新业态新模式，有效拓宽了农村产业融合发展的途径。2018 年，示范园带动农民人均收入增加至近 2 万元。

图 7.3　西洞庭管理区示范园原料生产基地

3. 分析与建议

西洞庭管理区示范园把产业链等现代产业组织方式引入农业，结合园区实际促进农业产业链顺向、逆向、外向延伸，实现了中间投入品和生产链的发展。迂回生产的路径虽有所差异，但产生了同样的迂回生产效果，最终产品的全要素生产力随着上游产品的数量、种类数、迂回生产链条个数的增加而增加，最终产业链实现优化升级。调研中也发现，受地方政府财力制约，示范园整体资金投入偏紧，产业门类不全、要素活力有待进一步提升。依据前面的研究结论，建议西洞庭管理区示范园以健康食品、生物科技为主导产业，统筹安排财政涉农资金，加大对农村产业融合投入，推动农业产业链延伸发展的各项政策措施落地生效，持续加大示范园核心区建设；同时，打破制约产业链延伸发展的区域性市场壁垒，充分释放人才、资本、信息、技术等方面的活力，从而提升区域内制度与技术交易效率，促进区域产业链的不断优化升级。

7.2.4　新型农业经营主体带动模式：重庆永川案例

1. 园区简介

永川位于长江上游、重庆市西部，为传统农业大区，现代特色效益农业优势突出，是农业农村部、自然资源部等八部门批复的"创新小农户和现代农业发展有机衔接机制试点"。永川地形以山地、丘陵为主，土地类型多样，土地经营存在分散化、零碎化等问题。为此，永川区在板桥镇规划面积 20.28 平方千米，按照"政府引导、社会参与、科技助推、典型带动、利益共享"思路，强化新型农业经营主体培育与带动作用发挥，建设国家农村产业融合发展示范园。示范园以板桥镇和农产品加工园为中心，依托柳溪河自然风光、板桥老街等传统文化村落有利条件，打造集休闲度假、田园康养于一体的柳溪河农旅融合示范带 3000 亩，同时为核心区加工企业配套发展生态农业种植和养殖基地 1.5 万亩，形成"一区一带两基地"的空间分布格局。

2. 融合发展机制

（1）坚持第二产业主导，完善龙头企业带农惠农机制。示范园紧贴重庆市现代农业产业体系建设，坚持"二产主导、连一促三"，将食品加工业作为城镇开发的强大引擎，以永川豆豉国家非遗文化产业为引领，重庆火锅、粮油食品、休闲食品等为支撑，撬动更多社会资本投向农业，引导农产品加工企业及产业链条配套企业入园发展。示范园推行"农业产业化企业＋专业合作社＋农户"的利益联结机制，支持龙头企业建立与核心区产业相配套的原料基地，1 个企业牵头成立 1 个专业合作社，带动 100 个农户。龙头企业通过建设茶叶、花椒、生姜等标准化和规模化的原料生产基地，有力带动了农户发展适度规模经营。

（2）实行"三统一分"，发挥农民合作社桥梁纽带作用。"三统一分"生产经营机制，即园区合作社统一供种、统一技术、统一销售，小农户分散管理以茶叶、食用菌、名优水果等特色产业为基础，由合作社与农户签订供销协议，提供优质茶苗、菌种、果苗给农户，并定期开展培训、现场指导技术，农户按照技术人员的要求进行管理，产品由合作社统一销售。园区强化对农民合作社指导服务，引导家庭农场、农户联合组建或加入合作社，不断增强合作社经济实力、发展活力和带动能力，充分发挥农民合作社"一头连农户、一头连龙头"的桥梁纽带作用，切实帮助农户解决生产经营面临的困难。

（3）培育服务主体，建立示范园要素保障体系。近年来，园区分别利用世界银行农村公路贷款 1.6 亿元、整合涉农资金 1.2 亿元、争取国家农村产业融合发展基金 8000 万元，通过培育农业社会化服务组织、政府购买服务等方式，撬动示范园所在板桥镇 11 个村全部修通水泥路，推进食品加工园完善水、电、气、讯、污水处理等基础设施，推行"农村综合服务社＋电商＋农村便民金融服务终端"等园区特有金融服务，解决了园区农业经营主体长期办不了、办不好、办了不合算的基础设施等成本高、效益低的服务需求难题，示范园基础设施得到逐步完善，进一步提升了园区农村产业融合发展活力，如图 7.4 所示。

图 7.4　永川区示范园柳溪禾谷

3. 分析与建议

永川示范园在推进农村产业融合发展的进程中，发挥政策引导作用，注重发挥农业产业化龙头企业、农民合作社、农业社会化服务组织等新型农业经营主体对普通农户的辐射带动作用；示范园的农副食品加工业激发了融合发展活力，促进农业现代化与新型城镇化相衔接，家庭经营、集体经营、合作经营、企业经营在示范园实现协同发展，呈现产业兴、百姓富、乡村美良好态势。其原理在于：新型农业经营主体与农户间的分工内部化，实现了组织对市场的大规模替代，同时缩短了农业生产者与消费者之间的距离，起到了降低交易成本的作用。调研中也发现，示范园农户分化趋势明显，个别合作社"姓农属农为农"的组织属性不明，农业企业与小农户单方面违约现象偶有发生等。依据前面的研究结论，建议永川示范园支持新型农业经营主体多元融合发展，引导其多形式提高发展质量，不断提升其适应市场能力和带动农民增收致富能力；进一步完善新型农业经营主体与农户的利益分享机制，更好发挥新型农业经营主体带动农民进入市场、增加收入、建设现代农业的引领作用。

7.3 实践经验

7.3.1 基本原则：坚持因地制宜和分类施策

自然资源禀赋和经济社会发展的差异，导致各地促进农村产业融合发展的模式有所不同。湖南涟源是国家第三批资源枯竭型城市，涟源示范园紧紧抓住该市列入湖南省农村一二三产业融合发展试点县市的契机，高标准规划农业产业集群建设，走农业产业化集群模式，主要是因为这一模式容易形成龙头企业主导农村产业融合发展的格局，推进农村产业融合发展的实际进展往往较快。重庆梁平是"中国名柚"之乡，农耕条件较好，梁平示范园因地制宜依托梁平柚这一传统特色优势产业，将现代农业开发与乡村旅游相融合，打造农业功能拓展型示范园，有利于带动农户规模化、跨界化发展，进而分享到柚产业高质量融合发展带来的收益。湖南西洞庭管理区具有良好区位优势和农副产品加工业发展基础，但其地域不大、人口不多，面临农业和服务业相对较弱的产业格局，产业结构大致呈一个"纺锤形"，西洞庭管理区示范园强化"产业链"发展意识，探索出了以农副产品加工业为基础，向前、向后、向外积极延伸的"强中间、促两端"农村产业融合发展模式，是增加农民收入、建设现代农业的务实之举。重庆永川地块零散，部分地区集中连片规模经营的难度较大，还未达到完全机械化的要求，永川示范园建立健全农业社会化服务体系，充分发挥新型农业经营主体对小农户的带动作用，把千家万户的小农生产联结起来，促进农村产业融合发展，也是理性选择。由此可见，促进农村产业融合发展必须坚持因地制宜和分类施策。

7.3.2　核心要义：建立多形式利益联结机制

农业农村现代化的一个基础性标志是农民生活富裕。湖南、重庆的四个示范园的实践表明，创新发展订单农业、股份合作等多形式利益联结机制是推进农村产业融合发展的核心。涟源示范园的"公司＋合作社＋农户"模式下，龙头企业与合作组织、农户有效对接，签订农产品购销合同，合理确定收购价格，形成稳定利益共同体。梁平示范园的土地、劳务、民宿多合作社模式下，农户实现多个身份、多种收入，部分农户在发展休闲农业和乡村旅游的过程中，还敏锐捕捉到柚子茶、柚子酥、柚子酒、柚子精油等消费需求。西洞庭管理区示范园的"产业链＋"模式，在一定程度上增强了农户抵御市场风险能力，产业链的延伸带来了价值链的提升，农户分享到第二、第三产业增值收益，不断拓宽增收渠道。永川示范园的"农业产业化企业＋专业合作社＋农户""三统一分""农村综合服务社＋电商＋农村便民金融服务终端"等模式下，政府将扶持新型农业经营主体的政策，与其联农带农成效挂钩，农户被带动参与公司农业产业化经营、合作经营、集体经营，实现风险共担、利益共享。四个园区的农村产业融合发展进程快、质量高，究其核心原因，在于四个园区各农业经营主体间的利益联结关系出现了新的提升，各类农业经营主体有机联结，共享农村产业融合发展成果，从而汇聚起农村产业融合发展的强大合力。因此，推进农村产业融合发展应以拓宽农民增收渠道、持续增加农民收入为着眼点，建立新型农业经营主体与农户间多形式的利益联结机制。

7.3.3　关键举措：培育多元化产业融合主体

从湖南、重庆的四个示范园的调研情况看，四种农村产业融合发展模式下，各类农业经营主体的优势得到充分发挥，有力支撑了农村产业融合发展。其中，农户家庭经营和家庭农场经营在种植业和养殖业方面具有显著优势，这主要是因为种养业生产环节的劳动对象是活的生物体，需要劳动者及时对自然环境变化作出迅速反应，换而言之，需要劳动者具备高度的责任感，家庭经营无疑是最合适的选择。在农产品加工与流通环节，农业产业化经营组织，特别是龙头企业，凭借资本、技术、人才、信息等突出优势，能够在带动农户发展产业化方面发挥重要作用。农资供应、农机作业、农产品营销、农业市场信息服务等环节适合采用合作经营，包括农民合作社在内的农业社会化服务组织能够直接完成或协助完成农业产前、产中、产后各环节作业，在这些环节中，合作经营的优势得到淋漓尽致发挥。此外，在涟源示范园、梁平示范园的调研发现，龙头企业、涉农院校和科研院所成立的产业联盟，有利于实现协同创新、科技成果产业化；在西洞庭管理区示范园、永川示范园的调研发现，农业企业联合组建的产业行业协会有利于开展标准制定、质量检测、品牌营销。推进农村产业融合发展，就是要充分发挥农户、家庭农场和农民合作社的基础作用，龙头企业的引领作用，农业社会化服务组织、行业协会、产业联盟等组织的服务作用，让各类经营主体各就其位、各得其所，培育多元化农村产业融合主体，取得最大综合收益。

7.3.4 有力保障：完善多渠道产业融合服务

系统梳理四个示范园推进农村产业融合发展的历程可以看出，完善多渠道产业融合服务能够为农村产业融合发展注入强大动力。在改善农业农村基础设施条件方面：西洞庭管理区示范园聘请浙江大学编制全域美丽乡村规划和水系整治专项规划，四纵六横道路格局全面形成；永川示范园以"厕所革命"、垃圾污水处理为重点，加强农村环境整治和生态保护，建设持续健康和环境友好的新农村。在强化人才和科技支撑方面：涟源示范园重点围绕农业产业化需求，结合本地蔬菜产业发展实际，按照生产经营型、专业技能型、专业服务型、职业经理人等类别，精准教育培训，大力培育一支新型职业农民队伍；梁平示范园联合西南大学、重庆市农业科学院设立了实践基地和梁平柚研究所，共建创新融合发展平台。在创新农村金融服务方面：涟源示范园成立了桥头河农业产业园专项基金，在商业银行设立了2000万元园区担保基金，鼓励金融机构与新型农业经营主体建立紧密合作关系，加大对农村产业融合发展的信贷支持；永川示范园由政府出资财政资金400万元设立"农业贷款风险补偿基金"，撬动商业银行1：10发放贷款，试点实施农业设施及地上种植物登记抵押贷款。各示范园细化和实化促发展支持政策，在改善农业农村基础设施条件、强化人才和科技支撑、创新农村金融服务等方面完善产业融合服务，为推进农村产业融合发展提供坚强有力的保障。

7.4 本章小结

本章基于前面的理论与实证研究成果，分析了湖南涟源与西洞庭管理区、重庆梁平与永川四个国家农村产业融合发展示范园案例。本章的研究结论如下。

第一，现实实践中，农村产业融合发展模式灵活多样，不拘一格，基于分工理论的视角，大致可以分为农业产业化集群、农业功能拓展、农业产业链延伸、新型农业经营主体带动四种融合发展模式。通过对湖南涟源与西洞庭管理区、重庆梁平与永川四个国家农村产业融合发展示范园的调研发现，四个示范园的发展实践符合四种发展模式，印证了前面的理论研究，提升了理论研究的信度和可靠性。

第二，农村产业融合发展的本质在一定意义上也可理解为农村产业间分工的内部化。农业产业化集群、农业功能拓展、农业产业链延伸、新型农业经营主体带动四种模式的发展实践表明，当农村产业组织内部的分工深化到一定程度时，各农业经营主体为了减少交易费用，打破了原有的产业组织间的界限，将产业组织之间的分工内化为一个新的组织内部的分工，这就是农村产业融合发展。四个示范园的分析与建议均涉及到了降低交易成本、提高交易效率，加快分工演进等方面，印证了前面的实证研究，提升了实证研究的效度和科学性。

第三，系统梳理四个示范园的发展实践，还可以得出以下经验与启示：坚持因地制宜和分类施策是促进农村产业融合发展的基本原则，建立多形式利益联结机制是促进农村产业融合发展的核心要义，培育多元化产业融合主体是促进农村产业融合发展的关键举措，完善多渠道产业融合服务是促进农村产业融合发展的有力保障。为后续的农村产业融合发展政策建议研究提供了有力的经验支持。

研究结论、政策建议与研究展望

8.1　研究结论

　　本书系统回顾了分工与农村产业融合发展相关文献和理论，基于分工视角梳理农村产业融合发展四种模式——农业产业化集群模式、农业功能拓展模式、农业产业链延伸模式和新型农业经营主体带动模式。进而构建一个分工视角下的农村产业融合发展理论分析框架，揭示了分工影响农村产业融合发展内在机理；并在测度中国农村产业融合发展实际水平的基础上，分别实证检验了交易效率对农村产业融合发展水平的影响，以及分工、农村产业融合发展对农民生活质量的影响。最后，选取四个农村产业融合发展示范园开展案例研究。通过以上理论与实证研究，得到以下主要结论。

　　第一，交易效率是促进农村产业融合发展的关键变量。构建一个"斯密—杨格模型"，运用超边际的分析方法证明，当交易效率很低时，交易成本会超过专业化经济的好处，农村产业之间不会出现融合发展状态；而当交易效率逐渐提高时，折中专业化经济和迂回生产效果的范围扩大，迂回生产的链条个数增加，农村产业融合发展得以充分实现。交易效率主要通过基础设施、公共服务等途径来影响农村产业融合发展，它们之间的关系呈现复杂的非线性关系。

第二，中国农村产业融合发展水平正从低水平起步阶段迈向加速发展阶段。构建分工视角下的农村产业融合发展评价指标体系，利用熵值法测算中国农村产业融合发展水平表明：2006～2018 年中国农村产业融合发展的总体水平有了显著提升，分地区整体水平呈现明显的"东高西低"区域格局，分地区增长速度呈现明显的"中西部高于东部"区域格局。从农村产业融合发展水平类型时空演变看，还未出现高水平融合发展省份，中高水平融合发展省份较少，中低水平融合发展省份数量稳步上升且占据多数，低水平融合发展省份逐渐减少。

第三，中国农村产业融合发展呈现正向全局空间自相关性和局部发展不均衡性。通过全局莫兰指数分析可知，中国省域间农村产业融合发展水平具有正向空间自相关性，呈现空间集聚特征，自相关性呈现"弱—强—弱"的走势特点。通过局部莫兰指数分析可知，各省域间农村产业融合发展水平存在不均衡的状态，形成由东至西逐渐减弱的空间分布格局，局域空间格局以高—高、低—低类型为主，以不显著为辅，高高集聚区域主要分布在环渤海地区、长三角地区等东部和东北地区省份，低低集聚区域主要分布在西部地区省份。

第四，农村交易效率对中国农村产业融合发展水平具有"U"型式的影响。对中国农村交易效率的测度结果显示，农村交易效率总体发展水平有了一定提升，但改进空间大。使用面板门槛模型实证检验交易效率对农村产业融合发展水平的影响，从回归结果来看，普通面板固定效应下农村交易效率显著提高了农村产业融合发展水平，农村交易效率每提高 1 单位，会引起农村产业融合发展水平增加 0.1419 单位。而门槛效应结果显示，当农村交易效率较低（即小于等于 0.5379）时，农村交易效率的提高对农村产业融合发展水平有抑制作用，当农村交易效率越过门槛值达到较高水平（即大于 0.5379）时，农村交易效率的提高对农村产业融合发展水平有显著促进作用。

第五，提升农村交易效率和农村产业融合发展水平会对提高农民生活质量产生实质性作用。农村交易效率和农村产业融合发展水平的提高，都会显著减少农村贫困人口，且农村产业融合发展的作用效用更大；同时提高农村交易效率和农村产业融合发展水平对农村贫困人口的减少作用，远远大于单独提高其中一项的作用。提升农村交易效率、推进农村产业融合发展对农村居民家庭恩格尔系数的下降具有相同作用，但两者的交乘项系数不显著，二者对于沿海地区和内陆地区的农民生活质量提升的效果不尽相同。

第六，湖南涟源与西洞庭管理区、重庆梁平与永川四个国家农村产业融合发展示范园的发展实践符合本书界定的四种发展模式。从中可以得到以下经验与启示：坚持因地制宜和分类施策是促进农村产业融合发展的基本原则，建立多形式利益联结机制是促进农村产业融合发展的核心要义，培育多元化产业融合主体是促进农村产业融合发展的关键举措，完善多渠道产业融合服务是促进农村产业融合发展的有力保障。

8.2 政策建议

开展分工视角下的农村产业融合发展问题研究，其根本目的是要讨论如何利用农村产业融合发展理论指导实践，进而为实现乡村全面振兴提供理论支撑。中国农村产业融合发展要以习近平同志关于"三农"工作的重要论述精神为指引，应当遵循以下原则。

第一，坚持基在农业，突出特色。农业是立国之本，强国之基。中国的农村产业融合发展要立足农业，依托种养业、绿水青山、田园风光和乡土文化等，同时还要考虑"人多地少""大国小农"，以及各地农业资源禀赋条件差异很大等基本国情农情，坚持因地制宜、分类施策，探索不同地区、不同产业融合模式，发展优势明显、特色鲜明的乡村产业。

第二，坚持惠在农村，融合发展。中国的农村产业融合发展是社会生产的产业间分工在"农村"这个特定区域内实现的内部化。促进农村产业融合发展，要牢固树立和践行绿水青山就是金山银山的理念，打破城乡、产业、区域之间原有阻滞障碍，加快全产业链、全价值链建设，把以农业农村资源为依托的第二、第三产业尽量留在农村，形成工农互促、城乡互补、全面融合的城乡一体化的农村发展新格局。

第三，坚持利在农民，联农带农。中国的农村产业融合发展以促进农民共同富裕作为出发点和落脚点。要充分尊重农民意愿，切实发挥农民在农村产业融合发展中的主体作用，着力增强农民参与融合发展的能力，强化新型农业经营主体联农带农激励机制，创新收益分享模式，完善紧密型利益联结机制，让农民更多分享产业融合发展的增值收益。

根据研究结论，遵循以上原则，提出促进中国农村产业融合发展的政策建议如下。

8.2.1 绿色引领，全面提升农村交易效率

我国农村基础设施和民生领域欠账较多，农村公共服务仍然存在短板和薄弱环节，践行绿水青山就是金山银山的理念，全面提升农村交易效率，是促进农村产业融合发展的根本途径。一是要持续改善农村基础设施条件。高水平建设"四好农村路"，加快新一轮农村电网升级改造，加快物联网、地理信息、智能设备等现代信息技术与农村生产生活的全面深度融合，推动农村基础设施提档升级。二是要持续增加农村公共服务供给。优先发展农村教育事业，使农村新增劳动力全面接受高中阶段教育及高等教育，加强农村社会保障体系建设、强化农村公共卫生服务、创新农村金融服务，共建共享各类平台，推进城乡基本公共服务均等化。三是要持续推进区域农业协同发展。建立健全各地区和有关部门之间的协调推进机制，形成沟通协商、部门协作、合力推进农村产业融合发展的工作机制；充分发挥比较优势，在镇域、县域、市域、省域间，协同推进在产业、科

技、市场、生态建设等领域的农村产业融合发展，解决农村产业融合发展不平衡问题；着力打造农村产业融合发展的示范样板和平台载体，充分发挥示范引领作用。提升农村交易效率要"做实"，其目标在于，让农业成为有奔头的产业，让农民成为有吸引力的职业，让农村成为安居乐业的美丽家园。

8.2.2　突出特色，建设优势农业产业集群

从理论与实践看，作为农业产业化的升级版，农业产业集群一般以现代农业产业园等为发展平台，聚集资本、技术、市场、人才等现代生产要素，涵盖生产、加工、流通、服务等一体，是农村产业融合发展到一定阶段的必然产物。一是要立足县域产业，以县域农业资源禀赋和生产条件为基础，在县域内统筹考虑农业产业集群发展，加快镇域产业聚集，充分发挥产业化龙头企业的辐射带动作用，打造一村一品、一县一业的发展格局，实现规模经济效应。二是要精准对接市场，推进"生产＋加工＋科技"一体化发展，以产业集群促进农业标准化生产和农产品质量安全水平提升，培育特色鲜明的"土字号""乡字号"区域公用品牌，实现公共品牌效应。三是要共享先进要素，在区域集群内打破产业内部及产业之间的隐形壁垒，搭建公共服务平台，促进产业间分工的内部化以降低交易成本，各农业经营主体由"同质竞争"变为"合作共赢"，实现亚市场效应。优势农业产业集群要"做强"，其前提在于要选择区域内基础好、有特色、比较优势显著的行业，更好地彰显地域特色、承载乡村价值。

8.2.3　丰富内涵，发展多种类型融合业态

农村广阔天地兼具生产生活，农业亦具备经济、社会、生态等多元功能，顺应城乡居民消费升级趋势，拓展农业多种功能，促进其与旅游、文化、教育等交叉融合，成为保持农业农村经济发展旺盛活力的客观要求。一是要避免同质化，乡村旅游要实现可持续发展，必须依托地域、历史、

民族特点，避免千村一面，可采取分类培育星级农家乐、农业嘉年华、特色旅游村镇等精品品牌的方式，开发差异化乡村旅游产品，促进传统乡村旅游产品升级。二是要留住乡土味，以文化为灵魂，进一步提升休闲农业和乡村旅游的文化软实力，立足农耕文明，挖掘本地农村文化，讲好乡村故事，通过引导城市居民参与农业科普和农事体验等，带动民俗民宿、科普教育、体验娱乐等特色产业发展，变文化优势为经济优势。三是要找准结合点，通过找准农业与其他产业的结合点，实现资源优化配置，创新发展智慧乡村游、创意农业、会展农业、众筹农业等多类型农业新型业态，推进不同产业融合。农业多种功能要"做新"，其基础在于顺应农村多样性分化的趋势，不断丰富农业内涵，增强休闲农业和乡村旅游的时代感，形成新的消费热点。

8.2.4 以农为本，拓展农业产业链价值链

资源环境约束趋紧大背景下，进一步延伸农业产业链和提升农业价值链，促进农村产业融合发展，成为转变农业发展方式和推进农业供给侧结构性改革的现实选择。一是以第一产业为基础向第二、第三产业延伸，引导传统农户利用家庭承包土地或流转土地，向种养大户、家庭农场方向成长，建立直供直销，形成从农业生产到农产品消费的全产业链，实现向农业产业链后端的顺向延伸，分享第二、第三产业增值收益。二是以第二、第三产业为基础向第一产业延伸，鼓励农业产业化经营组织、农产品经销商与农户建立稳定的契约关系，带动农户建设标准化的"原料车间"，促进农业产业化经营组织、农产品经销商向农业产业链前端逆向延伸，引领小农户融入产业融合链条。三是农业产业链整体外向拓展，探索运用现代科技、生物技术、信息技术，特别是物联网、人工智能等高新技术，将其融入农业产业链，以生产要素变革支撑农业产业链外向延伸，实现农产品多层次多环节增值。农业产业链价值链要"做全"，其要义在于以农为本，前延后伸外拓构建全产业链价值链，并把第二、第三产业尽量留在农村、

把增值收益尽量留给农民。

8.2.5　统筹兼顾，推进各类主体协同发展

小农户大量且长期存在是我国的国情，统筹推进新型农业经营主体和小农户协同发展，是农村产业融合发展引领现代农业建设的关键支撑。一是大力培育发展新型农业经营主体，新型农业经营主体能够集成利用各类先进生产要素发展现代农业，以规模化、集约化、商品化为特征，是农村产业融合发展的有生力量，且都有各自的适应性和发展空间，大力培育发展龙头企业、农民合作社、家庭农场等各类新型农业经营主体，不可偏废。二是促进小农户和现代农业发展有机衔接，小农户具备精耕细作与合理分工优势，但又同时存在经营规模小、运用现代生产技术能力弱、科技文化素质水平低等短板，积极提升小农户发展能力和组织化程度，帮助其发展成为新型职业农民，将其纳入现代农业产业体系，不断激发农村产业融合发展的内生动力。三是充分发挥新型农业经营主体对小农户的带动作用，支持新型农业经营主体通过订单收购、股份合作、保底分红、吸纳就业等方式，带领小农户奔向大市场，释放出三次产业融合的乘数效应。各类主体协同发展要"做细"，其核心在于建立多形式利益联结机制，使各类农业经营主体在农村产业融合发展过程中形成"风险共担、利益共享"的共同体。

8.3　研究展望

农村产业融合发展问题是经济学研究中的热点问题，近五年来，国内学者从不同侧面切入展开研究与探讨，积累了诸多研究成果，为本研究提供了基础借鉴。本书以习近平同志关于"三农"工作的重要论述精神为指引，紧扣"分工视角下农村产业融合发展研究"这一核心问题，充分借鉴

前人研究成果，将视角聚焦"分工理论下"，在机理研究、评价研究、实证研究、案例研究等多维度中解析中国农村产业融合发展问题。但囿于多面研究，研究还存在进一步拓展的空间。第一，本书运用超边际分析方法阐释了农村产业融合发展的形成与发展机理，涉及开放型发展的理论研究还有待全面展开，如全面解析各类农业经营主体在农村产业融合发展过程中的交互作用机理等等。当然，学习新兴古典经济学与超边际分析须存坚韧不拔的毅力和耐心，即便如此，也不能保证对杨小凯先生之理论精髓做到准备把握，限于作者水平，在运用其理论时，片面与错误之处在所难免。第二，本书基于分工的视角构建了中国农村产业融合发展水平评价指标体系，但由于理论界尚未形成一套普遍认可的评价指标体系，限于相关资料占有并不全面等因素制约，相关量化指标只能进行取舍，部分问题尚未完全展开研究。第三，本书实证检验农村交易效率对农村产业融合发展的影响，结果虽然表明选择门槛模型进行回归是合理的，但是由于我国农业农村数据长期存在部分核心数据缺失、共享开放不足、开发利用不够等问题，相关变量的选取还存在优化空间，待未来农业农村数据的可得性提高后，可以采用更加微观层面的数据进行经验分析。第四，本书采用定点观测和深度访谈的方法在湖南、重庆两省市的国家农村产业融合发展示范园开展了调研，进行典型信息采集，但受新冠疫情影响，调研中运用新方法还不够，在下一步的研究中，可探索运用参与式农村评估法（PRA）等开展农村调查。

研究中还发现，伴随着小农户的分化，新型农业经营主体也加快了分化与组合，部分由乡村能人主导的"家族合作社"逐步演化为家庭农场，一些家庭农场又成长壮大为农业产业化经营组织，还有一些农业企业在农村产业融合发展过程中探索组建了一体化农业经营组织联盟等；农业产业化联合体、家庭农场服务联盟、产业协会等新型农业经营主体也开始崭露头角。按照乡村振兴战略的思路，以统筹兼顾培育新型农业经营主体和扶持小农户、建立各类农业经营主体之间的良性互动机制来促进农村产业融合发展，将是未来研究的关注点。

附录 A 研究数据

本书涉及的研究数据见附表 A1 至附表 A20。

附表 A1　　　　　　　　　农村人均第一产业总产值

省　份	2006 年	2007 年	2008 年	2009 年	2010 年	2011 年	2012 年	2013 年	2014 年	2015 年	2016 年	2017 年	2018 年
北　京	0.3909	0.3898	0.4219	0.4244	0.4514	0.4884	0.5261	0.5586	0.5413	0.4794	0.4424	0.4110	0.4079
天　津	0.2762	0.2502	0.2653	0.4772	0.5480	0.6050	0.6582	0.7115	0.7433	0.7776	0.8259	0.6352	0.6567
河　北	0.3803	0.4351	0.5010	0.5578	0.6418	0.7377	0.8219	0.9202	0.9214	0.9518	1.0017	0.9252	1.0140
山　西	0.1439	0.1420	0.1616	0.2580	0.2986	0.3548	0.3968	0.4494	0.4680	0.4753	0.4867	0.4555	0.4791
内蒙古	0.5237	0.6294	0.7686	0.8113	0.9964	1.2129	1.3766	1.5509	1.6051	1.6225	1.6742	1.7167	1.8559
辽　宁	0.5573	0.6462	0.7552	0.8223	0.9850	1.2155	1.4299	1.5763	1.5798	1.6662	1.5212	1.3396	1.4618
吉　林	0.5252	0.6130	0.7166	0.7667	0.8197	0.9972	1.1091	1.1978	1.2253	1.2973	1.2453	0.9298	1.0111
黑龙江	0.4149	0.5192	0.6384	0.6780	0.7666	1.0202	1.2791	1.5405	1.6225	1.6763	1.7229	1.9280	1.9940
上　海	0.3355	0.3740	0.4163	0.4518	0.4465	0.4978	0.5018	0.5147	0.4926	0.3667	0.3738	0.3730	0.3624
江　苏	0.4196	0.5025	0.5920	0.6523	0.8472	1.0182	1.1665	1.2796	1.3124	1.4926	1.5790	1.6129	1.6926
浙　江	0.4097	0.4362	0.4840	0.5109	0.6505	0.7686	0.8275	0.9017	0.9185	0.9676	1.0653	1.0685	1.1026
安　徽	0.2677	0.3200	0.3885	0.4213	0.5091	0.6118	0.6801	0.7469	0.7734	0.8078	0.8632	0.8877	0.9211
福　建	0.4808	0.5408	0.6349	0.6637	0.8609	1.0342	1.1734	1.3078	1.3858	1.4752	1.6759	1.6087	1.7668
江　西	0.2955	0.3445	0.4110	0.4363	0.4836	0.5708	0.6430	0.7078	0.7447	0.8027	0.8843	0.8748	0.9185
山　东	0.3523	0.4236	0.5110	0.5455	0.6293	0.7005	0.9294	1.0535	1.0895	1.1762	1.2092	1.2253	1.2694
河　南	0.3232	0.3608	0.4408	0.4685	0.5660	0.6295	0.6961	0.7672	0.8045	0.8355	0.8731	0.8689	0.9248
湖　北	0.3564	0.4341	0.5688	0.5814	0.7455	0.9262	1.0601	1.1745	1.2322	1.3109	1.4840	1.4692	1.5102
湖　南	0.3427	0.4298	0.5439	0.5413	0.6243	0.7644	0.8482	0.8901	0.9215	1.0001	1.1101	0.9632	1.0163
广　东	0.2980	0.3130	0.3521	0.3483	0.3814	0.7573	0.8244	0.8881	0.9228	0.9855	1.0905	1.0726	1.1527
广　西	0.3440	0.4083	0.4882	0.4940	0.6067	0.7573	0.8216	0.8998	0.9403	1.0104	1.1134	1.9435	1.2314
海　南	0.7645	0.8093	0.9854	1.0504	1.2204	1.5190	1.6574	1.7879	1.9377	2.0909	2.3928	2.4752	2.6181
重　庆	0.2845	0.3316	0.4052	0.4384	0.5057	0.6432	0.7420	0.8217	0.8780	0.9761	1.1432	1.1548	1.2881
四　川	0.2973	0.3882	0.4645	0.4466	0.5159	0.6371	0.7230	0.7669	0.8078	0.8570	0.9364	1.0434	1.1125
贵　州	0.1479	0.1737	0.2199	0.2291	0.2714	0.3219	0.4026	0.4726	0.6084	0.8016	0.9299	1.0519	1.1432

续表

省 份	2006 年	2007 年	2008 年	2009 年	2010 年	2011 年	2012 年	2013 年	2014 年	2015 年	2016 年	2017 年	2018 年
云 南	0.2407	0.2712	0.3354	0.3539	0.3695	0.4821	0.5852	0.6795	0.7245	0.7650	0.8370	0.9138	0.9912
西 藏	0.2265	0.2420	0.2653	0.2778	0.2962	0.3180	0.3378	0.3647	0.3887	0.4188	0.4966	0.5267	0.5496
陕 西	0.2183	0.2711	0.3532	0.3785	0.4874	0.6189	0.7305	0.8327	0.8740	0.9141	0.9947	1.0510	1.1311
甘 肃	0.1899	0.2214	0.2675	0.2888	0.3665	0.4213	0.4943	0.5688	0.5962	0.6461	0.6812	0.6106	0.6681
青 海	0.2092	0.2521	0.3223	0.3315	0.4335	0.5085	0.5874	0.6978	0.7370	0.7144	0.7711	0.8484	0.9749
宁 夏	0.2309	0.2867	0.3529	0.3776	0.4836	0.5736	0.6248	0.7103	0.7071	0.7952	0.8189	0.8732	0.9889
新 疆	0.4149	0.4932	0.5373	0.5850	0.8414	0.9133	1.0557	1.1678	1.2412	1.2520	1.3314	1.2535	1.3858

附表 A2 　　　　　　　　　农村人均农副产品加工业总产值

省 份	2006 年	2007 年	2008 年	2009 年	2010 年	2011 年	2012 年	2013 年	2014 年	2015 年	2016 年	2017 年	2018 年
北 京	0.5551	0.7156	0.8683	0.8665	1.0263	1.1520	1.2246	1.3075	1.3024	1.2204	1.3345	1.0368	0.7392
天 津	0.3502	0.4365	0.6240	1.2183	1.4377	1.9543	3.1470	3.1249	3.1348	3.6855	3.6696	3.6360	3.6023
河 北	0.1450	0.1831	0.2271	0.2744	0.3432	0.4436	0.4912	0.5490	0.5957	0.6557	0.7198	0.7835	0.8472
山 西	0.0332	0.0467	0.0550	0.0801	0.1042	0.1476	0.1631	0.2058	0.2081	0.1892	0.2049	0.2210	0.2371
内蒙古	0.2256	0.3185	0.4645	0.6671	0.8961	1.1790	1.2584	1.6105	1.5079	1.6719	1.8619	1.3264	0.7909
辽 宁	0.4273	0.5857	0.8251	1.1794	1.6576	2.1661	2.9152	3.2337	3.0367	2.0444	1.0908	1.1848	1.2789
吉 林	0.3121	0.4406	0.7058	0.9239	1.2476	1.7132	2.1827	2.5006	2.6255	2.7311	2.7331	2.7549	2.7767
黑龙江	0.1999	0.2607	0.3971	0.4828	0.7065	1.0012	1.3140	1.7090	1.6702	1.7131	1.7920	1.8786	1.9651
上 海	0.5455	0.7654	1.0858	0.9648	1.0252	1.1837	1.3280	1.3589	1.3927	1.1146	1.1075	1.0772	1.0470
江 苏	0.2311	0.3204	0.4329	0.5340	0.7517	0.8520	1.1306	1.3310	1.3752	1.7526	1.9660	2.1819	2.3979
浙 江	0.2012	0.2398	0.2816	0.2872	0.3708	0.4107	0.4705	0.5282	0.5531	0.5604	0.5993	0.5236	0.4479
安 徽	0.0715	0.1183	0.1878	0.2601	0.3844	0.5685	0.6947	0.8129	0.9197	0.9893	1.0919	1.1990	1.3060
福 建	0.2398	0.3104	0.4251	0.5203	0.7877	0.9748	1.2028	1.4446	1.6737	1.9014	2.1506	2.1159	2.0812
江 西	0.0645	0.0929	0.1355	0.1895	0.2671	0.3406	0.4789	0.6094	0.7517	0.8800	1.0033	1.1250	1.2468
山 东	0.5887	0.7865	1.0063	1.1348	1.3069	1.4931	2.2084	2.5580	2.7070	2.9683	3.1762	2.9471	2.7179
河 南	0.1796	0.2573	0.3545	0.3929	0.5254	0.7080	0.7760	0.9401	1.0805	1.1928	1.3914	1.5829	1.7743
湖 北	0.0989	0.1488	0.2424	0.3518	0.5336	0.8470	1.2277	1.5232	1.7772	1.8638	2.1330	1.6979	1.2628
湖 南	0.0887	0.1345	0.2018	0.2823	0.3785	0.5577	0.6144	0.6902	0.7797	0.9027	1.0109	1.1280	1.2452
广 东	0.1590	0.2071	0.2671	0.2629	0.3019	0.6399	0.6915	0.8263	0.8743	0.9222	0.9920	0.9250	0.8581
广 西	0.1542	0.1957	0.2688	0.2992	0.4075	0.5487	0.6847	0.7870	0.8698	0.9253	1.0094	1.8140	2.6187
海 南	0.1092	0.1447	0.1801	0.1860	0.2136	0.2246	0.2575	0.2856	0.3159	0.3292	0.3649	0.3638	0.3627
重 庆	0.0631	0.0949	0.1378	0.1757	0.2594	0.3560	0.4353	0.5365	0.6502	0.7831	0.9565	0.8232	0.6899
四 川	0.1110	0.1681	0.2421	0.3065	0.3795	0.5188	0.4904	0.5662	0.6270	0.6453	0.6678	0.6974	0.7269
贵 州	0.0133	0.0179	0.0219	0.0288	0.0361	0.0559	0.0660	0.1013	0.1287	0.1614	0.1965	0.1946	0.1928
云 南	0.0361	0.0445	0.0568	0.0693	0.0818	0.1027	0.1458	0.1824	0.2123	0.2433	0.3018	0.3259	0.3501

续表

省　份	2006 年	2007 年	2008 年	2009 年	2010 年	2011 年	2012 年	2013 年	2014 年	2015 年	2016 年	2017 年	2018 年
西　藏	0.0048	0.0038	0.0070	0.0090	0.0090	0.0088	0.0102	0.0119	0.0153	0.0174	0.0196	0.0153	0.0111
陕　西	0.0511	0.0744	0.1088	0.1496	0.2019	0.2720	0.3718	0.4653	0.5801	0.6520	0.7284	0.8218	0.9152
甘　肃	0.0339	0.0479	0.0636	0.0791	0.1080	0.1368	0.1970	0.2368	0.2598	0.2814	0.3224	0.3699	0.4174
青　海	0.0163	0.0170	0.0475	0.0523	0.0727	0.0901	0.1234	0.1746	0.2550	0.3350	0.3785	0.2134	0.0483
宁　夏	0.0712	0.0760	0.0882	0.1177	0.1528	0.1748	0.2364	0.3466	0.4323	0.4678	0.4693	0.4908	0.5122
新　疆	0.0717	0.0984	0.1253	0.1361	0.1850	0.2156	0.2565	0.3141	0.3826	0.4117	0.4540	0.4375	0.4210

附表 A3　　　　　　　　　　农村养老服务机构数占比

省　份	2006 年	2007 年	2008 年	2009 年	2010 年	2011 年	2012 年	2013 年	2014 年	2015 年	2016 年	2017 年	2018 年
北　京	0.0419	0.0444	0.0409	0.0513	0.0551	0.0576	0.0702	0.0689	0.0736	0.0733	0.0727	0.0746	0.0028
天　津	0.0375	0.0400	0.0335	0.0321	0.0321	0.0333	0.0376	0.0555	0.0309	0.0125	0.0125	0.0180	0.0132
河　北	0.0311	0.0281	0.0260	0.0312	0.0274	0.0304	0.0343	0.0231	0.0148	0.0102	0.0102	0.0114	0.0088
山　西	0.0220	0.0232	0.0266	0.0293	0.0298	0.0287	0.0267	0.0223	0.0199	0.0150	0.0109	0.0102	0.0092
内蒙古	0.0598	0.0649	0.0553	0.0493	0.0482	0.0506	0.0502	0.0484	0.0372	0.0276	0.0281	0.0279	0.0235
辽　宁	0.0764	0.0785	0.0755	0.0724	0.0734	0.0724	0.0723	0.0851	0.0650	0.0478	0.0372	0.0323	0.0191
吉　林	0.0467	0.0676	0.0666	0.0656	0.0652	0.0716	0.0697	0.0685	0.0658	0.0658	0.0655	0.0634	0.0609
黑龙江	0.0614	0.0581	0.0530	0.0523	0.0479	0.0472	0.0447	0.0466	0.0456	0.0177	0.0148	0.0149	0.0163
上　海	0.1313	0.1447	0.1541	0.1672	0.1219	0.1211	0.1212	0.1212	0.1199	0.1224	0.1270	0.1317	0.1351
江　苏	0.0491	0.0906	0.0863	0.0870	0.0875	0.0891	0.1105	0.1061	0.0895	0.0904	0.0892	0.0878	0.0876
浙　江	0.0431	0.0472	0.0420	0.0442	0.0494	0.0578	0.0601	0.0696	0.0579	0.0334	0.0356	0.0369	0.0279
安　徽	0.0715	0.0960	0.1102	0.1266	0.1265	0.1362	0.1360	0.1484	0.0317	0.0463	0.0467	0.0529	0.0651
福　建	0.0427	0.0409	0.0435	0.0461	0.0476	0.0584	0.0633	0.0592	0.0073	0.0073	0.0068	0.0073	0.0060
江　西	0.0760	0.0744	0.0772	0.0700	0.0792	0.0807	0.0811	0.0814	0.0794	0.0630	0.0582	0.0464	0.0609
山　东	0.0234	0.0252	0.0250	0.0243	0.0245	0.0246	0.0248	0.0248	0.0165	0.0155	0.0145	0.0128	0.0098
河　南	0.0448	0.0504	0.0561	0.0559	0.0551	0.0548	0.0556	0.0600	0.0415	0.0119	0.0133	0.0132	0.0185
湖　北	0.0700	0.0833	0.0797	0.0739	0.0740	0.0777	0.0773	0.0709	0.0612	0.0459	0.0511	0.0566	0.0450
湖　南	0.0296	0.0361	0.0443	0.0516	0.0570	0.0588	0.0617	0.0623	0.0297	0.0344	0.0429	0.0478	0.0474
广　东	0.0752	0.0970	0.1011	0.1038	0.1053	0.1058	0.1034	0.0681	0.0521	0.0496	0.0519	0.0542	0.0570
广　西	0.4393	0.4534	0.0680	0.0696	0.0743	0.0779	0.0812	0.0808	0.0085	0.0084	0.0086	0.0031	0.0028
海　南	0.1106	0.0492	0.0326	0.0421	0.0505	0.0461	0.0530	0.0548	0.0487	0.0124	0.0054	0.0003	0.0003
重　庆	0.1279	0.1738	0.2121	0.2448	0.2237	0.2257	0.2257	0.1380	0.0631	0.0357	0.0350	0.0366	0.0405
四　川	0.0522	0.0511	0.0651	0.0601	0.0628	0.0676	0.0668	0.0667	0.0617	0.0435	0.0423	0.0409	0.0339
贵　州	0.0459	0.0458	0.0468	0.0476	0.0482	0.0576	0.0597	0.0609	0.0096	0.0390	0.0422	0.0417	0.0441
云　南	0.0316	0.0384	0.0358	0.0423	0.0486	0.0502	0.0495	0.0508	0.0259	0.0145	0.0163	0.0167	0.0237
西　藏	0.0178	0.0250	0.0258	0.0314	0.0314	0.0321	0.0331	0.0295	0.0274	0.0253	0.0010	0.0006	0.0006

省　份	2006 年	2007 年	2008 年	2009 年	2010 年	2011 年	2012 年	2013 年	2014 年	2015 年	2016 年	2017 年	2018 年
陕　西	0.0189	0.0245	0.0305	0.0305	0.0310	0.0315	0.0312	0.0311	0.0215	0.0170	0.0171	0.0194	0.0195
甘　肃	0.0349	0.0338	0.0347	0.0391	0.0380	0.0378	0.0375	0.0288	0.0134	0.0134	0.0086	0.0079	0.0067
青　海	0.0362	0.0369	0.0321	0.0324	0.0329	0.0295	0.0337	0.0403	0.0282	0.0041	0.0043	0.0065	0.0056
宁　夏	0.0538	0.0422	0.0350	0.0319	0.0266	0.0263	0.0236	0.0220	0.0228	0.0248	0.0245	0.0260	0.0216
新　疆	0.0312	0.0370	0.0406	0.0384	0.0364	0.0352	0.0353	0.0347	0.0305	0.0111	0.0101	0.0101	0.0100

附表 A4　　　　　　　　　　乡镇文化站占比

省　份	2006 年	2007 年	2008 年	2009 年	2010 年	2011 年	2012 年	2013 年	2014 年	2015 年	2016 年	2017 年	2018 年
北　京	1.0219	0.9891	1.0000	1.0110	0.9890	0.9835	1.0000	1.0055	1.0055	1.0055	1.0055	1.0055	1.0055
天　津	0.9130	1.0657	1.0368	0.9779	0.9852	1.0000	0.9925	1.0630	1.0472	1.0551	1.0394	1.0236	1.0079
河　北	0.9679	0.9470	0.9501	0.9699	0.9883	1.0041	1.0097	1.0107	1.0117	1.0138	1.0179	1.0221	1.0262
山　西	0.9758	0.9732	0.9900	1.0008	1.0008	1.0008	1.0000	1.0000	1.0008	1.0000	1.0000	1.0000	1.0000
内蒙古	1.2964	1.1310	1.1297	1.1604	1.1698	1.2302	1.0952	1.1159	1.1156	1.1297	1.1535	1.1774	1.2012
辽　宁	0.9824	1.0786	1.0733	1.0514	1.0603	1.0713	1.0859	1.1053	1.1079	1.1092	1.1148	1.1203	1.1259
吉　林	1.0016	0.9807	0.9871	0.9952	1.0081	1.0178	1.0129	1.0129	1.0129	1.0245	1.0262	1.0279	1.0296
黑龙江	0.8357	0.8932	0.9978	1.0056	1.0045	1.0056	1.0067	1.0078	1.0078	1.0158	1.0158	1.0158	1.0158
上　海	1.3670	1.1818	1.3304	1.0631	1.0631	1.0273	1.0091	0.9909	1.0000	0.9908	0.9908	0.9908	0.9908
江　苏	1.0381	1.0114	1.0096	1.0196	1.0431	1.0377	1.0397	1.0502	1.0698	1.0870	1.0925	1.0981	1.1036
浙　江	0.9901	0.9950	0.9983	1.0059	1.0068	1.0381	1.0312	1.0310	1.0349	1.0110	1.0312	1.0514	1.0716
安　徽	0.9183	0.9796	1.0252	0.9937	1.0024	1.0111	1.0191	1.0247	1.0279	1.0312	1.0386	1.0461	1.0535
福　建	0.9817	1.0129	1.0291	1.0194	1.0194	1.0205	1.0183	1.0517	1.0344	1.0378	1.0389	1.0400	1.0411
江　西	0.8810	1.1648	1.1596	1.1059	1.1652	1.1769	1.1781	1.1635	1.1632	1.1641	1.1547	1.1453	1.1359
山　东	1.0055	0.9935	0.9971	1.0081	1.0502	1.0425	1.0696	1.0351	1.0360	1.0403	1.0441	1.0479	1.0516
河　南	1.0644	1.0291	1.0074	1.0202	1.0197	1.0258	1.0353	1.0364	1.0456	1.0520	1.0533	1.0546	1.0558
湖　北	1.0817	1.0975	1.0848	1.0879	1.1053	1.0994	1.1006	1.1030	1.1042	1.1076	1.1111	1.1146	1.1180
湖　南	1.0496	1.0277	1.0370	1.0093	1.0130	1.0366	1.0509	1.0848	1.0891	1.4570	1.4551	1.4531	1.4512
广　东	1.0714	1.0845	1.0470	1.0383	1.0349	1.0341	1.0315	1.0299	1.0299	1.0281	1.0316	1.0351	1.0386
广　西	1.0009	1.0000	1.0009	1.0000	1.0000	1.0000	1.0018	1.0000	1.0027	1.0036	1.0081	1.0125	1.0170
海　南	0.9901	0.9951	0.9853	1.0049	0.9951	1.0000	0.9902	1.0000	1.0355	1.0153	1.0153	1.0153	1.0153
重　庆	1.0666	1.0000	0.9966	1.0107	1.0131	1.0231	1.0036	1.0049	1.0098	1.0111	1.0086	1.0062	1.0037
四　川	0.7366	0.8120	0.8351	0.8688	0.9678	0.9923	0.9989	0.9986	1.0069	1.0035	1.0044	1.0054	1.0063
贵　州	0.8861	0.8758	0.8992	0.9260	0.9302	0.9716	0.9924	1.0339	1.1363	1.1813	1.2185	1.2557	1.2929
云　南	1.0366	1.0238	1.0169	1.0187	1.0070	1.0257	1.0282	1.0506	1.0563	1.0620	1.0620	1.0620	1.0620
西　藏	0.2419	0.2419	0.3006	0.3490	0.3490	0.3490	0.3455	0.7763	0.9985	1.0000	0.9985	0.9971	0.9956
陕　西	0.9206	0.9500	0.9582	0.9669	0.9822	1.2223	1.2327	1.2352	1.2344	1.3053	1.2839	1.2624	1.2410
甘　肃	0.8377	0.8429	0.8800	0.9135	0.9992	1.0000	0.9992	1.0000	1.0000	1.0008	1.0008	1.0008	1.0008

续表

省 份	2006 年	2007 年	2008 年	2009 年	2010 年	2011 年	2012 年	2013 年	2014 年	2015 年	2016 年	2017 年	2018 年
青 海	0.5683	0.5109	0.5328	0.6530	0.9645	0.9781	0.9781	0.9808	0.9808	0.9836	0.9836	0.9836	0.9836
宁 夏	1.0107	1.0314	1.0733	1.0313	1.0313	1.0259	1.0259	1.0311	1.0311	1.0365	1.0417	1.0469	1.0521
新 疆	1.1647	1.0916	1.2079	1.1146	1.1374	1.1865	1.1852	1.1790	1.1763	1.1749	1.1684	1.1619	1.1553

附表 A5 　　　　　　　　　　　农林牧渔服务业产值占比

省 份	2006 年	2007 年	2008 年	2009 年	2010 年	2011 年	2012 年	2013 年	2014 年	2015 年	2016 年	2017 年	2018 年
北 京	0.6369	0.6281	0.6288	0.6244	0.6209	0.6247	0.6204	0.6163	0.6215	0.6192	0.6161	0.6094	0.6001
天 津	0.5637	0.5423	0.5428	0.5425	0.5412	0.5430	0.5432	0.5430	0.5474	0.5533	0.5546	0.5578	0.5577
河 北	0.4204	0.4132	0.4196	0.3937	0.4053	0.4065	0.4033	0.3999	0.4249	0.4247	0.4259	0.4175	0.4151
山 西	0.4599	0.4589	0.4924	0.4744	0.4708	0.4688	0.4646	0.4652	0.4845	0.4857	0.4884	0.4931	0.4929
内蒙古	0.4017	0.4030	0.4055	0.4081	0.4059	0.4074	0.4086	0.4075	0.4144	0.4122	0.4140	0.4136	0.4125
辽 宁	0.4697	0.4674	0.4744	0.4769	0.4750	0.4728	0.4693	0.4663	0.4919	0.4913	0.5086	0.5061	0.4994
吉 林	0.4178	0.4236	0.4323	0.4346	0.4324	0.4385	0.4356	0.4348	0.4484	0.4459	0.4501	0.4694	0.4686
黑龙江	0.4685	0.4617	0.4871	0.4872	0.4863	0.4722	0.4652	0.4568	0.4665	0.4780	0.4862	0.4692	0.4664
上 海	0.6042	0.6022	0.6012	0.5980	0.6023	0.6028	0.6028	0.6004	0.6144	0.6371	0.6160	0.6214	0.6396
江 苏	0.4293	0.4074	0.4151	0.4073	0.4089	0.4148	0.4115	0.4079	0.4360	0.4331	0.4365	0.4351	0.4242
浙 江	0.3892	0.3826	0.3846	0.3792	0.3738	0.3755	0.3727	0.3710	0.3752	0.3752	0.3754	0.3748	0.3770
安 徽	0.4221	0.4202	0.4204	0.4180	0.4150	0.4175	0.4156	0.4143	0.4336	0.4405	0.4485	0.4384	0.4354
福 建	0.4011	0.4078	0.4108	0.4090	0.4089	0.4096	0.4092	0.4100	0.4280	0.4303	0.4313	0.4388	0.4373
江 西	0.3600	0.3652	0.3690	0.3663	0.3649	0.3698	0.3664	0.3653	0.3825	0.3799	0.3916	0.4020	0.4038
山 东	0.4727	0.4736	0.4651	0.4625	0.4605	0.4637	0.4611	0.4580	0.4783	0.4786	0.4715	0.4713	0.4732
河 南	0.4289	0.4284	0.4306	0.4316	0.4318	0.4352	0.4356	0.4361	0.4489	0.4491	0.4505	0.4527	0.4471
湖 北	0.3905	0.4000	0.3947	0.3984	0.3869	0.3959	0.3980	0.3996	0.4174	0.4222	0.4172	0.4243	0.4285
湖 南	0.3751	0.3821	0.3962	0.3860	0.3860	0.3860	0.3874	0.3855	0.4064	0.4083	0.4116	0.4249	0.4249
广 东	0.4111	0.3990	0.4026	0.3977	0.3909	0.3921	0.3886	0.3839	0.3950	0.3939	0.3922	0.3951	0.3936
广 西	0.3735	0.3874	0.3916	0.3865	0.3844	0.3840	0.3777	0.3759	0.3887	0.3888	0.3909	0.3874	0.3850
海 南	0.3666	0.3415	0.3419	0.3445	0.3427	0.3423	0.3425	0.3393	0.3535	0.3544	0.3550	0.3533	0.3488
重 庆	0.3318	0.3307	0.3397	0.3355	0.3288	0.3326	0.3295	0.3283	0.3348	0.3383	0.3379	0.3293	0.3285
四 川	0.3868	0.3983	0.3938	0.3928	0.3917	0.3952	0.3931	0.3905	0.4003	0.4234	0.4248	0.3872	0.3848
贵 州	0.3561	0.3596	0.3507	0.3713	0.3736	0.3769	0.3792	0.3812	0.3956	0.4009	0.4039	0.4047	0.4034
云 南	0.3802	0.3712	0.3597	0.3743	0.3878	0.3882	0.3827	0.3798	0.3902	0.3923	0.3958	0.3962	0.3918
西 藏	0.2733	0.3122	0.3159	0.3159	0.3181	0.3191	0.3207	0.3217	0.3394	0.3441	0.3306	0.3113	0.3338
陕 西	0.4034	0.4091	0.4102	0.4095	0.4067	0.4069	0.4051	0.4045	0.4292	0.4322	0.4327	0.4342	0.4351
甘 肃	0.4062	0.4374	0.4271	0.4328	0.4330	0.4285	0.4253	0.4206	0.4436	0.4460	0.4469	0.4487	0.4448
青 海	0.3078	0.3121	0.3117	0.3172	0.3298	0.3281	0.3295	0.3310	0.3407	0.3456	0.3471	0.3452	0.3395
宁 夏	0.4773	0.4649	0.4718	0.4774	0.4793	0.4808	0.4823	0.4814	0.5129	0.5078	0.5105	0.5156	0.5140
新 疆	0.4026	0.4088	0.4127	0.4145	0.4158	0.4175	0.4197	0.4217	0.4393	0.4441	0.4447	0.5335	0.5349

附表 A6　　　　　　　　　　农业机械化程度

省　份	2006 年	2007 年	2008 年	2009 年	2010 年	2011 年	2012 年	2013 年	2014 年	2015 年	2016 年	2017 年	2018 年
北　京	1.3523	1.2722	1.1524	1.1950	1.2332	1.1946	1.0914	0.9390	0.8904	0.8486	0.6681	0.6247	0.5882
天　津	1.4185	1.3906	1.3525	1.3305	1.3248	1.3237	1.2932	1.2644	1.2633	1.2518	1.0758	1.0639	0.7967
河　北	1.5089	1.5041	1.5078	1.5029	1.5495	1.5764	1.6092	1.6429	1.6744	1.7014	1.1352	1.1629	1.1821
山　西	0.5867	0.6037	0.6188	0.6526	0.6912	0.7202	0.7520	0.7837	0.8100	0.8258	0.4300	0.3393	0.3553
内蒙古	0.6744	0.4328	0.3889	0.3147	0.3302	0.3453	0.3571	0.3729	0.3935	0.4119	0.3598	0.3758	0.3952
辽　宁	0.9186	0.6206	0.5000	0.4250	0.4470	0.4787	0.5055	0.5275	0.5480	0.5653	0.4359	0.4456	0.4513
吉　林	0.6183	0.4155	0.3252	0.2846	0.3057	0.3354	0.3642	0.3896	0.4169	0.4504	0.4440	0.4701	0.4961
黑龙江	0.6839	0.3574	0.2551	0.2144	0.2356	0.2586	0.2873	0.3057	0.3251	0.3433	0.3555	0.3669	0.3840
上　海	0.2758	0.3276	0.3906	0.5227	0.5531	0.5634	0.5988	0.6021	0.6259	0.6270	0.6413	0.6357	0.4906
江　苏	0.6472	0.6903	0.7622	0.8261	0.8568	0.8950	0.9193	0.9616	1.0166	1.0548	1.0734	1.0914	1.0972
浙　江	1.2815	1.2569	1.2200	1.2000	1.2237	1.2420	1.2577	1.2445	1.2244	1.1931	1.0820	1.0482	1.0163
安　徽	0.7886	0.8167	0.8390	0.8649	0.9177	0.9610	1.0037	1.0437	1.0841	1.1206	1.1704	1.0760	1.1154
福　建	0.7894	0.8064	0.8364	0.8757	0.9013	0.9349	0.9614	0.9986	1.0239	1.0358	0.9497	0.9218	0.9188
江　西	0.9279	0.9771	1.0422	1.0873	1.2334	1.3613	1.4917	0.6524	0.6866	0.7334	0.7143	0.7484	0.7719
山　东	1.3254	1.3471	1.3772	1.4450	1.5185	1.5821	1.6266	1.6689	1.7192	1.7544	1.2880	1.3365	1.3723
河　南	1.1236	1.1381	1.1896	1.1985	1.2468	1.2884	1.3330	1.3697	1.4138	1.4446	1.2150	1.2374	1.2579
湖　北	0.6763	0.6369	0.5997	0.5743	0.6346	0.6736	0.7263	0.7727	0.8159	0.8503	0.7984	0.8280	0.8451
湖　南	1.1094	1.0699	1.0611	1.0526	1.1242	1.1928	1.2516	1.3096	1.3671	1.4202	1.4697	1.5068	1.5270
广　东	0.5294	0.5903	0.7397	0.8649	0.9128	0.9283	0.9550	0.9783	1.0035	1.0309	0.9167	0.9273	0.9347
广　西	0.5304	0.5312	0.5628	0.5758	0.6255	0.6860	0.7240	0.7655	0.8089	0.8639	0.8026	0.8338	0.8549
海　南	0.4128	0.4530	0.5129	0.5428	0.5825	0.6115	0.6601	0.6909	0.7128	0.7048	0.7148	0.7888	0.7832
重　庆	0.4479	0.4231	0.4040	0.3967	0.4385	0.4655	0.4740	0.4882	0.5065	0.5347	0.5535	0.5708	0.6026
四　川	0.5327	0.4876	0.4519	0.4394	0.4695	0.5087	0.5487	0.5870	0.6178	0.6543	0.6338	0.6573	0.6846
贵　州	0.2787	0.3203	0.3428	0.3521	0.3789	0.4059	0.4628	0.4927	0.5415	0.5675	0.4506	0.4827	0.5260
云　南	0.3079	0.3156	0.3317	0.3458	0.3864	0.4217	0.4618	0.4936	0.5179	0.5368	0.5542	0.5689	0.4335
西　藏	1.4090	1.1756	0.9668	0.8090	0.8547	0.9672	1.0516	1.1709	1.2899	1.3989	1.4285	1.1782	1.2293
陕　西	0.3495	0.3841	0.4222	0.4585	0.5010	0.5471	0.5897	0.6144	0.6389	0.6676	0.5444	0.5630	0.5804
甘　肃	0.4646	0.4037	0.3620	0.3369	0.3665	0.3965	0.4233	0.4496	0.4734	0.4995	0.3544	0.3754	0.3911
青　海	0.7412	0.7008	0.6554	0.6611	0.7166	0.7321	0.7392	0.6981	0.7528	0.7714	0.7781	0.7836	0.8000
宁　夏	0.7948	0.6801	0.5943	0.5455	0.5666	0.5982	0.6138	0.6260	0.6322	0.6444	0.4504	0.4693	0.4821
新　疆	0.5619	0.4078	0.3335	0.2934	0.3209	0.3499	0.3825	0.4197	0.4530	0.4797	0.4893	0.5036	0.5214

附表 A7   农林牧渔业中间消耗占比

省　份	2006 年	2007 年	2008 年	2009 年	2010 年	2011 年	2012 年	2013 年	2014 年	2015 年	2016 年	2017 年	2018 年
北　京	1.4751	1.7541	1.6881	1.6941	1.6627	1.6345	1.6647	1.6345	1.6069	1.6045	1.5820	1.5614	1.5106
天　津	1.2989	1.2841	1.1851	1.1868	1.1854	1.1793	1.1891	1.1888	1.1873	1.1921	1.2204	1.2270	1.1960
河　北	0.7304	0.7254	0.6744	0.7228	0.6495	0.6815	0.6849	0.6757	0.6664	0.6762	0.6707	0.6692	0.6294
山　西	0.8438	0.8512	0.8480	0.9002	0.9028	0.8896	0.8826	0.8677	0.8633	0.8480	0.8476	0.8542	0.8568
内蒙古	0.6530	0.6715	0.6007	0.6804	0.6895	0.6832	0.6876	0.6909	0.6891	0.6830	0.6752	0.6793	0.6770
辽　宁	0.9012	0.8858	0.8775	0.9024	0.9115	0.9045	0.8969	0.8844	0.8736	0.8718	0.8709	0.9254	0.9254
吉　林	0.6792	0.7174	0.7349	0.7615	0.7686	0.7619	0.7810	0.7718	0.7694	0.7596	0.7516	0.7588	0.8145
黑龙江	0.8907	0.8811	0.8579	0.9500	0.9502	0.9467	0.8945	0.8698	0.8409	0.8404	0.8770	0.9028	0.8396
上　海	1.5260	1.5267	1.5138	1.5081	1.4877	1.5031	1.5180	1.5172	1.5019	1.5054	1.6544	1.5119	1.5421
江　苏	0.7633	0.7522	0.6874	0.7097	0.6871	0.6917	0.7089	0.6993	0.6890	0.6801	0.6702	0.6734	0.6598
浙　江	0.5998	0.6372	0.6198	0.6241	0.6107	0.5970	0.6013	0.5940	0.5876	0.5746	0.5726	0.5728	0.5680
安　徽	0.7240	0.7303	0.7248	0.7252	0.7182	0.7093	0.7167	0.7112	0.7075	0.7018	0.7217	0.7286	0.6987
福　建	0.6597	0.6697	0.6886	0.6966	0.6921	0.6918	0.6939	0.6927	0.6926	0.6894	0.6945	0.6998	0.7203
江　西	0.5714	0.5625	0.5754	0.5848	0.5785	0.5746	0.5867	0.5782	0.5756	0.5712	0.5642	0.5951	0.6165
山　东	0.9057	0.8966	0.8798	0.8693	0.8605	0.8535	0.8646	0.8557	0.8450	0.8423	0.8425	0.8035	0.7871
河　南	0.7493	0.7512	0.7496	0.7563	0.7593	0.7600	0.7706	0.7719	0.7734	0.7714	0.7573	0.7567	0.7544
湖　北	0.6422	0.6407	0.6668	0.6520	0.6622	0.6311	0.6311	0.6611	0.6657	0.6747	0.6763	0.6606	0.6610
湖　南	0.6138	0.6003	0.6182	0.6559	0.6286	0.6287	0.6287	0.6324	0.6274	0.6238	0.6265	0.6323	0.6471
广　东	0.6964	0.6982	0.6639	0.6716	0.6602	0.6418	0.6451	0.6355	0.6232	0.6142	0.6112	0.6073	0.6080
广　西	0.5871	0.5962	0.6323	0.6439	0.6336	0.6244	0.6233	0.6067	0.6023	0.5957	0.5940	0.5978	0.5849
海　南	0.5959	0.5788	0.5187	0.5250	0.5255	0.5215	0.5205	0.5209	0.5138	0.1435	0.5036	0.5041	0.4989
重　庆	0.4290	0.4965	0.4940	0.5144	0.5048	0.4898	0.4983	0.4915	0.4888	0.4813	0.4873	0.4858	0.4630
四　川	0.6207	0.6311	0.6619	0.6497	0.6468	0.6440	0.6533	0.6478	0.6407	0.6382	0.7029	0.7055	0.5934
贵　州	0.5500	0.5529	0.5614	0.5649	0.5904	0.5965	0.6048	0.6107	0.6119	0.6097	0.5991	0.5930	0.5953
云　南	0.5954	0.6134	0.5903	0.6377	0.5983	0.6335	0.6345	0.6199	0.6125	0.6097	0.6123	0.6203	0.6215
西　藏	0.4125	0.4675	0.4536	0.4587	0.4617	0.4672	0.4691	0.4732	0.4747	0.4771	0.4831	0.4575	0.4154
陕　西	0.6767	0.6762	0.6922	0.6954	0.6935	0.6855	0.6861	0.6809	0.6792	0.6761	0.6815	0.6809	0.6812
甘　肃	0.6930	0.6841	0.7706	0.7480	0.7630	0.7637	0.7500	0.7400	0.7250	0.7236	0.7299	0.7301	0.7406
青　海	0.4395	0.4454	0.4532	0.4527	0.4646	0.4922	0.4881	0.4926	0.4947	0.4954	0.5042	0.5078	0.5045
宁　夏	0.9140	0.9132	0.8693	0.9108	0.9128	0.9203	0.9261	0.9313	0.9343	0.9399	0.9190	0.9259	0.9429
新　疆	0.6373	0.6741	0.6916	0.7026	0.7080	0.7117	0.7168	0.7232	0.7291	0.7427	0.7098	0.7553	1.0280

附表 A8 农村信息化发展水平

省 份	2006 年	2007 年	2008 年	2009 年	2010 年	2011 年	2012 年	2013 年	2014 年	2015 年	2016 年	2017 年	2018 年
北 京	36.1300	41.4700	45.6000	52.2700	59.3300	62.8700	66.7000	70.5300	69.9650	69.4000	73.7000	74.7000	65.6000
天 津	8.5000	10.1700	11.0000	12.5000	15.1700	37.0000	43.7100	50.4200	44.3100	38.2000	47.0000	46.1000	35.9000
河 北	2.0200	2.8300	4.0700	6.0500	9.6900	25.5700	30.4000	35.2300	36.5150	37.8000	39.2000	40.3000	37.5000
山 西	1.3800	3.4300	3.5200	6.2400	8.7100	24.0500	27.6700	31.2900	29.9950	28.7000	31.1000	31.4000	26.6000
内蒙古	0.5300	0.7800	0.9700	1.8900	3.6900	8.5900	11.2100	13.8300	17.3150	20.8000	22.9000	24.2000	21.2000
辽 宁	3.1700	2.4300	4.0200	5.9300	9.9500	16.6700	20.2300	23.7900	26.3450	28.9000	34.5000	36.2000	25.6000
吉 林	0.3100	1.1900	2.4400	4.6300	7.8100	15.9400	20.7500	25.5600	28.6800	31.8000	33.7000	33.2000	28.7000
黑龙江	1.4300	2.6300	4.5100	7.8600	11.3800	15.3100	19.2400	23.1700	23.7850	24.4000	25.6000	27.6000	20.6000
上 海	38.0000	43.3300	46.8300	54.3300	59.8300	50.2500	49.1700	48.0900	47.2950	46.5000	51.4000	52.6000	37.1000
江 苏	11.0900	16.8800	6.6500	8.2400	10.9700	37.5600	44.9700	52.3800	47.3400	42.3000	45.0000	45.4000	34.5000
浙 江	15.9300	20.5900	25.6700	31.0700	38.4100	43.5200	47.8900	52.2600	48.8800	45.5000	49.3000	52.2000	45.5000
安 徽	1.1600	2.0000	3.2600	4.3200	7.9400	10.3900	13.8700	17.3500	18.3750	19.4000	20.3000	22.3000	25.6000
福 建	7.5300	10.9300	13.9000	17.8600	23.5700	30.9500	36.1600	41.3700	38.1350	34.9000	34.5000	34.0000	31.9000
江 西	1.1000	1.5900	1.9000	3.3500	5.2200	10.6100	13.3100	16.0100	19.1550	22.3000	20.5000	22.9000	23.6000
山 东	2.4300	3.5500	5.0000	10.8300	16.6900	25.2100	31.5000	37.7900	36.2950	34.8000	37.5000	39.8000	37.7000
河 南	1.0200	2.1900	2.6900	4.0500	7.5000	16.1900	20.2100	24.2300	25.4150	26.6000	31.1000	31.2000	29.2000
湖 北	2.3300	2.0000	3.0000	5.1500	7.3900	15.5800	19.7300	23.8800	25.0400	26.2000	27.9000	27.9000	31.9000
湖 南	0.9500	1.1900	1.7800	3.0000	4.3900	10.3000	11.9500	13.6000	16.7000	19.8000	20.7000	22.2000	27.4000
广 东	10.2300	12.4600	14.2600	16.2100	19.5300	29.5200	31.6800	33.8400	33.8700	33.9000	37.7000	41.6000	35.3000
广 西	0.8700	1.0400	1.3900	2.9900	4.5000	9.5700	11.7300	13.8900	15.5950	17.3000	20.2000	21.8000	20.0000
海 南	1.1100	1.5300	1.5300	1.8100	1.9400	8.4200	8.4200	8.4200	10.0100	11.6000	11.8000	12.3000	10.0000
重 庆	0.4400	1.4400	1.1100	1.8300	4.0600	11.9400	14.5000	17.0600	17.9800	18.9000	21.5000	20.0000	17.8000
四 川	0.7500	1.6000	2.1500	3.7300	4.8500	7.8800	9.9500	12.0200	12.6100	13.2000	16.2000	17.7000	17.0000
贵 州	0.6700	1.0700	1.0700	0.9800	1.6500	4.1100	4.8700	5.6300	7.6650	9.7000	13.0000	15.7000	11.1000
云 南	0.4200	0.6300	0.8300	1.2100	2.3800	4.0400	6.1700	8.3000	7.2500	6.2000	7.0000	7.3000	10.0000
西 藏	0.2100	0.2100	0.2100	0.2100	0.2100	0.3400	0.5400	0.7400	0.5200	0.3000	0.3000	0.2000	3.4000
陕 西	0.7200	1.4900	2.4800	4.5900	6.6900	16.5500	17.9100	19.2700	20.6350	22.0000	24.7000	25.2000	14.9000
甘 肃	0.4400	1.1100	1.9400	2.7200	4.4200	9.0000	11.3900	13.7800	13.9900	14.2000	15.9000	16.8000	21.2000
青 海	0.1700	0.1700	1.0000	1.1700	2.0000	5.1700	8.7500	12.3300	12.1150	11.9000	14.1000	14.5000	14.5000
宁 夏	0.1700	0.6700	0.8300	4.0000	7.1700	11.7500	14.8800	18.0100	20.0050	22.0000	20.5000	23.3000	23.2000
新 疆	0.2600	0.3900	1.1000	1.6800	2.9000	9.1000	12.4500	15.8000	15.0500	14.3000	17.0000	16.6000	13.6000

附表 A9 设施农业占比

省　份	2006 年	2007 年	2008 年	2009 年	2010 年	2011 年	2012 年	2013 年	2014 年	2015 年	2016 年	2017 年	2018 年
北　京	3.0210	4.4317	5.8424	7.2531	8.2621	8.5758	8.9090	8.6787	9.7326	9.0419	9.0330	7.3637	6.7276
天　津	2.6531	2.8482	3.0433	3.2384	4.5846	6.3971	7.0174	7.8711	8.4263	8.7485	8.0098	6.2824	5.8241
河　北	1.4833	1.7497	2.0161	2.2825	2.4820	2.9055	3.0455	3.1725	3.1452	3.1796	3.3185	3.2232	2.3555
山　西	0.4501	0.5212	0.5924	0.6636	0.8387	0.9974	1.3040	1.3994	1.4868	1.5164	1.4368	1.3775	1.2533
内蒙古	0.2190	0.2492	0.2794	0.3096	0.4014	0.4638	0.5647	0.5887	0.7960	0.7891	0.8539	0.9350	0.8975
辽　宁	4.4260	3.9410	3.4561	2.9711	3.2076	3.9627	4.3998	9.0407	8.0173	7.8208	5.8703	4.5309	3.6218
吉　林	0.2447	0.1328	0.0209	0.1745	0.2240	0.2185	0.2418	0.3281	0.2780	0.2715	0.2869	0.3241	0.3471
黑龙江	0.1735	0.1466	0.1197	0.0928	0.1061	0.1204	0.1214	0.1479	0.1705	0.1566	0.1586	0.1673	0.1556
上　海	2.5112	2.8733	3.2354	3.5975	2.8016	3.1046	3.6941	3.0680	2.9905	2.9832	2.6947	2.6986	2.5783
江　苏	0.1501	0.6403	1.1305	1.6207	2.0114	2.5133	3.5387	4.7288	6.5802	7.2287	7.3949	7.8501	7.4214
浙　江	0.8790	1.1852	1.4914	1.7977	2.0338	2.0598	1.8714	2.2071	2.2080	2.4071	2.4975	2.5082	2.8158
安　徽	0.0831	0.0904	0.0978	0.1051	0.1701	0.2091	0.2283	0.3153	0.4419	0.8374	0.8729	0.9094	0.9043
福　建	0.0457	0.0731	0.1004	0.1278	0.1796	0.3043	0.4332	0.4843	0.6027	0.6203	0.7710	0.8790	0.9526
江　西	0.1944	0.1815	0.1686	0.1557	0.2025	0.2118	0.1908	0.1041	0.1053	0.1033	0.1054	0.1102	0.1154
山　东	2.6324	2.7824	2.9323	3.0823	3.6194	3.3767	3.6069	3.7228	3.6810	3.7549	3.8950	3.8542	3.8296
河　南	0.3583	0.3808	0.4034	0.4259	0.5210	0.5947	0.8289	0.8934	0.9248	0.9270	0.9203	0.9516	0.9542
湖　北	0.8181	0.6927	0.5672	0.4418	0.3399	0.4211	0.4003	1.2971	2.0067	1.8638	1.8660	1.7966	1.5924
湖　南	0.1055	0.0600	0.0146	0.0892	0.0940	0.1025	0.1082	0.1608	0.2444	0.2389	0.2368	0.1740	0.1720
广　东	0.0213	0.0010	0.0233	0.0456	0.1908	0.3062	0.4521	0.4455	0.4959	0.5254	0.5689	0.5960	0.5420
广　西	0.0084	0.0076	0.0068	0.0061	0.0069	0.0068	0.0072	0.0074	0.0086	0.0091	0.0087	0.0096	0.0099
海　南	1.3007	1.6036	1.9064	2.2093	2.9456	3.3518	3.7513	0.3003	0.3089	0.3051	0.4028	0.4259	0.4271
重　庆	0.1137	0.1146	0.1156	0.1166	0.1167	0.1306	0.1338	1.6745	1.7692	1.8225	1.4353	1.4608	1.4628
四　川	0.2084	0.2010	0.1936	0.1861	0.2882	0.3754	0.5443	1.3239	1.1874	1.2746	1.1320	1.0977	1.0567
贵　州	0.0038	0.0039	0.0039	0.0040	0.0046	0.0049	0.0087	0.0093	0.0103	0.0129	0.0144	0.0174	0.0188
云　南	0.0017	0.0775	0.1567	0.2359	0.3151	0.3505	0.3652	0.3954	0.4049	0.4286	0.4336	0.4669	0.4817
西　藏	0.0479	0.0058	0.0596	0.1251	0.2018	0.1726	0.2122	0.2124	0.2228	0.2555	0.6577	0.6915	0.6963
陕　西	0.0963	0.0545	0.2053	0.4651	0.5710	0.6741	0.9436	1.5824	1.6652	1.6585	1.7251	2.1460	2.3558
甘　肃	0.1542	0.0261	0.2065	0.4391	0.4353	0.5533	0.7325	0.8975	0.9747	1.0800	1.6306	1.8303	1.6257
青　海	0.2027	0.1911	0.1796	0.1681	0.1895	0.2366	0.3135	0.5133	1.1613	1.2067	1.2262	1.2309	1.1904
宁　夏	1.0750	1.1888	1.3026	1.4165	1.2888	1.1571	1.4187	1.4646	3.4146	3.4035	3.5254	3.0213	2.3891
新　疆	0.0038	0.1450	0.2939	0.4427	0.6269	0.6437	0.6702	0.7123	0.7320	0.5831	0.5281	0.5493	0.5397

附表 A10 农民合作社占比

省 份	2006 年	2007 年	2008 年	2009 年	2010 年	2011 年	2012 年	2013 年	2014 年	2015 年	2016 年	2017 年	2018 年
北 京	4.3973	3.3684	8.8490	12.9227	15.9520	17.7312	19.3540	20.7436	22.0843	23.3573	24.4346	25.4164	26.3982
天 津	0.5102	0.7835	1.9027	5.5037	6.7761	9.1439	11.5421	18.3311	24.8912	33.0515	42.6241	52.0827	61.5413
河 北	0.9891	1.5911	1.2204	2.8304	3.8067	5.0589	6.1343	8.8430	22.1578	25.4586	31.2303	37.1859	43.1415
山 西	3.1922	3.4933	6.8218	12.8455	17.0507	22.6814	28.5227	36.5859	44.0873	50.9178	57.6799	63.0779	68.4759
内蒙古	0.0934	0.1511	0.6474	4.4494	9.2265	14.5580	20.7294	36.1692	52.0480	54.5636	57.2590	85.4547	113.6505
辽 宁	0.5337	0.8421	2.9176	5.3739	8.7267	11.3464	14.4347	19.5540	24.9628	33.8896	39.2008	44.7246	50.2485
吉 林	0.1265	0.2002	1.5447	4.4745	8.8565	17.7429	24.3471	34.1524	41.8596	50.9834	62.8567	75.1638	87.4710
黑龙江	0.1492	0.2377	1.5598	4.8979	9.1789	13.0166	17.5497	30.6050	44.1137	50.9230	58.7100	66.3199	73.9298
上 海	1.8239	2.5889	3.1503	7.3428	10.0809	11.7530	12.4755	12.7401	12.6531	21.0422	10.9350	9.4714	9.9479
江 苏	0.8501	1.3683	3.5522	7.0622	10.4827	13.7472	19.6444	24.9519	29.1770	33.8892	37.2956	40.7097	44.1239
浙 江	1.7337	1.7318	6.0969	9.2247	13.4831	17.3941	22.0105	26.8623	21.9906	33.0986	35.2361	37.1823	39.1286
安 徽	0.1428	0.2312	1.1024	2.6245	4.3757	6.1931	9.1404	13.2957	16.5139	21.0451	25.8850	30.9385	35.9920
福 建	0.1005	0.1597	1.1798	2.2487	4.8213	7.2271	10.1751	13.5795	18.0068	21.3347	24.2842	27.4916	30.6991
江 西	1.1275	1.3381	1.5646	3.3423	4.8076	6.2790	8.0367	11.6341	15.6120	19.8746	25.0737	30.5529	36.0321
山 东	0.1743	0.2823	1.8958	4.3960	7.5998	9.9683	15.2667	21.9917	29.8697	36.3783	42.6860	48.6815	54.6771
河 南	0.1597	0.2603	1.0194	2.9103	4.6214	6.1775	8.2939	13.2490	18.7007	23.0222	27.5617	32.4517	37.3417
湖 北	0.1521	0.2423	0.8471	1.9424	4.3754	7.0847	10.3947	15.1757	19.7938	24.5683	28.5995	32.8930	37.1865
湖 南	0.0601	0.0975	0.4373	1.1904	1.9414	3.2864	4.7997	7.1802	10.6230	14.7397	19.9789	26.3412	32.0369
广 东	0.0899	0.1388	0.3087	0.7115	1.1197	2.8615	4.3143	7.0521	9.2957	10.9290	12.2502	13.6323	15.0144
广 西	1.1230	1.4188	1.7649	2.2243	2.8534	3.3991	3.9714	5.5291	7.2280	9.7676	14.8892	29.7097	44.5301
海 南	0.3554	0.5671	1.6889	5.3227	8.0394	13.0991	18.9584	23.5802	29.6910	3.7160	34.1183	65.6170	97.1157
重 庆	1.1846	1.6973	2.2290	4.1046	7.7610	10.4580	12.8696	15.5985	18.7005	22.2361	25.8783	29.6833	33.4882
四 川	0.2794	0.4526	0.9834	1.7934	2.9299	4.3415	5.9831	7.2076	10.8272	13.5787	17.6347	21.9667	26.2987
贵 州	0.8287	1.1854	1.5607	1.3373	1.1009	3.5461	6.0777	8.3832	10.9291	15.3580	23.8735	32.7981	36.0508
云 南	0.9481	1.1326	1.3273	1.4355	2.4193	3.8773	5.6632	7.7861	10.7582	13.9112	17.7147	21.7022	25.6897
西 藏	1.0055	0.6546	0.3113	1.1132	2.1725	2.9848	4.1189	7.9603	12.4565	19.7522	26.3257	32.8412	39.3567
陕 西	0.1773	0.2868	1.2199	2.9899	1.1459	6.8439	10.0760	14.0642	15.0795	20.5972	22.9023	25.3470	43.0161
甘 肃	0.0664	0.1056	0.4946	2.0551	3.8665	5.8610	9.6262	18.1118	28.1281	38.5969	35.5364	32.3864	29.2363
青 海	0.6820	1.0580	1.5749	3.9074	3.6950	12.5410	17.3092	25.1929	33.9803	42.7424	62.0568	82.2064	102.3560
宁 夏	0.3895	0.6209	2.4703	5.5015	8.0810	10.1028	16.2956	10.6674	33.3216	40.2462	49.6979	60.2509	70.8038
新 疆	0.1934	0.7123	1.2205	1.7187	3.4378	5.1483	7.5760	9.6233	11.9397	13.4112	29.3307	45.1987	61.0667

附表 A11　　　　　　　　农村居民人均可支配收入增长率

省　份	2006 年	2007 年	2008 年	2009 年	2010 年	2011 年	2012 年	2013 年	2014 年	2015 年	2016 年	2017 年	2018 年
北　京	0.0967	0.1089	0.1243	0.0858	0.1366	0.1111	0.1181	0.0380	0.1033	0.0902	0.0846	0.0866	0.0928
天　津	0.1027	0.1020	0.1049	-0.1016	0.1597	0.2230	0.1383	0.0946	0.1082	0.0862	0.0862	0.0836	0.0603
河　北	0.0920	0.1293	0.1169	0.0739	0.1570	0.1950	0.1351	0.1369	0.1087	0.0849	0.0786	0.0807	0.0893
山　西	0.1004	0.1524	0.1177	0.0358	0.1160	0.1827	0.1348	0.2506	0.1082	0.0732	0.0665	0.0699	0.0892
内蒙古	0.1181	0.1828	0.1778	0.0605	0.1198	0.2011	0.1460	0.1805	0.1103	0.0801	0.0773	0.0840	0.0968
辽　宁	0.1084	0.1670	0.1681	0.0685	0.1594	0.2010	0.1310	0.0829	0.1014	0.0773	0.0683	0.0672	0.0662
吉　林	0.1156	0.1507	0.1774	0.0675	0.1845	0.2040	0.1449	0.1375	0.1022	0.0507	0.0703	0.0683	0.0616
黑龙江	0.1028	0.1632	0.1750	0.0723	0.1928	0.2222	0.1335	0.0889	0.1157	0.0614	0.0664	0.0704	0.0899
上　海	0.1044	0.1095	0.1138	0.0964	0.1198	0.1485	0.1090	0.0789	0.1033	0.0950	0.0998	0.0903	0.0916
江　苏	0.1018	0.1287	0.1213	0.0879	0.1393	0.1850	0.1293	0.1081	0.1063	0.0868	0.0830	0.0882	0.0881
浙　江	0.1014	0.1268	0.1201	0.0809	0.1294	0.1564	0.1133	0.2022	0.1074	0.0904	0.0824	0.0914	0.0940
安　徽	0.1242	0.1978	0.1817	0.0718	0.1734	0.1792	0.1489	0.2360	0.1205	0.0912	0.0832	0.0885	0.0970
福　建	0.0865	0.1307	0.1333	0.0781	0.1118	0.1820	0.1354	0.1442	0.1092	0.0903	0.0875	0.0890	0.0910
江　西	0.0977	0.1431	0.1463	0.0804	0.1406	0.1906	0.1361	0.1608	0.1131	0.1011	0.0897	0.0910	0.0920
山　东	0.1114	0.1412	0.1316	0.0846	0.1424	0.1934	0.1324	0.1313	0.1119	0.0882	0.0792	0.0834	0.0780
河　南	0.1360	0.1811	0.1565	0.0792	0.1491	0.1956	0.1394	0.1919	0.1112	0.0890	0.0778	0.0874	0.0874
湖　北	0.1033	0.1691	0.1648	0.0814	0.1583	0.1827	0.1383	0.2344	0.1194	0.0917	0.0744	0.0854	0.0844
湖　南	0.0873	0.1518	0.1558	0.0879	0.1452	0.1681	0.1330	0.2135	0.1143	0.0927	0.0853	0.0843	0.0894
广　东	0.0830	0.1071	0.1379	0.0792	0.1424	0.1878	0.1250	0.0498	0.1064	0.0910	0.0862	0.0873	0.0880
广　西	0.1101	0.2324	0.1595	-0.7186	0.1414	0.1514	0.1484	0.2972	0.1142	0.0902	0.0943	0.0933	0.0979
海　南	0.0839	0.1643	0.1580	0.0807	0.1119	0.2219	0.1492	0.1881	0.1262	0.0953	0.0907	0.0894	0.0843
重　庆	0.0230	0.2211	0.1758	0.0853	0.1783	0.2281	0.1393	0.1502	0.1174	0.1069	0.0994	0.0943	0.0905
四　川	0.0712	0.1813	0.1620	0.0827	0.1400	0.2048	0.1424	0.1970	0.1154	0.0962	0.0933	0.0914	0.0903
贵　州	0.0574	0.1962	0.1782	0.0745	0.1552	0.1940	0.1466	0.2409	0.1311	0.1073	0.0952	0.0963	0.0955
云　南	0.1022	0.1744	0.1739	0.0860	0.1729	0.1948	0.1471	0.2413	0.1089	0.1054	0.0944	0.0934	0.0918
西　藏	0.1718	0.1450	0.1392	0.1120	0.1719	0.1850	0.1662	0.1458	0.1230	0.1202	0.1031	0.1360	0.1084
陕　西	0.1014	0.1703	0.1858	0.0960	0.1942	0.2248	0.1461	0.2307	0.1184	0.0954	0.0814	0.0924	0.0924
甘　肃	0.0778	0.0913	0.1696	0.0941	0.1492	0.1415	0.1528	0.2401	0.1231	0.1051	0.0751	0.0830	0.0901
青　海	0.0893	0.1380	0.1406	0.0931	0.1544	0.1931	0.1640	0.2045	0.1271	0.0893	0.0921	0.0921	0.0984
宁　夏	0.1001	0.1525	0.1573	0.0997	0.1548	0.1572	0.1424	0.2295	0.1068	0.0843	0.0804	0.0900	0.0903
新　疆	0.1027	0.1630	0.1005	0.1085	0.1956	0.1722	0.1748	0.2272	0.1118	0.0804	0.0804	0.0847	0.0841

附表 A12　　　　　　　　　　　乡村非农就业占比

省　份	2006 年	2007 年	2008 年	2009 年	2010 年	2011 年	2012 年	2013 年	2014 年	2015 年	2016 年	2017 年	2018 年
北　京	0.6749	0.6913	0.6232	0.5610	0.5135	0.4811	0.4847	0.1853	0.4210	0.3633	0.3722	0.3823	0.3924
天　津	0.4956	0.5362	0.5502	0.5581	0.5964	0.5999	0.6083	0.6242	0.6340	0.6445	0.6483	0.6605	0.6727
河　北	0.4354	0.4572	0.4634	0.4698	0.4811	0.4939	0.5020	0.5082	0.5161	0.5223	0.5264	0.5307	0.5350
山　西	0.4076	0.4101	0.4022	0.4126	0.4200	0.4467	0.4532	0.4614	0.4292	0.4254	0.4223	0.4177	0.4132
内蒙古	0.1762	0.1844	0.1913	0.2063	0.2064	0.2174	0.2141	0.2002	0.2205	0.2246	0.2161	0.2102	0.2044
辽　宁	0.3678	0.3883	0.3984	0.4091	0.4178	0.4278	0.4295	0.4300	0.4371	0.4325	0.4211	0.4109	0.4007
吉　林	0.1831	0.1944	0.2073	0.2134	0.2267	0.2333	0.2587	0.2597	0.2960	0.3091	0.3247	0.3376	0.3505
黑龙江	0.1464	0.1587	0.1682	0.1702	0.1928	0.1925	0.1896	0.1944	0.2180	0.2152	0.2063	0.2107	0.2150
上　海	0.7602	0.7545	0.7661	0.7641	0.8034	0.8020	0.7562	0.7205	0.7340	0.7126	0.7128	0.7259	0.7390
江　苏	0.4233	0.4405	0.4496	0.4799	0.4549	0.4584	0.4611	0.4644	0.4693	0.4795	0.4835	0.4936	0.5037
浙　江	0.7198	0.7505	0.7513	0.7612	0.7864	0.8015	0.8040	0.8093	0.8100	0.8148	0.8282	0.8365	0.8447
安　徽	0.4168	0.4534	0.4716	0.4868	0.4853	0.4813	0.5006	0.5181	0.5335	0.5422	0.5440	0.5455	0.5469
福　建	0.4879	0.5097	0.5229	0.5357	0.5440	0.5432	0.5489	0.5681	0.5697	0.5706	0.5715	0.5757	0.5798
江　西	0.4511	0.4603	0.4612	0.4683	0.4763	0.4840	0.4964	0.5036	0.5047	0.5042	0.5041	0.5053	0.5065
山　东	0.3414	0.3565	0.3404	0.3419	0.3458	0.3629	0.3752	0.3914	0.4059	0.4186	0.4260	0.4423	0.4586
河　南	0.3615	0.3936	0.4141	0.4342	0.4482	0.4551	0.4642	0.4717	0.4483	0.4606	0.4622	0.4812	0.5001
湖　北	0.2524	0.2498	0.2476	0.2484	0.2525	0.2571	0.2737	0.2865	0.3391	0.1851	0.1418	0.1614	0.1811
湖　南	0.3518	0.3687	0.3771	0.3888	0.3862	0.3529	0.3440	0.3279	0.3053	0.2928	0.2742	0.2514	0.2286
广　东	0.5067	0.5091	0.5193	0.5291	0.5528	0.5789	0.5719	0.4839	0.4116	0.4171	0.4278	0.4221	0.4164
广　西	0.3418	0.3346	0.3374	0.3332	0.3419	0.3497	0.1051	0.1107	0.1212	0.1202	0.1134	0.1129	0.1123
海　南	0.1822	0.1778	0.1941	0.1989	0.2218	0.2299	0.2325	0.2622	0.2492	0.2628	0.2777	0.2804	0.2831
重　庆	0.2200	0.2134	0.2111	0.2182	0.2294	0.2393	0.2373	0.2359	0.2518	0.2693	0.2871	0.2904	0.2938
四　川	0.3318	0.3398	0.3626	0.3714	0.3856	0.3933	0.4044	0.4117	0.4219	0.4298	0.4389	0.4449	0.4509
贵　州	0.0088	0.0039	0.0114	0.0223	0.0286	0.0357	0.0331	0.0366	0.0397	0.0379	0.0451	0.0386	0.0321
云　南	0.1916	0.1964	0.2056	0.2175	0.2287	0.2253	0.2518	0.2593	0.2731	0.2807	0.2792	0.2997	0.3201
西　藏	0.2056	0.2116	0.2230	0.2278	0.2377	0.2591	0.2683	0.2859	0.3019	0.2899	0.3045	0.3188	0.3331
陕　西	0.3291	0.3402	0.3599	0.3853	0.3779	0.3695	0.3860	0.3798	0.3462	0.2898	0.2591	0.2186	0.1781
甘　肃	0.1394	0.1410	0.1400	0.1411	0.1333	0.1231	0.0973	0.0995	0.1008	0.0950	0.0951	0.0897	0.0844
青　海	0.2831	0.3188	0.3053	0.3590	0.3241	0.3304	0.3534	0.3248	0.3128	0.3104	0.2950	0.2883	0.2816
宁　夏	0.3392	0.3406	0.3763	0.4011	0.2569	0.2033	0.2054	0.2045	0.2407	0.2411	0.2576	0.2715	0.2854
新　疆	0.3338	0.3387	0.3509	0.3658	0.3498	0.3091	0.2679	0.2625	0.2674	0.2731	0.2654	0.2825	0.2996

175

附表 A13　　　　　　　　城乡居民人均收入比

省　份	2006 年	2007 年	2008 年	2009 年	2010 年	2011 年	2012 年	2013 年	2014 年	2015 年	2016 年	2017 年	2018 年
北　京	2.3176	2.3003	2.3006	2.2915	2.1922	2.2329	2.2135	2.6059	2.5723	2.5699	2.5673	2.5745	2.5666
天　津	1.7984	1.8690	2.0085	2.4635	2.4112	2.1849	2.1123	1.8876	1.8518	1.8451	1.8485	1.8515	1.8633
河　北	2.7104	2.7229	2.8029	2.8581	2.7297	2.5692	2.5421	2.4192	2.3700	2.3666	2.3700	2.3716	2.3503
山　西	3.1525	3.1549	3.2019	3.2979	3.3038	3.2356	3.2111	2.8000	2.7322	2.7320	2.7129	2.7005	2.6413
内蒙古	3.0993	3.1313	3.0999	3.2098	3.2006	3.0727	3.0416	2.8941	2.8417	2.8391	2.8405	2.8345	2.7752
辽　宁	2.5351	2.5769	2.5812	2.6454	2.5641	2.4669	2.4748	2.6273	2.5986	2.5816	2.5524	2.5456	2.5478
吉　林	2.6846	2.6935	2.6006	2.6598	2.4708	2.3697	2.3503	2.1809	2.1538	2.1985	2.1884	2.1867	2.1946
黑龙江	2.5847	2.4792	2.3851	2.4134	2.2311	2.0678	2.0642	2.2253	2.1629	2.1814	2.1752	2.1671	2.1147
上　海	2.2434	2.3110	2.3430	2.3102	2.2777	2.2568	2.2573	2.3364	2.3047	2.2823	2.2606	2.2496	2.2398
江　苏	2.4229	2.4963	2.5391	2.5678	2.5163	2.4378	2.4321	2.3360	2.2961	2.2867	2.2806	2.2769	2.2643
浙　江	2.4901	2.4893	2.4548	2.4593	2.4206	2.3695	2.3743	2.1196	2.0850	2.0693	2.0658	2.0541	2.0355
安　徽	3.2909	3.2263	3.0911	3.1272	2.9873	2.9855	2.9362	2.5751	2.5048	2.4893	2.4876	2.4800	2.4574
福　建	2.8445	2.8361	2.8988	2.9306	2.9328	2.8373	2.8148	2.4703	2.4286	2.4125	2.4011	2.3876	2.3636
江　西	2.6644	2.7385	2.7392	2.7629	2.6744	2.5386	2.5366	2.4337	2.4029	2.3790	2.3623	2.3560	2.3388
山　东	2.7911	2.8613	2.8903	2.9109	2.8534	2.7321	2.7264	2.5155	2.4593	2.4396	2.4374	2.4336	2.4268
河　南	3.0083	2.9798	2.9705	2.9897	2.8840	2.7551	2.7166	2.4240	2.3753	2.3566	2.3282	2.3239	2.3046
湖　北	2.8669	2.8731	2.8247	2.8534	2.7534	2.6637	2.6541	2.3389	2.2907	2.2840	2.3093	2.3088	2.3004
湖　南	3.0989	3.1488	3.0629	3.0728	2.9466	2.8695	2.8654	2.6972	2.6411	2.6234	2.6222	2.6243	2.6041
广　东	3.1528	3.1471	3.0834	3.1236	3.0288	2.8701	2.8670	2.6688	2.6253	2.6015	2.5967	2.5967	2.5828
广　西	0.2799	0.2643	0.2609	3.8819	3.7557	3.6041	3.5360	2.9115	2.8410	2.7904	2.7342	2.6932	2.6085
海　南	2.8854	2.9008	2.8720	2.8984	2.9535	2.8497	2.8237	2.5463	2.4703	2.4275	2.4026	2.3886	2.3839
重　庆	4.0259	3.9083	3.8071	3.5166	3.3226	3.1248	3.1108	2.7151	2.6499	2.5930	2.5639	2.5474	2.5317
四　川	3.1142	3.1291	3.0654	3.1016	3.0394	2.9206	2.9004	2.6522	2.5925	2.5573	2.5292	2.5131	2.4916
贵　州	4.5936	4.4981	4.2042	4.2798	4.0735	3.9792	3.9345	3.4869	3.3799	3.3275	3.3055	3.2788	3.2515
云　南	4.4745	4.3495	4.2707	4.2809	4.0649	3.9339	3.8908	3.3405	3.2589	3.1998	3.1720	3.1429	3.1100
西　藏	3.6719	3.9925	3.9301	3.8351	3.6196	3.3023	3.1521	3.1121	2.9916	3.0880	3.0573	2.9691	2.9518
陕　西	4.1006	4.0692	4.0995	4.1101	3.8235	3.6288	3.5981	3.1508	3.0718	3.0407	3.0267	3.0016	2.9715
甘　肃	4.1802	4.2991	4.0272	4.0031	3.8511	3.8340	3.8070	3.5560	3.4738	3.4265	3.4456	3.4377	3.4026
青　海	3.8163	3.8290	3.8051	3.7930	3.5869	3.3858	3.2746	3.1497	3.0629	3.0935	3.0882	3.0826	3.0322
宁　夏	3.3033	3.4137	3.5127	3.4643	3.2823	3.2494	3.2088	2.8262	2.7687	2.7620	2.7562	2.7447	2.7243
新　疆	3.2411	3.2400	3.2635	3.1566	2.9388	2.8506	2.8029	2.6880	2.6610	2.7877	2.7951	2.7862	2.7361

附表 A14   城乡居民人均消费支出比

省 份	2006 年	2007 年	2008 年	2009 年	2010 年	2011 年	2012 年	2013 年	2014 年	2015 年	2016 年	2017 年	2018 年
北 京	2.5898	2.3957	2.2596	2.0110	2.1540	1.9846	2.0330	2.3321	2.3197	2.3175	2.2076	2.1449	2.1255
天 津	3.1571	3.3996	3.5087	3.4638	3.3548	2.7395	2.4110	1.7858	1.7680	1.7795	1.7813	1.8482	1.9365
河 北	2.9429	2.9550	2.9072	2.8894	2.6836	2.4642	2.4227	2.0292	1.9646	1.9491	1.9499	1.9552	1.9439
山 西	3.1825	3.0202	2.8431	2.8308	2.6728	2.4753	2.2787	2.1312	2.0935	2.1316	2.1165	2.1847	2.1576
内蒙古	2.7658	2.8504	2.9929	3.1171	3.1372	2.8829	3.0913	2.1195	2.0943	2.0566	1.9842	1.9400	1.9300
辽 宁	2.6044	2.7997	2.9448	2.8972	2.9580	2.7356	2.9284	2.7472	2.6305	2.4295	2.5114	2.3527	2.3089
吉 林	2.7225	2.7925	2.8256	2.7965	2.8160	2.4522	2.5582	2.1188	2.1077	2.0462	2.0130	1.9506	2.0685
黑龙江	2.5420	2.4120	2.2428	2.2705	2.4330	2.2600	2.3815	1.8836	2.1030	2.0440	1.9255	1.8311	1.8425
上 海	1.8438	1.9509	2.1270	2.1411	2.2722	2.2718	2.2350	2.4928	2.3740	2.2874	2.3348	2.3386	2.3048
江 苏	2.3284	2.2388	2.2479	2.2660	2.1944	2.0732	2.1401	2.0692	1.9861	1.9380	1.8320	1.7760	1.7783
浙 江	2.2038	2.0717	2.0120	2.1578	2.0000	2.0509	2.0547	1.9724	1.8790	1.7794	1.7321	1.7644	1.7556
安 徽	3.0132	3.0980	2.9000	2.8000	2.8686	2.6590	2.9128	2.0268	2.0182	1.9201	1.9059	1.8675	1.6883
福 建	2.7309	2.7273	2.6815	2.6817	2.6826	2.5472	2.6566	2.0593	2.0083	1.9664	1.9368	1.8553	1.8835
江 西	2.4828	2.6084	2.6343	2.7571	2.7147	2.5209	2.8670	2.0335	2.0060	1.9718	1.9386	1.9497	1.9072
山 东	2.6937	2.6692	2.6997	2.7195	2.7289	2.4677	2.4223	2.4205	2.3012	2.2696	2.2582	2.2309	2.2004
河 南	2.9988	2.9243	2.9030	2.8234	2.9435	2.8557	2.8732	2.3981	2.2240	2.1749	2.1065	2.1085	2.0197
湖 北	2.7072	2.8159	2.5948	2.7633	2.7992	2.6271	2.8588	1.9536	1.9216	1.8558	1.8321	1.8290	1.7206
湖 南	2.7111	2.6620	2.6138	2.6930	2.7435	2.5877	2.9079	2.1535	2.0316	2.0124	2.0151	2.0083	1.9704
广 东	3.1993	3.4117	3.1869	3.3582	3.3522	3.0112	3.2614	2.4191	2.3510	2.3123	2.3048	2.2878	2.0066
广 西	2.8136	2.9668	3.2252	3.2039	3.3254	3.0512	3.4198	2.3976	2.2540	2.1526	2.0678	1.9444	1.8988
海 南	3.1927	3.2438	3.2633	3.2658	3.1706	3.0347	3.2592	2.4832	2.4917	2.2470	2.1315	2.1222	2.0967
重 庆	4.2620	3.9143	3.8638	3.8649	3.6790	3.3261	3.8016	2.4566	2.2899	2.2089	2.1127	2.0811	2.0167
四 川	3.1418	3.1639	3.0944	2.6223	3.1058	2.9294	3.3533	2.1858	2.1395	2.0838	2.0271	1.9296	1.8458
贵 州	4.2090	4.0543	3.8552	3.7360	3.5262	3.2852	3.9861	2.6022	2.5551	2.5454	2.5489	2.4518	2.2669
云 南	3.3611	3.0039	3.0350	3.4880	3.2587	3.0621	3.7170	2.8328	2.6978	2.5878	2.5404	2.4366	2.3706
西 藏	3.0928	3.3965	3.7841	3.7651	3.6317	3.7930	4.8552	3.3350	3.2495	3.0507	3.2025	3.1514	3.0903
陕 西	3.4632	3.2923	3.2799	3.1965	3.1161	3.0685	3.1395	2.5277	2.4193	2.3370	2.2607	2.1910	2.1812
甘 肃	3.7587	3.9043	3.4606	3.2138	3.3635	3.0529	3.4825	2.5489	2.5932	2.5551	2.6097	2.5729	2.4939
青 海	2.9969	3.0707	2.8283	2.7377	2.5470	2.4148	2.5865	2.1614	2.1242	2.2414	2.2612	2.1684	2.2215
宁 夏	3.2068	3.0913	3.0884	3.0705	2.8243	2.7284	2.8629	2.3453	2.2427	2.2560	2.2284	2.0256	2.0368
新 疆	3.3114	3.3499	3.2207	3.1612	2.9489	2.6921	2.9034	2.3733	2.4011	2.5221	2.5648	2.6166	2.5677

附表 A15　　　　　　　　　　城乡居民人均固定资产投资比

省 份	2006 年	2007 年	2008 年	2009 年	2010 年	2011 年	2012 年	2013 年	2014 年	2015 年	2016 年	2017 年	2018 年
北 京	31.8444	31.1089	31.8347	19.6247	17.5071	14.9782	20.4336	21.7912	21.3901	23.2067	22.2998	20.5402	19.5121
天 津	29.9672	36.7142	51.5003	45.7691	61.4958	63.1599	83.1839	73.3127	81.2467	142.5353	114.0454	163.5957	123.7287
河 北	28.0893	30.2492	29.6924	39.4879	40.0529	30.9069	39.0168	43.2236	51.1898	50.5211	66.9365	68.4289	74.2741
山 西	30.7013	30.1411	28.5561	31.3313	29.6306	29.4251	29.3208	33.8470	32.4085	34.0874	31.8791	13.3664	16.7020
内蒙古	53.4996	57.7407	63.4336	76.3539	78.9111	70.0471	68.2718	68.2594	77.0327	51.4716	50.7739	45.7358	35.4820
辽 宁	26.1504	29.9888	32.3937	34.9124	38.7423	33.1916	37.4462	39.5787	39.4929	30.8096	12.1828	13.3762	15.4434
吉 林	22.5859	26.0541	32.3619	33.2718	38.5235	29.3195	32.0285	32.4197	39.5190	51.3789	72.2026	65.6916	65.1470
黑龙江	9.7986	9.8185	9.5803	11.9360	16.2524	17.3596	22.2412	24.8760	23.7102	23.2006	33.3178	35.6738	32.6193
上 海	113.4948	139.9000	241.5198	487.2997	338.1405	282.8046	205.6140	179.0001	201.6189	271.4216	220.7817	177.8838	165.2429
江 苏	36.6362	34.1460	42.0894	42.7494	39.4201	42.7238	47.0363	51.5439	57.4488	67.6140	80.4939	86.9804	94.1280
浙 江	18.6803	19.2518	17.2833	17.9972	15.2719	15.4810	17.9881	19.3171	18.0169	21.0411	20.6589	25.6924	17.3358
安 徽	23.5612	27.7220	29.6752	30.2697	32.6865	33.0354	35.6695	37.1384	35.5082	40.0814	53.8257	54.6171	47.7242
福 建	26.8137	32.6649	33.4118	31.9323	30.5226	29.8557	32.0797	34.4874	35.8518	38.2775	42.4153	46.3833	50.0914
江 西	28.5863	30.5993	33.5891	33.5045	34.9195	31.1695	28.9709	31.3265	33.5340	40.3970	54.2548	57.4659	61.4716
山 东	39.8933	37.5887	37.3224	36.9976	38.9024	35.5388	29.3837	33.8036	37.9544	38.3772	37.9352	36.5020	36.5224
河 南	22.0833	23.9792	26.0415	27.3728	31.3044	29.7202	31.2935	35.9340	47.2632	55.9254	63.8471	71.8868	70.1231
湖 北	28.9008	27.8934	29.5510	31.6932	33.7391	31.3212	30.6500	30.7289	37.7279	41.4623	41.9049	53.3765	46.2023
湖 南	23.1500	26.8016	31.3629	32.6600	33.2921	29.3481	28.6766	30.3314	30.4589	32.5598	37.2981	41.2412	37.9363
广 东	32.1939	31.5872	33.6445	43.5956	39.5827	17.7902	17.6072	20.2200	26.9741	34.7468	41.1545	45.1143	46.8971
广 西	27.5400	26.2821	24.1138	25.2129	28.5261	25.7595	26.1597	26.7710	28.0673	30.7435	32.6529	20.7593	6.7313
海 南	25.2103	28.0565	28.8368	37.4339	33.9508	26.9659	23.9362	32.5256	35.9008	28.5158	19.8741	25.1127	25.6252
重 庆	36.9260	43.7845	47.3098	53.2809	61.3032	56.5931	51.6760	50.9319	56.9167	62.7734	81.8381	101.3228	102.9008
四 川	32.3581	32.8832	35.0159	18.5446	32.6069	35.6133	42.0745	42.4706	40.0395	48.8587	50.0442	45.4190	46.1962
贵 州	39.4506	41.3212	39.8346	37.1655	36.3105	35.7637	45.1667	43.1008	53.1964	54.8110	59.4935	83.0524	69.2944
云 南	32.5482	34.5854	38.6441	44.2150	44.4814	39.4659	42.0061	40.8336	36.4094	39.6311	41.8534	45.7525	47.4494
西 藏	55.4208	61.3799	82.2822	79.6460	90.3858	93.4639	105.8399	108.7548	110.0647	116.7084	114.5767	116.0403	108.5109
陕 西	30.2707	34.8848	32.5711	38.4620	41.8060	31.5119	34.5299	39.3319	43.1971	44.3651	47.1585	50.8382	51.8703
甘 肃	37.8956	46.7042	42.1282	40.6849	53.1857	68.3832	75.8919	79.1692	87.1963	88.8853	90.8761	50.1142	45.1406
青 海	53.8426	50.0348	47.0833	46.9157	24.5816	22.7735	26.7961	32.0053	38.9635	46.7405	44.6523	53.1564	63.2076
宁 夏	20.7357	21.1548	25.3265	32.7025	32.5723	28.8513	30.9993	32.4256	33.4864	35.1352	33.8005	29.9530	22.8899
新 疆	30.7566	32.8580	35.4636	38.0764	39.2318	30.7940	24.8085	25.4924	27.9349	40.8705	35.1344	41.2218	29.9238

附表 A16   **"生产多少"**

省 份	2006 年	2007 年	2008 年	2009 年	2010 年	2011 年	2012 年	2013 年	2014 年	2015 年	2016 年	2017 年	2018 年
北 京	0.1328	0.1642	0.2006	0.2048	0.2398	0.2701	0.2933	0.3121	0.3061	0.2793	0.2960	0.2281	0.1747
天 津	0.0804	0.0945	0.1351	0.2822	0.3335	0.4466	0.7138	0.7080	0.7024	0.8044	0.7997	0.7464	0.7684
河 北	0.0583	0.0704	0.0844	0.0966	0.1194	0.1489	0.1632	0.1857	0.1983	0.2165	0.2361	0.2437	0.2625
山 西	0.0055	0.0080	0.0122	0.0271	0.0362	0.0504	0.0562	0.0705	0.0741	0.0725	0.0777	0.0796	0.0831
内蒙古	0.0926	0.1202	0.1611	0.2023	0.2679	0.3467	0.3750	0.4664	0.4530	0.4912	0.5358	0.4436	0.3437
辽 宁	0.1332	0.1723	0.2300	0.3084	0.4222	0.5500	0.7321	0.8099	0.7646	0.5704	0.3665	0.3705	0.3970
吉 林	0.1082	0.1410	0.2023	0.2505	0.3219	0.4354	0.5482	0.6212	0.6452	0.6686	0.6608	0.6164	0.6439
黑龙江	0.0729	0.0956	0.1332	0.1513	0.2061	0.2912	0.3783	0.4862	0.4880	0.5052	0.5273	0.5739	0.5912
上 海	0.1234	0.1715	0.2424	0.2277	0.2391	0.2776	0.3132	0.3189	0.3198	0.2462	0.2436	0.2311	0.2306
江 苏	0.0791	0.1046	0.1349	0.1592	0.2234	0.2604	0.3294	0.3829	0.3969	0.4936	0.5459	0.5924	0.6437
浙 江	0.0724	0.0812	0.0931	0.0946	0.1259	0.1451	0.1593	0.1796	0.1892	0.1992	0.2192	0.2122	0.1932
安 徽	0.0295	0.0438	0.0639	0.0802	0.1145	0.1622	0.1941	0.2253	0.2503	0.2680	0.2944	0.3175	0.3431
福 建	0.0891	0.1076	0.1382	0.1575	0.2322	0.2872	0.3454	0.4093	0.4654	0.5215	0.5930	0.5794	0.5892
江 西	0.0322	0.0422	0.0563	0.0672	0.0880	0.1113	0.1450	0.1790	0.2129	0.2456	0.2792	0.3019	0.3311
山 东	0.1334	0.1817	0.2376	0.2719	0.3149	0.3611	0.5379	0.6201	0.6486	0.7032	0.7444	0.6891	0.6606
河 南	0.0565	0.0749	0.1024	0.1121	0.1490	0.1926	0.2128	0.2539	0.2864	0.3117	0.3547	0.3876	0.4362
湖 北	0.0468	0.0639	0.0951	0.1148	0.1687	0.2503	0.3407	0.4137	0.4716	0.4965	0.5684	0.4833	0.3992
湖 南	0.0430	0.0607	0.0843	0.0966	0.1249	0.1749	0.1917	0.2126	0.2361	0.2711	0.3055	0.3134	0.3415
广 东	0.0493	0.0595	0.0753	0.0735	0.0849	0.1912	0.2061	0.2410	0.2557	0.2735	0.2996	0.2885	0.2799
广 西	0.0549	0.0694	0.0911	0.0954	0.1290	0.1724	0.2044	0.2338	0.2565	0.2767	0.3056	0.5636	0.6368
海 南	0.1054	0.1104	0.1302	0.1273	0.1510	0.1804	0.1867	0.2096	0.2408	0.2723	0.3189	0.3554	0.3426
重 庆	0.0304	0.0409	0.0561	0.0646	0.0887	0.1216	0.1443	0.1741	0.2052	0.2446	0.2984	0.2795	0.2615
四 川	0.0407	0.0617	0.0831	0.0922	0.1142	0.1545	0.1544	0.1753	0.1935	0.2044	0.2186	0.2420	0.2495
贵 州	0.0025	0.0066	0.0124	0.0138	0.0196	0.0284	0.0361	0.0507	0.0715	0.1016	0.1247	0.1481	0.1472
云 南	0.0195	0.0239	0.0323	0.0344	0.0387	0.0537	0.0690	0.0866	0.1001	0.1141	0.1353	0.1559	0.1617
西 藏	0.0119	0.0126	0.0146	0.0145	0.0165	0.0183	0.0185	0.0221	0.0266	0.0321	0.0421	0.0496	0.0462
陕 西	0.0190	0.0295	0.0445	0.0533	0.0751	0.1019	0.1298	0.1601	0.1904	0.2118	0.2370	0.2664	0.2888
甘 肃	0.0120	0.0182	0.0259	0.0300	0.0438	0.0547	0.0720	0.0880	0.0973	0.1091	0.1223	0.1268	0.1395
青 海	0.0116	0.0163	0.0290	0.0287	0.0433	0.0537	0.0645	0.0867	0.1101	0.1271	0.1433	0.1266	0.1002
宁 夏	0.0244	0.0317	0.0404	0.0467	0.0647	0.0775	0.0918	0.1240	0.1436	0.1623	0.1665	0.1820	0.1935
新 疆	0.0500	0.0620	0.0686	0.0710	0.1072	0.1192	0.1338	0.1589	0.1860	0.1996	0.2198	0.2188	0.2190

附表 A17　　　　　　　　　　　　"生产什么"

省　份	2006 年	2007 年	2008 年	2009 年	2010 年	2011 年	2012 年	2013 年	2014 年	2015 年	2016 年	2017 年	2018 年
北　京	0.3723	0.3369	0.4504	0.4308	0.4562	0.4596	0.4772	0.5061	0.4037	0.3437	0.3130	0.3206	0.1660
天　津	0.3069	0.2853	0.3663	0.3305	0.3492	0.3516	0.3606	0.4031	0.2781	0.2025	0.1760	0.1944	0.1648
河　北	0.2035	0.1811	0.2355	0.1962	0.2099	0.2168	0.2204	0.1918	0.1526	0.1200	0.1055	0.1068	0.0902
山　西	0.2183	0.2029	0.3070	0.2677	0.2780	0.2745	0.2705	0.2692	0.2093	0.1648	0.1386	0.1454	0.1271
内蒙古	0.2582	0.2452	0.2755	0.2453	0.2476	0.2580	0.2509	0.2330	0.1790	0.1433	0.1326	0.1351	0.1173
辽　宁	0.3037	0.3000	0.3574	0.3296	0.3402	0.3376	0.3372	0.3470	0.2849	0.2249	0.1967	0.1923	0.1494
吉　林	0.2267	0.2497	0.2995	0.2792	0.2848	0.3000	0.2961	0.2880	0.2495	0.2262	0.2153	0.2253	0.2090
黑龙江	0.2695	0.2512	0.3346	0.3094	0.3160	0.3011	0.2938	0.2881	0.2336	0.1649	0.1446	0.1409	0.1277
上　海	0.5059	0.4885	0.5935	0.5623	0.5259	0.5207	0.5234	0.5490	0.4681	0.4368	0.4082	0.4260	0.4224
江　苏	0.2411	0.2773	0.3095	0.2845	0.2917	0.3003	0.3247	0.3012	0.2758	0.2605	0.2509	0.2498	0.2371
浙　江	0.2010	0.1956	0.2273	0.2025	0.2075	0.2233	0.2236	0.2131	0.1777	0.1287	0.1244	0.1283	0.1071
安　徽	0.2588	0.2907	0.3446	0.3441	0.3437	0.3599	0.3588	0.3589	0.1856	0.1903	0.1815	0.1905	0.2013
福　建	0.2079	0.2025	0.2562	0.2326	0.2406	0.2558	0.2626	0.2478	0.1439	0.1189	0.1025	0.1115	0.0958
江　西	0.2195	0.2399	0.2712	0.2316	0.2458	0.2557	0.2532	0.2224	0.2173	0.1836	0.1740	0.1606	0.1798
山　东	0.2314	0.2163	0.2807	0.2509	0.2644	0.2671	0.2693	0.2640	0.1994	0.1619	0.1368	0.1386	0.1195
河　南	0.2368	0.2304	0.2874	0.2655	0.2724	0.2763	0.2801	0.2798	0.2133	0.1382	0.1241	0.1294	0.1229
湖　北	0.2479	0.2687	0.2903	0.2640	0.2572	0.2719	0.2743	0.2501	0.2178	0.1797	0.1742	0.1900	0.1626
湖　南	0.1767	0.1810	0.2445	0.2186	0.2294	0.2346	0.2414	0.2226	0.1607	0.1572	0.1612	0.1790	0.1687
广　东	0.2688	0.2878	0.3194	0.2992	0.2957	0.2991	0.2929	0.2267	0.1849	0.1676	0.1617	0.1690	0.1668
广　西	0.7601	0.8138	0.2651	0.2419	0.2485	0.2542	0.2527	0.2318	0.1132	0.0950	0.0847	0.0759	0.0652
海　南	0.2825	0.1742	0.1755	0.1689	0.1776	0.1743	0.1826	0.1568	0.1457	0.0810	0.0607	0.0525	0.0437
重　庆	0.2894	0.3568	0.3897	0.4264	0.3808	0.3907	0.3843	0.2428	0.1520	0.1102	0.1038	0.1024	0.1063
四　川	0.1922	0.1963	0.2473	0.2264	0.2394	0.2514	0.2499	0.2324	0.2037	0.1748	0.1613	0.1413	0.1209
贵　州	0.1740	0.1704	0.1922	0.1946	0.2011	0.2200	0.2270	0.2149	0.1215	0.1563	0.1530	0.1552	0.1511
云　南	0.1820	0.1778	0.1988	0.1966	0.2202	0.2253	0.2202	0.2015	0.1414	0.1083	0.1014	0.1049	0.1064
西　藏	0.0252	0.0604	0.0754	0.0857	0.0893	0.0910	0.0939	0.1018	0.1015	0.0961	0.0401	0.0300	0.0368
陕　西	0.1704	0.1734	0.2330	0.2090	0.2154	0.2330	0.2330	0.2107	0.1682	0.1403	0.1245	0.1326	0.1211
甘　肃	0.1888	0.1959	0.2458	0.2376	0.2511	0.2469	0.2453	0.2234	0.1658	0.1380	0.1133	0.1173	0.1001
青　海	0.1013	0.0998	0.1023	0.1085	0.1410	0.1384	0.1452	0.1292	0.1036	0.0613	0.0544	0.0586	0.0484
宁　夏	0.2787	0.2399	0.3065	0.2758	0.2842	0.2847	0.2857	0.2888	0.2373	0.1953	0.1745	0.1857	0.1599
新　疆	0.2071	0.2034	0.2723	0.2337	0.2406	0.2454	0.2494	0.2347	0.1896	0.1357	0.1170	0.1692	0.1498

附表 A18 "怎样生产"

省 份	2006 年	2007 年	2008 年	2009 年	2010 年	2011 年	2012 年	2013 年	2014 年	2015 年	2016 年	2017 年	2018 年
北 京	0.3440	0.4272	0.5160	0.6235	0.7007	0.7318	0.7486	0.7316	0.7854	0.7360	0.7230	0.6212	0.5479
天 津	0.1837	0.2248	0.2546	0.2976	0.3732	0.5649	0.6157	0.6812	0.7072	0.7196	0.6898	0.5900	0.5253
河 北	0.1253	0.1671	0.2002	0.2509	0.2877	0.3836	0.4067	0.4239	0.4404	0.4473	0.4206	0.4251	0.3819
山 西	0.0516	0.0761	0.0877	0.1195	0.1453	0.2039	0.2356	0.2561	0.2658	0.2729	0.2386	0.2374	0.2327
内蒙古	0.0398	0.0406	0.0425	0.0501	0.0689	0.0943	0.1144	0.1368	0.1721	0.1853	0.1875	0.2302	0.2677
辽 宁	0.1877	0.1814	0.1785	0.1797	0.2201	0.3056	0.3485	0.6259	0.5858	0.5935	0.4789	0.4086	0.3454
吉 林	0.0366	0.0371	0.0355	0.0535	0.0740	0.1003	0.1212	0.1459	0.1566	0.1741	0.1878	0.2132	0.2275
黑龙江	0.0417	0.0391	0.0428	0.0563	0.0743	0.0779	0.0946	0.1169	0.1321	0.1414	0.1481	0.1695	0.1744
上 海	0.2826	0.3299	0.3693	0.4272	0.4047	0.3437	0.3715	0.3314	0.3239	0.3244	0.3082	0.3125	0.2479
江 苏	0.0930	0.1519	0.1308	0.1786	0.2161	0.3319	0.4105	0.4985	0.6006	0.6358	0.6588	0.6802	0.6382
浙 江	0.1731	0.2253	0.2761	0.3274	0.3651	0.3641	0.3653	0.3884	0.3708	0.3797	0.3945	0.4003	0.3975
安 徽	0.0440	0.0639	0.0788	0.1004	0.1241	0.1401	0.1559	0.1711	0.1865	0.2184	0.2449	0.2471	0.2667
福 建	0.0771	0.1089	0.1326	0.1643	0.1866	0.1965	0.2168	0.2298	0.2320	0.2275	0.2419	0.2491	0.2501
江 西	0.0569	0.0787	0.0917	0.1209	0.1460	0.1846	0.2035	0.1205	0.1329	0.1475	0.1567	0.1723	0.1840
山 东	0.1494	0.1912	0.2263	0.2980	0.3620	0.4093	0.4458	0.4712	0.4779	0.4863	0.4704	0.4849	0.4919
河 南	0.0669	0.0936	0.1116	0.1416	0.1668	0.2078	0.2345	0.2482	0.2606	0.2678	0.2734	0.2856	0.2917
湖 北	0.0673	0.0745	0.0775	0.0915	0.1042	0.1376	0.1544	0.2174	0.2673	0.2689	0.2766	0.2825	0.2851
湖 南	0.0594	0.0757	0.0849	0.1103	0.1243	0.1569	0.1678	0.1755	0.1954	0.2089	0.2407	0.2529	0.2749
广 东	0.0781	0.1009	0.1239	0.1514	0.1686	0.1892	0.2024	0.2042	0.2086	0.2114	0.2259	0.2385	0.2204
广 西	0.0313	0.0429	0.0484	0.0652	0.0765	0.0983	0.1083	0.1147	0.1233	0.1343	0.1511	0.1732	0.1929
海 南	0.0634	0.0928	0.1148	0.1476	0.1948	0.2751	0.3137	0.1311	0.1431	0.1316	0.1660	0.2098	0.2547
重 庆	0.0298	0.0439	0.0419	0.0520	0.0696	0.0976	0.1076	0.2007	0.2127	0.2259	0.2188	0.2219	0.2284
四 川	0.0347	0.0475	0.0495	0.0628	0.0756	0.0957	0.1168	0.1679	0.1683	0.1823	0.1869	0.1936	0.2027
贵 州	0.0180	0.0305	0.0316	0.0361	0.0414	0.0562	0.0684	0.0733	0.0847	0.0975	0.1064	0.1259	0.1306
云 南	0.0179	0.0294	0.0344	0.0446	0.0595	0.0754	0.0896	0.1000	0.1038	0.1106	0.1242	0.1312	0.1299
西 藏	0.0716	0.0780	0.0739	0.0799	0.0906	0.1149	0.1296	0.1413	0.1590	0.1803	0.2303	0.2119	0.2445
陕 西	0.0219	0.0349	0.0494	0.0798	0.0952	0.1392	0.1644	0.2066	0.2170	0.2280	0.2318	0.2587	0.2737
甘 肃	0.0271	0.0328	0.0404	0.0575	0.0698	0.0955	0.1190	0.1430	0.1596	0.1810	0.1976	0.2098	0.2052
青 海	0.0437	0.0564	0.0614	0.0756	0.0862	0.1150	0.1347	0.1545	0.2043	0.2198	0.2463	0.2733	0.3108
宁 夏	0.0670	0.0835	0.0919	0.1212	0.1374	0.1559	0.1857	0.1894	0.3258	0.3387	0.3290	0.3195	0.3028
新 疆	0.0271	0.0345	0.0393	0.0493	0.0682	0.0962	0.1129	0.1266	0.1305	0.1251	0.1481	0.1665	0.1788

附表 A19　　　　　　　　　"为谁生产"

省 份	2006 年	2007 年	2008 年	2009 年	2010 年	2011 年	2012 年	2013 年	2014 年	2015 年	2016 年	2017 年	2018 年
北 京	0.6572	0.6776	0.6593	0.6967	0.6375	0.6090	0.6623	0.2962	0.5182	0.4705	0.4746	0.4823	0.4878
天 津	0.6087	0.6128	0.6050	0.6090	0.6267	0.6700	0.7074	0.7368	0.7473	0.7523	0.7608	0.7692	0.7830
河 北	0.4886	0.4979	0.5033	0.5827	0.5580	0.5815	0.6236	0.6099	0.6183	0.6288	0.6298	0.6328	0.6357
山 西	0.4172	0.4257	0.4341	0.5265	0.4807	0.5059	0.5770	0.5551	0.5241	0.5262	0.5199	0.5139	0.5068
内蒙古	0.3324	0.3247	0.3299	0.4256	0.3313	0.3391	0.3655	0.3053	0.3207	0.3316	0.3180	0.3081	0.2955
辽 宁	0.4902	0.4859	0.4909	0.5714	0.5199	0.5330	0.5378	0.5189	0.5271	0.5340	0.5187	0.5089	0.4947
吉 林	0.3833	0.3794	0.3955	0.4886	0.4111	0.4106	0.4714	0.3834	0.4148	0.4295	0.4383	0.4479	0.4526
黑龙江	0.3846	0.3993	0.4192	0.5096	0.4227	0.4075	0.4576	0.3193	0.3415	0.3433	0.3278	0.3269	0.3222
上 海	0.7346	0.7224	0.7259	0.6715	0.7768	0.8055	0.8033	0.7989	0.8131	0.7871	0.7982	0.8165	0.8353
江 苏	0.5394	0.5402	0.5464	0.6285	0.5741	0.5755	0.6280	0.5700	0.5756	0.5888	0.5915	0.5999	0.6071
浙 江	0.6745	0.6977	0.7189	0.7673	0.7995	0.8247	0.8489	0.9039	0.9084	0.9197	0.9354	0.9457	0.9588
安 徽	0.4130	0.4363	0.4788	0.5761	0.5367	0.5403	0.5623	0.6163	0.6307	0.6457	0.6452	0.6466	0.6493
福 建	0.5066	0.5192	0.5322	0.6154	0.5844	0.5970	0.6198	0.6644	0.6675	0.6744	0.6743	0.6791	0.6822
江 西	0.5194	0.5102	0.5184	0.5952	0.5583	0.5747	0.5817	0.6059	0.6068	0.6119	0.6094	0.6089	0.6082
山 东	0.4461	0.4442	0.4389	0.5305	0.4625	0.4783	0.5381	0.4919	0.5068	0.5257	0.5284	0.5428	0.5559
河 南	0.4192	0.4403	0.4615	0.5636	0.5180	0.5307	0.5533	0.5712	0.5502	0.5673	0.5668	0.5832	0.6010
湖 北	0.3959	0.3859	0.4021	0.4933	0.4087	0.4035	0.4407	0.4077	0.4544	0.3124	0.2627	0.2741	0.2846
湖 南	0.4162	0.4193	0.4436	0.5419	0.4815	0.4594	0.4702	0.4323	0.4105	0.4046	0.3802	0.3531	0.3232
广 东	0.4624	0.4604	0.4933	0.5745	0.5582	0.6071	0.5789	0.5730	0.5070	0.5198	0.5251	0.5176	0.5116
广 西	0.7192	0.7054	0.6834	0.3552	0.3763	0.3971	0.2493	0.2201	0.2267	0.2345	0.2214	0.2173	0.2083
海 南	0.3418	0.3325	0.3455	0.4508	0.3618	0.3607	0.3730	0.3700	0.3552	0.3792	0.3888	0.3869	0.3821
重 庆	0.1901	0.2160	0.2376	0.3933	0.3196	0.3390	0.3148	0.3393	0.3543	0.3780	0.3902	0.3891	0.3869
四 川	0.3878	0.3892	0.4183	0.5373	0.4616	0.4740	0.4661	0.5110	0.5202	0.5343	0.5410	0.5467	0.5503
贵 州	0.0316	0.0451	0.0959	0.2611	0.1484	0.1442	0.1372	0.1286	0.1274	0.1349	0.1321	0.1201	0.1063
云 南	0.1636	0.1927	0.2186	0.3538	0.2841	0.2873	0.2968	0.3384	0.3509	0.3702	0.3631	0.3821	0.3989
西 藏	0.2696	0.2244	0.2330	0.3752	0.3024	0.3250	0.2377	0.3590	0.3743	0.3694	0.3769	0.3922	0.4048
陕 西	0.2647	0.2825	0.3061	0.4509	0.4006	0.4088	0.4429	0.4615	0.4296	0.3856	0.3510	0.3088	0.2611
甘 肃	0.1559	0.1384	0.1939	0.3506	0.2341	0.2193	0.2255	0.1850	0.1802	0.1831	0.1740	0.1667	0.1540
青 海	0.2934	0.3061	0.3237	0.4743	0.4055	0.4166	0.4861	0.4153	0.4030	0.4045	0.3843	0.3754	0.3629
宁 夏	0.3678	0.3613	0.3808	0.5089	0.3736	0.3256	0.3740	0.3101	0.3421	0.3486	0.3579	0.3703	0.3775
新 疆	0.3680	0.3699	0.3876	0.5119	0.4511	0.4264	0.4269	0.3684	0.3685	0.3749	0.3597	0.3720	0.3853

附表 A20　　　　　　　各省区市农村产业融合发展水平

省 份	2006 年	2007 年	2008 年	2009 年	2010 年	2011 年	2012 年	2013 年	2014 年	2015 年	2016 年	2017 年	2018 年
北 京	0.3156	0.3583	0.4172	0.4435	0.4966	0.5095	0.5077	0.4771	0.5138	0.4660	0.4488	0.3872	0.3023
天 津	0.2155	0.2366	0.2579	0.3066	0.3769	0.5094	0.6510	0.6717	0.6555	0.6691	0.6300	0.5787	0.5769
河 北	0.1557	0.1763	0.1936	0.1978	0.2385	0.2937	0.3030	0.3250	0.3316	0.3321	0.3224	0.3218	0.3155
山 西	0.1009	0.1131	0.1147	0.1126	0.1414	0.1768	0.1923	0.2184	0.2169	0.2151	0.2056	0.2103	0.2056
内蒙古	0.1196	0.1290	0.1309	0.1427	0.1825	0.2345	0.2726	0.3062	0.3025	0.3111	0.3172	0.2942	0.2639
辽 宁	0.2203	0.2310	0.2419	0.2594	0.3333	0.4299	0.5453	0.6610	0.6097	0.5155	0.3862	0.3604	0.3454
吉 林	0.1248	0.1412	0.1501	0.1689	0.2154	0.2835	0.3699	0.3898	0.3937	0.4000	0.3971	0.3970	0.4222
黑龙江	0.1215	0.1299	0.1353	0.1348	0.1739	0.2154	0.2804	0.3148	0.3119	0.3070	0.3072	0.3298	0.3467
上 海	0.3130	0.3474	0.3803	0.3707	0.3810	0.3766	0.4030	0.4085	0.4043	0.3769	0.3838	0.4031	0.4022
江 苏	0.1594	0.1999	0.1883	0.1982	0.2548	0.3240	0.3898	0.4395	0.4758	0.5143	0.5224	0.5297	0.5340
浙 江	0.2016	0.2294	0.2533	0.2410	0.2955	0.3084	0.3112	0.3501	0.3446	0.3442	0.3610	0.3669	0.3613
安 徽	0.1104	0.1335	0.1356	0.1335	0.1723	0.2064	0.2332	0.2702	0.2691	0.2899	0.3113	0.3292	0.3550
福 建	0.1476	0.1697	0.1843	0.1854	0.2417	0.2775	0.3233	0.3629	0.3688	0.3785	0.4019	0.4062	0.4235
江 西	0.1236	0.1404	0.1368	0.1284	0.1658	0.1988	0.2211	0.2180	0.2366	0.2526	0.2738	0.2925	0.3221
山 东	0.1891	0.2212	0.2557	0.2923	0.3442	0.3847	0.4845	0.5154	0.5129	0.5177	0.5037	0.4803	0.4744
河 南	0.1266	0.1477	0.1578	0.1578	0.1976	0.2389	0.2624	0.2955	0.3023	0.3029	0.3159	0.3358	0.3649
湖 北	0.1225	0.1354	0.1335	0.1323	0.1669	0.2206	0.2808	0.3274	0.3654	0.3440	0.3540	0.3272	0.2967
湖 南	0.1106	0.1260	0.1335	0.1316	0.1627	0.2002	0.2172	0.2290	0.2348	0.2497	0.2682	0.2735	0.2827
广 东	0.1384	0.1564	0.1603	0.1509	0.1786	0.2400	0.2518	0.2696	0.2628	0.2688	0.2847	0.2888	0.2872
广 西	0.2156	0.2402	0.1438	0.1048	0.1357	0.1706	0.1792	0.1900	0.1877	0.1939	0.2016	0.2914	0.3287
海 南	0.1382	0.1382	0.1479	0.1533	0.1903	0.2366	0.2512	0.1974	0.2093	0.2087	0.2316	0.2530	0.2601
重 庆	0.0833	0.1083	0.0955	0.1051	0.1228	0.1552	0.1685	0.2117	0.2204	0.2341	0.2488	0.2424	0.2418
四 川	0.0981	0.1134	0.1140	0.1079	0.1358	0.1695	0.1823	0.2219	0.2284	0.2368	0.2479	0.2609	0.2690
贵 州	0.0356	0.0448	0.0450	0.0508	0.0546	0.0670	0.0732	0.0852	0.0898	0.1139	0.1267	0.1397	0.1370
云 南	0.0571	0.0681	0.0658	0.0667	0.0830	0.0997	0.1127	0.1355	0.1393	0.1466	0.1606	0.1784	0.1895
西 藏	0.0687	0.0714	0.0695	0.0661	0.0793	0.0942	0.0871	0.1156	0.1276	0.1371	0.1475	0.1438	0.1512
陕 西	0.0687	0.0820	0.0886	0.0957	0.1224	0.1581	0.1838	0.2205	0.2279	0.2287	0.2295	0.2393	0.2387
甘 肃	0.0588	0.0640	0.0680	0.0748	0.0879	0.1036	0.1186	0.1335	0.1386	0.1476	0.1499	0.1508	0.1444
青 海	0.0696	0.0788	0.0797	0.0755	0.1005	0.1215	0.1410	0.1573	0.1802	0.1841	0.1914	0.1884	0.1777
宁 夏	0.1162	0.1217	0.1211	0.1212	0.1406	0.1512	0.1704	0.1876	0.2451	0.2510	0.2443	0.2485	0.2415
新 疆	0.0976	0.1068	0.1033	0.0929	0.1290	0.1502	0.1671	0.1823	0.1907	0.1882	0.1995	0.2221	0.2277

参 考 文 献

一、中文部分

[1] 阿尔弗雷德·韦伯. 工业区位论 [M]. 北京：商务印书馆, 1997.

[2] 艾尔·巴比. 社会研究方法 [M]. 北京：华夏出版社, 2005.

[3] 本报评论员. 新型主体挑大梁 [N]. 农民日报, 2020 - 07 - 30 (001).

[4] 蔡洁, 刘斐, 夏显力. 农村产业融合、非农就业与农户增收——基于六盘山的微观实证 [J]. 干旱区资源与环境, 2020, 34 (2)：73 - 79.

[5] 曹菲, 聂颖. 产业融合、农业产业结构升级与农民收入增长——基于海南省县域面板数据的经验分析 [J]. 农业经济问题, 2021 (8)：28 - 41.

[6] 陈国生. 湖南省农村一二三产业融合发展水平测定及提升路径研究 [J]. 湖南社会科学, 2019 (6)：79 - 85.

[7] 陈克禄. 新兴古典经济学研究述评 [J]. 江苏社会科学, 2008 (4)：105 - 108.

[8] 陈璐, 李玉琴, 王颜齐. 新型农业经营主体推动农村三产融合发展的增收效应分析 [J]. 学习与探索, 2019 (3)：116 - 123.

[9] 陈平. 劳动分工的起源和制约——从斯密困境到广义斯密原理 [J]. 经济学 (季刊), 2002 (1)：227 - 248.

[10] 陈庆吉, 潘忠志. 学习新兴古典经济学导引 [J]. 东北电力学院学报, 2005 (3)：6 - 12.

［11］陈盛伟，冯叶. 基于熵值法和 TOPSIS 法的农村三产融合发展综合评价研究——以山东省为例［J］. 东岳论丛，2020，41（5）：78－86.

［12］陈锡文. 构建新型农业经营体系刻不容缓［J］. 求是，2013（22）：38－41.

［13］陈曦，欧晓明，韩江波. 农业产业融合形态与生态治理——日韩案例及其启示［J］. 现代经济探讨，2018（6）：112－118.

［14］陈忠文，祁春节，赵玉. 交易效率、分工与农村贫困聚集效应——来自山地省份的证据［J］. 中国流通经济，2012，26（2）：60－65.

［15］成金华，李悦，陈军. 中国生态文明发展水平的空间差异与趋同性［J］. 中国人口·资源与环境，2015，25（5）：1－9.

［16］成思危. 认真开展案例研究促进管理科学及管理教育发展［J］. 中国科学基金，2001（4）：3－8.

［17］程莉. 中国农村产业融合发展研究新进展：一个文献综述［J］. 农业经济与管理，2019（2）：37－47.

［18］崔鲜花. 韩国农村产业融合发展研究［D］. 长春：吉林大学，2019.

［19］大力促进农村一二三产业融合发展［A／OL］.（2018－04－16）［2018－09－01］. http：//theory. people. com. cn/n1/2018/0416/c40531－29928607. html.

［20］戴其文，魏也华，宁越敏. 欠发达省域经济差异的时空演变分析［J］. 经济地理，2015，35（2）：14－21＋29.

［21］邓明君. 基于分享经济的绿色农产品市场发展研究［D］. 湘潭：湖南科技大学，2018.

［22］董欢. 我国农业生产性服务业发展的若干思考［J］. 农村经济，2013（6）：112－115.

［23］董亚宁，顾芸，杨开忠. 农产品品牌、市场一体化与农业收入增长［J］. 首都经济贸易大学学报，2021，23（1）：70－80.

［24］杜尚泽，王汉超，张晓松，朱基钗. "一个少数民族也不能少"

[N]．人民日报，2020－06－12（001）．

[25] 杜志雄，肖卫东．家庭农场发展的实际状态与政策支持：观照国际经验 [J]．改革，2014（6）：39－51．

[26] 范方志，曾冰．我国省际农村公共服务供给效率评价及其时空演化 [J]．湖南师范大学社会科学学报，2021，50（2）：88－94．

[27] 方叶林，黄震方，王坤，涂玮．中国星级酒店相对效率集聚的空间分析及提升策略 [J]．人文地理，2013，28（1）：121－127．

[28] 冯伟，石汝娟，夏虹，耿晴晴．农村一二三产业融合发展评价指标体系研究 [J]．湖北农业科学，2016，55（21）：5697－5701．

[29] 盖尔·克拉默，克拉伦斯·詹森．农业经济和农业一体化 [M]．北京：中国社会科学出版社，1994．

[30] 高帆．交易效率、分工演进与二元经济结构转化 [D]．西安：西北大学，2004．

[31] 高帆．交易效率的测度及其跨国比较：一个指标体系 [J]．财贸经济，2007（5）：104－110，129．

[32] 高新才，殷颂葵．丝绸之路经济带人类发展指数差异的时空演变透视 [J]．兰州大学学报（社会科学版），2016，44（6）：69－75．

[33] 关浩杰．农村产业融合发展综合评价指标体系如何构建 [J]．人民论坛，2016（20）：52－54．

[34] 郭军，张效榕，孔祥智．农村一二三产业融合与农民增收——基于河南省农村一二三产业融合案例 [J]．农业经济问题，2019（3）：135－144．

[35] 国家发展改革委宏观院和农经司课题组．推进我国农村一二三产业融合发展问题研究 [J]．经济研究参考，2016（4）：3－28．

[36] 国家经贸委发布《关于发展贸工农一体化的意见》[J]．经济工作通讯，1997（17）：11－12．

[37] 国务院办公厅关于推进农村一二三产业融合发展的指导意见 [J]．中华人民共和国国务院公报，2016（2）：41－45．

［38］国务院关于促进乡村产业振兴的指导意见［J］．中华人民共和国国务院公报，2019（19）：21－26．

［39］韩绍凤，向国成，汪金成．农业多样化与小农经济效率改进：理论分析、经验证据与国际比较［J］．数量经济技术经济研究，2007（1）：56－64．

［40］郝立丽，张滨．新时期我国农村产业融合的发展模式与推进机制［J］．学术交流，2016（7）：116－121．

［41］何会文．三产融合让广阔天地大有作为［N］．天津日报，2019－05－28（001）．

［42］何劲，祁春节．家庭农场产业链：延伸模式、形成机理及制度效率［J］．经济体制改革，2018（2）：78－84．

［43］何小芊，龚胜生，胡娟，许甲甲．基于不同尺度的湘鄂赣地区传统村落空间分异及影响因素［J］．长江流域资源与环境，2019，28（12）：2857－2866．

［44］何银春，薛婷婷．日本6次产业化理论在马路村乡村振兴中的实践［J］．现代日本经济，2020（5）：72－82．

［45］胡石其，熊磊．"组织学习"驱动绿色创新绩效的影响机制［J］．求索，2018（6）：82－88．

［46］胡石其，熊磊．价值链视角下农村产业融合发展的路径找寻［J］．湘潭大学学报（哲学社会科学版），2018，42（5）：71－75＋86．

［47］胡永亮．分工、产业集聚与区域经济增长研究［D］．西安：西北大学，2006．

［48］黄建宏．经济发展与利率的决定：一个基于新兴古典经济学的分析［D］．成都：西南交通大学，2004．

［49］黄秋昊，蔡运龙．基于RBFN模型的贵州省石漠化危险度评价［J］．地理学报，2005（5）：771－778．

［50］江雪萍．农业分工：生产环节的可外包性——基于专家问卷的测度模型［J］．南方经济，2014（12）：96－104．

[51] 江元，田军华. 谁是更有效率的农业生产经营组织：家庭农场还是农民专业合作社?[J]. 现代财经（天津财经大学学报），2018，38（6）：20-30.

[52] 姜长云，杜志雄. 关于推进农业供给侧结构性改革的思考 [J]. 南京农业大学学报（社会科学版），2017，17（1）：1-10+144.

[53] 姜长云. 十八大以来党中央关于农村产业融合思想的形成发展及创新价值 [J]. 全球化，2017（12）：25-33+133-134.

[54] 姜长云. 推进农村一二三产业融合发展的路径和着力点 [J]. 中州学刊，2016（5）：43-49.

[55] 姜长云. 完善农村一二三产业融合发展的利益联结机制要拓宽视野 [J]. 中国发展观察，2016（2）：42-43+45.

[56] 姜晶，崔雁冰. 推进农村一二三产业融合发展的思考 [J]. 宏观经济管理，2018（7）：39-45.

[57] 姜伟. 美国对日本贸易政策演变的政治经济学研究 [D]. 辽宁大学，2010.

[58] 姜峥. 农村一二三产业融合发展水平评价、经济效应与对策研究 [D]. 哈尔滨：东北农业大学，2018.

[59] 蒋满元. 新兴古典经济理论的空间应用分析 [J]. 江汉论坛，2006（4）：51-54.

[60] 蒋永穆，陈维操. 基于产业融合视角的现代农业产业体系机制构建研究 [J]. 学习与探索，2019（8）：124-131.

[61] 金光春，单忠纪，翟绪军，韩光鹤，季颖. 韩国"农业第六产业化"发展事业对中国的启示 [J]. 世界农业，2016（3）：32-38，204.

[62] 金钟范. 韩国亲环境农业发展政策实践与启示 [J]. 农业经济问题，2005（3）：73-78+80.

[63] 孔祥智，岳振飞，张琛. 合作社联合的本质——一个交易成本解释框架及其应用 [J]. 新疆师范大学学报（哲学社会科学版），2018，39（1）：100-106.

[64] 邝劲松. 分工视角下中国经济发展质量研究 [D]. 湘潭：湖南科技大学，2018.

[65] 李斌. 经济发展与贸易区域化：一个新兴古典理论框架及其启示 [D]. 西安：西北大学，2002.

[66] 李皓. 区域成长：文明嬗变的区域画面——基于分工演进的视角 [M]. 北京：中国经济出版社，2013.

[67] 李杰义. 农业产业链城乡间延伸的机理及政策建议 [J]. 中州学刊，2009 (3)：65-68.

[68] 李婕，王玉斌，程鹏飞. 如何加速中国农村"厕所革命"？——基于典型国家的经验与启示 [J]. 世界农业，2020 (10)：20-26.

[69] 李金龙，修长柏. 美国4H教育对中国新型职业农民培养的启示 [J]. 世界农业，2016 (12)：243-247.

[70] 李井奎. 经济学中的劳动分工——一场经济思想史的旅行 [J]. 学术月刊，2015，47 (10)：79-87.

[71] 李静. 农业产业集群的形成机制及社会效应研究 [D]. 杭州：浙江大学，2015.

[72] 李军辉. 产业集群与城市化协同的内生机理及模式研究 [D]. 天津：天津大学，2013.

[73] 李俊岭. 我国多功能农业发展研究——基于产业融合的研究 [J]. 农业经济问题，2009 (3)：4-7+110.

[74] 李莉，景普秋. 农村网络式产业融合动力机制研究——基于城乡互动的视角 [J]. 农业经济问题，2019 (8)：129-138.

[75] 李美云. 国外产业融合研究新进展 [J]. 外国经济与管理，2005 (12)：12-20+27.

[76] 李庆国，芦晓春. 北京农业呈现五大发展特征 [N]. 农民日报，2019-10-09 (002).

[77] 李翔. 加拿大农业发展经验及对中国的启示 [J]. 世界农业，2020 (4)：60-65.

[78] 李晓龙，陆远权. 农村产业融合发展的减贫效应及非线性特征——基于面板分位数模型的实证分析 [J]. 统计与信息论坛，2019，34 (12)：67 – 74.

[79] 李晓龙，冉光和. 农村产业融合发展的创业效应研究——基于省际异质性的实证检验 [J]. 统计与信息论坛，2019，34 (3)：86 – 93.

[80] 李晓龙，冉光和. 农村产业融合发展如何影响城乡收入差距——基于农村经济增长与城镇化的双重视角 [J]. 农业技术经济，2019 (8)：17 – 28.

[81] 李晓龙. 农村金融深化、农业技术进步与农村产业融合发展 [D]. 重庆：重庆大学，2019.

[82] 李颖慧，李敬. 改进交易效率的农业生产性服务业发展机理与实证研究 [J]. 技术经济，2020，39 (1)：89 – 98.

[83] 李云平. 内蒙古布局全产业链乳业集群 [N]. 中国畜牧兽医报，2020 – 09 – 13 (001).

[84] 李云新，戴紫芸，丁士军. 农村一二三产业融合的农户增收效应研究——基于对 345 个农户调查的 PSM 分析 [J]. 华中农业大学学报 (社会科学版)，2017 (4)：37 – 44 + 146 – 147.

[85] 李芸，陈俊红，陈慈. 北京市农业产业融合评价指数研究 [J]. 农业现代化研究，2017，38 (2)：204 – 211.

[86] 李芸，陈俊红，陈慈. 农业产业融合评价指标体系研究及对北京市的应用 [J]. 科技管理研究，2017，37 (4)：55 – 63.

[87] 李战杰. 专业化劳动力、经济增长与产业升级 [D]. 天津：南开大学，2010.

[88] 李治，王东阳. 交易成本视角下农村一二三产业融合发展问题研究 [J]. 中州学刊，2017 (9)：54 – 59.

[89] 李治，王一杰，胡志全. 农村一、二、三产业融合评价体系的构建与评价——以北京市为例 [J]. 中国农业资源与区划，2019，40 (11)：111 – 120.

[90] 梁成艾，黄旭东，陈俭. 德国职业农民专业化发展的经验与启示 [J]. 东岳论丛，2019，40（11）：150 - 161.

[91] 廖开妍，杨锦秀，曾建霞. 农业技术进步、粮食安全与农民收入——基于中国 31 个省份的面板数据分析 [J]. 农村经济，2020（4）：60 - 67.

[92] 林卿. 中国多功能农业发展与生态环境保护之思考 [J]. 福建师范大学学报（哲学社会科学版），2012（6）：19 - 23.

[93] 林毅夫. 制度、技术与中国农业发展 [M]. 上海：上海三联书店，1992.

[94] 刘汉进，陈俊芳. 供应链战略与产业组织演变 [J]. 工业工程与管理，2003（1）：51 - 54.

[95] 刘辉煌，周琳. 关于分工的经济学：历史回顾与近期发展 [J]. 财经理论与实践，2004（4）：11 - 16.

[96] 刘君. 基于新兴古典经济学的网格资源分配策略与方法研究 [D]. 沈阳：东北大学，2011.

[97] 刘培林，钱滔，黄先海，董雪兵. 共同富裕的内涵、实现路径与测度方法 [J]. 管理世界，2021（8）：117 - 127.

[98] 刘赛红，杨颖，陈修谦. 信贷支持、农村三产融合与农民收入增长——基于湖南省县域面板数据的门槛模型分析 [J]. 云南财经大学学报，2021，37（6）：56 - 66.

[99] 刘守英，王志锋，张维凡，熊雪锋. "以地谋发展"模式的衰竭——基于门槛回归模型的实证研究 [J]. 管理世界，2020，36（6）：80 - 92 + 119 + 246.

[100] 刘玉洁. 加拿大农业合作社发展的起源、现状及其启示 [J]. 世界农业，2017（8）：180 - 186.

[101] 卢静. 农村新产业新业态持续快速发展 [N]. 农民日报，2018 - 07 - 16（001）.

[102] 芦千文，姜长云. 关于推进农村一二三产业融合发展的分析与

思考——基于对湖北省宜昌市的调查 [J]. 江淮论坛, 2016 (1): 12 - 16 + 58.

[103] 鲁飞宇, 殷为华, 刘楠楠. 长三角城市群工业韧性的时空演变及影响因素研究 [J]. 世界地理研究, 2021, 30 (3): 589 - 600.

[104] 路征. 第六产业: 日本实践及其借鉴意义 [J]. 现代日本经济, 2016 (4): 16 - 25.

[105] 罗必良, 李尚蒲. 论农业经营制度变革及拓展方向 [J]. 农业技术经济, 2018 (1): 4 - 16.

[106] 罗必良. 论服务规模经营——从纵向分工到横向分工及连片专业化 [J]. 中国农村经济, 2017 (11): 2 - 16.

[107] 罗必良. 小农经营、功能转换与策略选择——兼论小农户与现代农业融合发展的 "第三条道路" [J]. 农业经济问题, 2020 (1): 29 - 47.

[108] 罗必良. 要素交易、契约匹配及其组织化——"绿能模式" 对中国现代农业发展路径选择的启示 [J]. 开放时代, 2020 (3): 9 + 133 - 156.

[109] 罗伯特·K. 殷. 案例研究: 设计与方法 (第 4 版) [M]. 重庆: 重庆大学出版社, 2010.

[110] 马健. 产业融合论 [M]. 南京: 南京大学出版社, 2006.

[111] 马克思. 资本论 (第 1 卷) [M]. 北京: 人民出版社, 1975.

[112] 马克思. 资本论 [M]. 北京: 人民出版社, 2003.

[113] 马克思恩格斯全集 (第 26 卷) (Ⅲ) [M]. 北京: 人民出版社, 1974.

[114] 马克思恩格斯全集 (第 30 卷) [M]. 北京: 人民出版社, 1995.

[115] 马晓河. 推进农村一二三产业融合发展的几点思考 [N]. 经济日报, 2016 - 02 - 25 (012).

[116] 孟星. 城市土地的政府管制研究 [D]. 上海: 华东师范大学, 2005.

[117] 米勒. 经济学: 新兴古典与新古典框架 [J]. 经济学 (季刊),

2004 (1)：509 - 516.

[118] 倪景涛，李建军. 荷兰现代农业发展的成功经验及其对我国的启示 [J]. 学术论坛，2005 (10)：80 - 83.

[119] 牛若峰. 中国农业产业化经营的发展特点与方向 [J]. 中国农村经济，2002 (5)：4 - 8 + 12.

[120] 农业农村部关于印发《新型农业经营主体和服务主体高质量发展规划 (2020—2022 年)》的通知 [J]. 中华人民共和国农业农村部公报，2020 (3)：16 - 25.

[121] 欧阳胜. 贫困地区农村一二三产业融合发展模式研究——基于武陵山片区的案例分析 [J]. 贵州社会科学，2017 (10)：156 - 161.

[122] 潘祥辉. "广播下乡"：新中国农村广播70年 [J]. 浙江学刊，2019 (6)：4 - 13.

[123] 彭文斌，文泽宙. 绿色创新与中国经济高质量发展 [J]. 江汉论坛，2019 (9)：36 - 43.

[124] 祁春节，赵玉. 基于交易效率、分工和契约选择视角的农民增收问题研究 [J]. 经济评论，2009 (5)：68 - 75.

[125] 齐文浩，李佳俊，曹建民，滕超. 农村产业融合提高农户收入的机理与路径研究——基于农村异质性的新视角 [J]. 农业技术经济，2021 (8)：105 - 118.

[126] 钱学锋，梁琦. 分工与集聚的理论渊源 [J]. 江苏社会科学，2007 (2)：70 - 76.

[127] 邵昶，李健. 产业链"波粒二象性"研究——论产业链的特性、结构及其整合 [J]. 中国工业经济，2007 (9)：5 - 13.

[128] 沈满洪，张兵兵. 交易费用理论综述 [J]. 浙江大学学报 (人文社会科学版)，2013，43 (2)：44 - 58.

[129] 盛洪. 分工与交易——一个一般理论及其对中国非专业化问题的应用分析 [M]. 上海：上海三联书店、上海人民出版社，1994.

[130] 石亚楠. 加快培育家庭农场要把握五大原则 [N]. 农民日报，

2019 – 09 – 19（001）.

［131］宋冬林，谢文帅. 实现小农户和现代农业发展有机衔接的政治经济学分析［J］. 经济学动态，2020（12）：3 – 14.

［132］宋小芬. 产业结构演进的一般性与多样性［D］. 广州：暨南大学，2008.

［133］苏红键. 空间分工理论与中国区域经济发展研究［D］. 北京：北京交通大学，2012.

［134］苏毅清，游玉婷，王志刚. 农村一二三产业融合发展：理论探讨、现状分析与对策建议［J］. 中国软科学，2016（8）：17 – 28.

［135］覃诚，方向明. 乡村产业政策演进与对策建议［J］. 农村工作通讯，2021（11）：30 – 32.

［136］唐姣，陈新锋，李佳宾. 海南农业转型中的分工演进［J］. 热带农业科学，2010，30（6）：83 – 86.

［137］唐晓华，陈阳，张欣钰. 中国制造业集聚程度演变趋势及时空特征研究［J］. 经济问题探索，2017（5）：172 – 181.

［138］田聪华，韩笑，苗红萍，徐忠，田立文. 新疆农村一二三产业融合发展综合评价指标体系构建及应用［J］. 新疆农业科学，2019，56（3）：580 – 588.

［139］万宝瑞. 我国农业三产融合沿革及其现实意义［J］. 农业经济问题，2019（8）：4 – 8.

［140］王栋. 基于专业化水平分工的农业产业集聚机理研究［J］. 科学学研究，2007（S2）：292 – 298.

［141］王丽纳，李玉山. 农村一二三产业融合发展对农民收入的影响及其区域异质性分析［J］. 改革，2019（12）：104 – 114.

［142］王玲. 江苏省农村产业融合水平测度与区域差异分析［J］. 农业经济，2017（6）：21 – 22.

［143］王留鑫，何炼成. 农业专业化分工：研究进展与述评［J］. 农林经济管理学报，2017，16（3）：293 – 300.

[144] 王璐，李亚. 劳动分工与经济增长：从斯密到马克思 [J]. 山西财经大学学报，2007（1）：21－27.

[145] 王沛栋. 韩国农村建设运动对我国农村电子商务发展启示 [J]. 河南社会科学，2017，25（12）：59－63.

[146] 王盛开，吴宇. 改革开放以来乡镇企业的发展特点与政策取向 [J]. 北京行政学院学报，2012（4）：85－89.

[147] 王素洁，刘海英. 国外乡村旅游研究综述 [J]. 旅游科学，2007（2）：61－68.

[148] 王拓. 分工经济思想的发展——从亚当·斯密到新兴古典经济学 [J]. 当代财经，2003（11）：13－17.

[149] 王修志，谭艳斌. 改革开放与建设现代化经济体系：分工演进逻辑 [J]. 学习与探索，2018（10）：126－132.

[150] 王亚飞，唐爽. 农业产业链纵向分工制度安排的选择 [J]. 重庆大学学报（社会科学版），2013，19（3）：33－38.

[151] 王瑜. 电商参与提升农户经济获得感了吗？——贫困户与非贫困户的差异 [J]. 中国农村经济，2019（7）：37－50.

[152] 王玉斌，郭娜英，赵铁桥. 德国农民合作社考察及其启示 [J]. 华中农业大学学报（社会科学版），2020（5）：160－167，176.

[153] 吴传琦. 群体异质性视角下我国劳动供给的工资门槛效应研究 [J]. 劳动经济评论，2020，13（2）：214－232.

[154] 向国成，谌亭颖，钟世虎，王雄英，江鑫. 分工、均势经济与共同富裕 [J]. 世界经济文汇，2017（5）：40－54.

[155] 向国成，韩绍凤. 分工与农业组织化演进：基于间接定价理论模型的分析 [J]. 经济学（季刊），2007（2）：513－538.

[156] 向国成，韩绍凤. 专业化经济与规模经济的比较分析 [J]. 当代财经，2003（7）：5－9.

[157] 向国成，李真子. 实现经济的高质量稳定发展：基于新兴古典经济学视角 [J]. 社会科学，2016（7）：57－63.

[158] 向国成，钟世虎，谌亭颖，邓明君. 分享经济的微观机理研究：新兴古典与新古典 [J]. 管理世界，2017（8）：170－171.

[159] 向国成. 小农经济效率改进论纲：超边际经济学之应用研究 [J]. 社会科学战线，2005（4）：75－86.

[160] 肖开红，刘威. 电商扶贫效果评价及可持续反贫政策建议——基于农户可持续生计能力视角的实证研究 [J]. 河南大学学报（社会科学版），2021，61（5）：41－49.

[161] 肖克，刘久锋. 绿水青山间绽放"美丽经济" [N]. 农民日报，2018－12－06（001）.

[162] 肖卫东，杜志雄. 家庭农场发展的荷兰样本：经营特征与制度实践 [J]. 中国农村经济，2015（2）：83－96.

[163] 肖卫东，杜志雄. 农村一二三产业融合：内涵要解、发展现状与未来思路 [J]. 西北农林科技大学学报（社会科学版），2019，19（6）：120－129.

[164] 熊爱华，张涵. 农村一二三产业融合：发展模式、条件分析及政策建议 [J]. 理论学刊，2019（1）：72－79.

[165] 熊磊，胡石其，文泽宙. 分工视角下的产业链形成与演化内在机理研究 [J]. 湖南科技大学学报（社会科学版），2018，21（3）：129－134.

[166] 熊磊，胡石其. 小农户和现代农业发展有机衔接的路径找寻：重庆案例 [J]. 当代经济管理，2019，41（7）：31－37.

[167] 熊磊，文泽宙，肖俊夫. 分工视角下交易效率对农村产业融合发展的影响 [J]. 重庆大学学报（社会科学版）：1－17 [2021－11－14].

[168] 熊磊，向国成. 分工视角下农村产业融合发展的模式研究 [J]. 重庆理工大学学报（社会科学），2022，36（6）：135－145.

[169] 熊磊. 小农户和现代农业发展有机衔接研究——基于重庆市永川区调研 [J]. 农业经济与管理，2019（4）：18－25.

[170] 熊磊. 新型农业经营主体与小农户协同发展：现实价值与模式创新 [J]. 当代经济管理，2020，42（9）：32－38.

［171］徐旭. 现代服务业理论分析框架初探［J］. 生产力研究，2010（1）：24－26.

［172］许晖，许守任，王睿智. 嵌入全球价值链的企业国际化转型及创新路径——基于六家外贸企业的跨案例研究［J］. 科学学研究，2014，32（1）：73－83.

［173］薛永基，杨晨钰婧，贾廷灿. 区域产业融合与农民收入协调发展及互动关系研究——基于省级面板数据的分析［J］. 统计与信息论坛，2021，36（2）：45－55.

［174］亚当·斯密. 国富论（上卷）［M］. 北京：商务印书馆，1972.

［175］亚当·斯密. 国民财富的性质和原因的研究［M］. 北京：商务印书馆，2003.

［176］严瑞珍. 农业产业化是我国农村经济现代化的必由之路［J］. 经济研究，1997（10）：74－79.

［177］颜冬. 分工视角下的产业演进和城市扩张［J］. 中国科技论坛，2017（6）：43－52.

［178］杨歌谣，周常春，杨光明. 农业和旅游业产业融合与农村贫困减缓的关系分析［J］. 统计与决策，2020，36（5）：81－86.

［179］杨慧玲，张伟. 马克思分工理论体系研究［J］. 经济学家，2011（10）：14－21.

［180］杨玲玲，辛小丽. 加拿大合作社运动的起源、发展现状及未来趋势［J］. 科学社会主义，2006（4）：121－124.

［181］杨明洪. 农业产业化经营组织形式演进：一种基于内生交易费用的理论解释［J］. 中国农村经济，2002（10）：11－15＋20.

［182］杨庆，张凤太，孙长城，杨兴雨，肖粤东，魏珍. 非协调耦合视角下长江经济带高质量发展与生态保护的时空特征［J］. 水土保持通报，2021，41（3）：238－246＋257.

［183］杨同卫，陈晓阳. 农村产业集群发展的动力机制研究［J］. 经济纵横，2012（9）：80－82.

[184] 杨小凯, 张永生. 新兴古典发展经济学导论 [J]. 经济研究, 1999 (7): 67 - 77.

[185] 杨小凯, 张永生. 新兴古典经济学与超边际分析 (修订版) [M]. 北京: 社会科学文献出版社, 2003.

[186] 杨小凯. 发展经济学——超边际与边际分析 [M]. 北京: 社会科学文献出版社, 2003.

[187] 杨小凯. 经济学——新兴古典与新古典框架 [M]. 北京: 社会科学文献出版社, 2003.

[188] 杨荫. 我国农业合作经济组织及其运行机制研究 [D]. 南昌大学, 2007.

[189] 杨永华. 马克思、列宁的分工理论与斯密定理 [J]. 当代经济研究, 2007 (2): 8 - 12.

[190] 杨玉华. 马克思发展生产力理论的现代解读 [J]. 生产力研究, 2009 (16): 5 - 6 + 203.

[191] 尹才祥. 马克思主义分工理论的思想精髓及其时代价值 [J]. 南京师大学报 (社会科学版), 2016 (6): 40 - 46.

[192] 尹成杰. 农业多功能性与推进现代农业建设 [J]. 中国农村经济, 2007 (7): 4 - 9.

[193] 尹德洪. 分工演进、交易效率与商业集群——基于新兴古典经济学框架的分析 [J]. 财经科学, 2011 (8): 36 - 43.

[194] 尹苗苗, 孙亚, 费宇鹏. 民营风险投资对新企业创业能力的影响机制 [J]. 管理学报, 2020, 17 (4): 544 - 550.

[195] 游振华, 李艳军. 产业链概念及其形成动力因素浅析 [J]. 华东经济管理, 2011, 25 (1): 100 - 103.

[196] 余涛. 农村一二三产业融合发展的评价及分析 [J]. 宏观经济研究, 2020 (11): 76 - 85.

[197] 郁义鸿. 产业链类型与产业链效率基准 [J]. 中国工业经济, 2005 (11): 35 - 42.

[198] 袁军宝，陶迎春. 论农业产业化：基于分工与合作的视角 [J]. 科技管理研究，2008（7）：76+90-92.

[199] 苑鹏. 加拿大新农业时代催生新一代农民合作社 [J]. 中国合作经济，2004（7）：59-60.

[200] 张发明，丁峰，王坪. 中国粮食主产区农业高质量发展水平评价与时空演变 [J]. 浙江农业学报，2021，33（1）：150-160.

[201] 张国臣. 产业集群内生演进超边际模型分析——基于迂回生产视角 [J]. 华东经济管理，2014，28（3）：80-85.

[202] 张红宇. 乡村产业发展的国内实践与国际经验 [J]. 中国发展观察，2021（Z2）：99-104.

[203] 张佳书，苑会娜，傅晋华. 日本发展"六次产业"的典型模式及对中国的启示 [J]. 中国科技论坛，2016（10）：148-154.

[204] 张克俊. 现代农业产业体系的主要特征、根本动力与构建思路 [J]. 华中农业大学学报（社会科学版），2011（5）：22-28.

[205] 张林，罗新雨，王新月. 县域农村产业融合发展与农民生活质量——来自重庆市37个区县的经验证据 [J]. 宏观质量研究，2021，9（2）：100-113.

[206] 张林，温涛，刘渊博. 农村产业融合发展与农民收入增长：理论机理与实证判定 [J]. 西南大学学报（社会科学版），2020，46（5）：42-56+191-192.

[207] 张林，温涛. 财政金融服务协同与农村产业融合发展 [J]. 金融经济学研究，2019，34（5）：53-67.

[208] 张梅，杨志勇，高志杰. 农机合作社的管理机制和模式——来自法国和加拿大的经验 [J]. 世界农业，2016（2）：74-77.

[209] 张义博. 农业现代化视野的产业融合互动及其路径找寻 [J]. 改革，2015（2）：98-107.

[210] 赵红军. 交易效率：衡量一国交易成本的新视角——来自中国数据的检验 [J]. 上海经济研究，2005（11）：5-16.

[211] 赵红岩. 产业链整合的阶段差异与外延拓展 [J]. 改革, 2008 (6): 56-60.

[212] 赵坚. 引入空间维度的经济学分析——新古典经济学理论批判 [J]. 中国工业经济, 2009 (7): 130-141.

[213] 赵鹏. 发挥农业龙头企业带动作用 以农业产业化推进农村产业融合 [N]. 人民日报, 2020-08-07 (09).

[214] 赵霞, 韩一军, 姜楠. 农村三产融合: 内涵界定、现实意义及驱动因素分析 [J]. 农业经济问题, 2017, 38 (4): 49-57+111.

[215] 赵霞, 姜利娜. 荷兰发展现代化农业对促进中国农村一二三产业融合的启示 [J]. 世界农业, 2016 (11): 21-24.

[216] 赵阳. 积极完善支持政策体系加快培育新型经营主体 [J]. 农村经营管理, 2019 (4): 13-16.

[217] 中共中央 国务院关于实施乡村振兴战略的意见 [J]. 中华人民共和国国务院公报, 2018 (5): 4-16.

[218] 中共中央 国务院印发《乡村振兴战略规划 (2018—2022年)》[J]. 中华人民共和国国务院公报, 2018 (29): 9-47.

[219] 中国农业银行赴美国培训班课题组. 美国农业金融借鉴与启示 [J]. 农村金融研究, 2016 (7): 25-30.

[220] 中华人民共和国国民经济和社会发展第十个五年计划纲要 [J]. 中华人民共和国国务院公报, 2001 (12): 16-38.

[221] 中华人民共和国乡村振兴促进法 [N]. 农民日报, 2021-04-30 (002).

[222] 钟春艳, 张斌. 德国农业农村科研管理及创新政策 [J]. 科学管理研究, 2019, 37 (6): 171-176.

[223] 钟真. 改革开放以来中国新型农业经营主体: 成长、演化与走向 [J]. 中国人民大学学报, 2018, 32 (4): 43-55.

[224] 周冰, 刘娜. 世界体系与二元经济结构成因的考察 [J]. 天津社会科学, 2011 (5): 83-90.

［225］周梅妮，林利，张振威. 新兴古典经济学对古典经济学研究范式的复兴 ［J］. 商业研究，2010（2）：15－18.

［226］朱富强. 分工效率：演进主义的观点 ［J］. 上海经济研究，2004（1）：28－35.

［227］庄晋财，陈聪. 工程化高效农业下的农业产业链演化 ［J］. 华南农业大学学报（社会科学版），2017，16（2）：28－36.

［228］庄晋财，黄曼. 主导力量、组织形式与乡村产业融合的效果差异：跨案例研究 ［J］. 人文杂志，2020（10）：118－128.

［229］宗锦耀. 农村一二三产业融合发展理论与实践 ［M］. 北京：中国农业出版社，2017.

［230］祖田修. 农学原论 ［M］. 北京：中国人民大学出版社，2003.

二、英文部分

［1］Ajayi A., Alarape A. A. Rural Tourism Entrepreneurship as Strategy for Economic Development in Nigeria ［J］. Scholedge International Journal of Management & Development，2016，3（9）：164－175.

［2］An，Owards. Green Paper on the Convergence of the Telecommunications，Media and Information Technology Sectors，and the Implication for Regulation ［R］. Brussels：European Comission，1997.

［3］Benjamin C. The Growing Importance of Diversification Activities for French Farm Household ［J］. Journal of Rural Studies，1994，10（4）：331－341.

［4］Busby G.，Rendle S. The Transition from Tourism on Farms to Farm Tourism ［J］. Tourism Management，2000，21（6）：635－642.

［5］Carillo F.，Caracciolo F.，Cembalo L. Do Durum Wheat Producers Benefit of Vertical Coordination? ［J］. Agricultural and Food Economics，2017，5（1）：19.

［6］Cheung S. N. S. The Contractual Nature of the Firm ［J］. Journal of Law and Economics，1983，26（1）：1－21.

［7］ Coase R. H. The Nature of the Firm ［J］. Economica, 1937, 4 (16): 386 – 405.

［8］ Coase R. H. The Problem of Social Cost ［J］. Journal of Law and Economics, 1960, 3 (10): 1 – 44.

［9］ Cui Q. , Jiang H. , Zhou N. Exploration and Enlightenment on Constraints of Modern Agricultural Construction in China ［J］. Asian Agricultural Research, 2012, 4 (6): 5 – 10.

［10］ Damania R. , Bulte E. H. The Economics of Wildlife Farming and Endangered Species Conservation ［J］. Ecological Economics, 2007, 62 (3 – 4): 461 – 472.

［11］ Davis J. H. , Goldberg R. A. A Concept of Agribusiness ［M］. Boston: Division of Research, Graduate School of Business Administration, Harvard University, 1957.

［12］ Dennis T. Y. , Xiao Z. Modernization of Agriculture and Long-term Growth ［J］. Journal of Monetary Economics, 2013, 60 (3): 367 – 382.

［13］ Drabenstott M. , Meeker L. Financing Rural America: A Conference Summary ［J］. Economic Review, 1997, 82 (2): 89 – 98.

［14］ Dries L. , Germenji E. , Noev N. , et al. Farmers, Vertical Coordination, and the Restructuring of Dairy Supply Chains in Central and Eastern Europe ［J］. World Development, 2009, 37 (11): 1742 – 1758.

［15］ Falco S. D. , Smale M. , Perrings C. The Role of Agricultural Cooperatives in Sustaining the Wheat Diversity and Productivity: The Case of Southern Italy ［J］. Environmental and Resource Economics, 2008, 39 (2): 161 – 174.

［16］ Fleischer A. , Felsenstein D. Support for Rural Tourism ［J］. Annals of Tourism Research, 2000, 27 (4): 1007 – 1024.

［17］ Fons M. , Fierro J. , Patino M. G. Rural Tourism: A Sustainable Alternative ［J］. Applied Energy, 2011, 88 (2): 551 – 557.

［18］ Freeman C. , Soete L. The Economics of Industrial Innovation ［M］.

London; New York: Psychology Press, 1997.

[19] Garcia F. A. A Comparative Study of the Evolution of Tourism Policy in Spain and Portugal [J]. Tourism Management Perspectives, 2014, 21 (11): 34 – 50.

[20] Godfrey K B. Attitudes towards Sustainable Tourism in the UK: A View from Local Government [J]. Tourism Management, 1998, 19 (3): 213 – 224.

[21] Grossman G. M., Helpman E. Innovatin and Growth in the Global Economy [M]. Boston: MIT Press, 1991.

[22] Hansen B. E., Threshold Effects in Non-Dynamic Panels: Estimation, Testing, and Inference [J]. Journal of Econometrics, 1999, 93 (2): 345 – 368.

[23] Hegel G. W. F. Philosophy of Right [M]. Oxford: Clarendon Press, 1962.

[24] Jackiewicz E. L. Tourism Without Threat? Excerpts from Rural Costa Rica [J]. Annals of Tourism Research, 2005, 32 (1): 266 – 268.

[25] Kansanga M., Andersen P., Kpienbaareh D., Mason-Renton S., Atuoye K., Sano Y., Antabe R., Luginaah I. Traditional Agriculture in Transition: Examining the Impacts of Agricultural Modernization on Smallholder Farming in Ghana under the New Green Revolution [J]. International Journal of Sustainable Development and World Ecology, 2019, 26 (1): 11 – 24.

[26] Kim N., Lee H., Kim W., et al. Dynamic Patterns of Industry Convergence: Evidence from a Large Amount of Unstructured Data [J]. Research Policy, 2015, 44 (9): 1734 – 1748.

[27] Knight J. Competing Hospitalities in Japanese Rural Tourism [J]. Annals of Tourism Research, 1996, 23 (1): 165 – 180.

[28] Lind J. Ubiquitous Convergence: Market Redefinitions Generated by Technological Change and the Industry Life Cycle [C]. DRUID Academy Win-

ter 2005 Conference. 2005: 27 – 29.

[29] Marshall A. Principles of Economics [M]. London: Macmillan, 1890.

[30] North D. C. Institutions, Institutional Change and Economic Performance [M]. Cambridge: Cambridge University Press, 1990.

[31] North D. C. Structure and Change in Economic History [M]. London: W. W. Norton, 1981.

[32] Olson M. Distinguished Lecture on Economics in Government: Big Bills Left on the Sidewalk: Why Some Nations are Rich and others Poor [J]. Journal of Economic Perspectives, 1996, 10 (2).

[33] Oppermann M. Rural Tourism in Southern Germany [J]. Annals of Tourism Research, 1996, 23 (1): 86 – 102.

[34] Pearce P L. Farm Tourism in New Zealand: A Social Situation Analysis [J]. Annals of Tourism Research, 1990, 17 (3): 335 – 352.

[35] Plato. The Republic [M]. New York: Penguin Classics, 1955.

[36] Porter M. The Competitive Advantage of Nation [M]. New York: Free Press, 1990.

[37] Power G. J. , Salin V. , Park J. L. Strategic Options Associated with Cooperative Members' Equity [J]. Agricultural Finance Review, 2012, 72 (1): 48 – 67.

[38] Ricardo D. The Principle of Political Economy and Taxation [M]. London: Gaernsey Press, 1973.

[39] Rosalina P. D. , Dupre K. , Wang Y. Rural Tourism: A Systematic Literature Review on Definitions and Challenges [J]. Journal of Hospitality and Tourism Management, 2021, 47: 134 – 149.

[40] Rosenberg N. Technological Change in the Machine Tool Industry: 1840 – 1910 [J]. The Journal of Economic History, 1963, 23 (4): 414 – 443.

[41] Sahal D. Technological Guideposts and Innovation Avenues [J]. Research Policy, 1985, 14 (2): 61 – 82.

［42］ Sal A. G. , Garcia A. G. A Comprehensive Assessment of Multifunctional Agricultural Land-use Systems in Spain Using a Multi-dimensional Evaluative Model ［J］. Agriculture, Ecosystems & Environment, 2007, 120 （1）: 82 – 91.

［43］ Saravanan S. 2016. An Analysis of Institutional Credit, Agricultural Policy and Investment to Agriculture in India ［J］. Mpra Paper No. 72891.

［44］ Schultz T. W. Investment In Human Capital ［J］. The American Economic Review, 1961, 51: 1 – 17.

［45］ Sharpley R, Sharpley J. Rural Tourism: An Introduction ［M］. London: International Thomson Business Press, 1997.

［46］ Veeck G. , IV L. H. , Che D. , Veeck A. The Economic Contributions of Agricultural Tourism in Michigan ［J］. Geographical Review, 2016, 106 （3）: 421 – 440.

［47］ Wallis J. J. , North D. Measuring the Transaction Sector in the American Economy, 1870 – 1970 ［M］. Chicago: University of Chicago Press, 1986.

［48］ Weber A. The Theory of the Location of Industries ［M］. Chicago: Chicago University Press, 1929.

［49］ Woutersen T. , Khandker S. R. Estimating the Effects of Credit Constraints on Productivity of Peruvian Agriculture ［J］. Social Science Research Network, 2013, （11）: 1 – 19.

［50］ Young A. A. Increasing Returns and Economic Progress ［J］. The Economic Journal, 1928, 38 （152）: 527 – 542.

图书在版编目（CIP）数据

分工视角下农村产业融合发展研究／熊磊著. -- 北京：经济科学出版社，2023.1
ISBN 978 - 7 - 5218 - 4467 - 2

Ⅰ.①分… Ⅱ.①熊… Ⅲ.①农业产业 - 产业发展 - 研究 - 中国 Ⅳ.①F323

中国国家版本馆 CIP 数据核字（2023）第 014002 号

责任编辑：初少磊　杨　梅
责任校对：易　超
责任印制：范　艳

分工视角下农村产业融合发展研究
熊　磊　著
经济科学出版社出版、发行　新华书店经销
社址：北京市海淀区阜成路甲 28 号　邮编：100142
总编部电话：010 - 88191217　发行部电话：010 - 88191522
网址：www. esp. com. cn
电子邮箱：esp@ esp. com. cn
天猫网店：经济科学出版社旗舰店
网址：http://jjkxcbs. tmall. com
北京季蜂印刷有限公司印装
710 × 1000　16 开　13.5 印张　200000 字
2023 年 3 月第 1 版　2023 年 3 月第 1 次印刷
ISBN 978 - 7 - 5218 - 4467 - 2　定价：60.00 元
（图书出现印装问题，本社负责调换。电话：010 - 88191510）
（版权所有　侵权必究　打击盗版　举报热线：010 - 88191661
QQ：2242791300　营销中心电话：010 - 88191537
电子邮箱：dbts@ esp. com. cn）